职业教育新能源汽车技术专业创新教材

Zhineng Wanglian Qiche Gailun

智能网联汽车概论

北京教盟博飞汽车科技有限公司　组织编写
王　磊　谢婉茹　主　编
杨　婷　吴荣辉　林　康　副主编

人民交通出版社股份有限公司
北　京

内 容 提 要

本书结合当前智能网联汽车技术及其应用模块，首先对智能网联汽车进行综合介绍，包括智能网联汽车的定义、分级、结构、关键技术、标准体系，以及智能网联汽车技术研发的背景、现状与发展趋势和规划；然后根据智能网联汽车的核心技术，分别介绍智能网联汽车环境感知系统、无线通信系统、车载网络系统、高精度定位与导航系统，以及先进驾驶辅助系统的结构原理与实际应用。

本书可作为职业院校汽车智能技术、汽车电子技术等汽车类专业课，及应用型本科汽车类专业的智能网联汽车相关课程的教材，也可作为社会相关机构进行技术培训的参考资料。

图书在版编目(CIP)数据

智能网联汽车概论/王磊，谢婉茹主编；北京教盟博飞汽车科技有限公司组织编写. —北京：人民交通出版社股份有限公司，2021.7（2024.12重印）

ISBN 978-7-114-17239-7

Ⅰ.①智… Ⅱ.①王…②谢…③北… Ⅲ.①汽车—智能通信网 Ⅳ.①U463.67

中国版本图书馆 CIP 数据核字(2021)第 067512 号

书　　名：智能网联汽车概论
著 作 者：北京教盟博飞汽车科技有限公司
王　磊　谢婉茹
责任编辑：时　旭
责任校对：孙国靖　扈　婕
责任印制：刘高彤
出版发行：人民交通出版社股份有限公司
地　　址：(100011)北京市朝阳区安定门外外馆斜街 3 号
网　　址：http://www.ccpcl.com.cn
销售电话：(010) 85285911
总 经 销：人民交通出版社股份有限公司发行部
经　　销：各地新华书店
印　　刷：北京市密东印刷有限公司
开　　本：787×1092　1/16
印　　张：16
字　　数：270 千
版　　次：2021 年 7 月　第 1 版
印　　次：2024 年12月　第 3 次印刷
书　　号：ISBN 978-7-114-17239-7
定　　价：59.00 元

前言

2020年10月27日,由工业和信息化部指导、中国汽车工程学会制定的《节能与新能源汽车技术路线图2.0》发布。该技术路线图2.0进一步明确了构建中国方案智能网联汽车技术体系和新型产业生态,提出到2035年,中国方案智能网联汽车与智慧能源、智能交通、智慧城市深度融合。智能网联汽车已经无可争议地成为汽车产业的发展方向。

由于卫星导航定位系统、5G通信技术、物联网通信技术等高尖端技术的融合应用,智能网联汽车与传统汽车存在较大的区别。因此,全国职业院校汽车专业急需一本"入门级"智能网联汽车相关的教材,供汽车专业智能网联汽车相关课程使用。为满足职业院校的迫切需求,我们组织汽车行业资深专家,以及汽车职业院校优秀教师,参考大量国内外智能网联汽车、自动驾驶汽车、无线通信技术等文献,编写了这本《智能网联汽车概论》,供职业院校师生使用。

本书结合当前智能网联汽车技术及其应用模块,分6个项目,每个项目包含2个学习任务:首先对智能网联汽车进行综合介绍,包括智能网联汽车的定义、分级、结构、关键技术、标准体系,以及智能网联汽车技术研发的背景、现状与发展趋势和规划;然后根据智能网联汽车的核心技术,分别介绍智能网联汽车环境感知系统、无线通信系统、车载网络系统、高精度定位与导航系统,以及先进驾驶辅助系统的结构原理与实际应用。

本书采用大量图片及简练的文字描述,配套动画资源,让深奥难懂的新技术变得通俗易懂。本书可作为职业院校汽车智能技术、汽车电子技术等汽车类专业课,以及应用型本科汽车类专业的智能网联汽车相关课程的教材,也可作为社会相关机构进行技术培训的参考资料。

本书由宁波市镇海区职业教育中心学校王磊、天津市劳动经济学校谢婉茹担任主编,宁波市鄞州职业高级中学杨婷、汽车行业专家吴荣辉、台州职业技术学院林康担任副主编,重庆经贸职业学院金朝昆、成都工业职业技术学院胡丁凡、华南理工大学吴坤鹏、北京教盟博飞汽车科技有限公司李港涛和徐艳飞、广西汽车集团有限公司陈秀莲、保定技师学院张鹏担任参编。

本书编写过程中，参考了部分国内外相关的文献，包括大量的互联网络资源，在此向原作者表示衷心的感谢！

由于编者水平有限，本书存在疏漏和不足之处，恳请广大师生及读者提出宝贵意见，以便编者学习和本书再版时参考。

编　者

2021 年 3 月

目录

项目一

智能网联汽车概述

本项目主要针对智能网联汽车的认识、现状与发展趋势，分为2个任务学习。

任务1　智能网联汽车的认识；

任务2　智能网联汽车的现状与发展趋势。

通过2个任务的学习，掌握智能网联汽车的定义、分级、结构、关键技术和标准体系，以及智能网联汽车的现状和发展趋势。

任务1 智能网联汽车的认识

提出任务

近年来,我们的生活中出现了一系列的新词汇:电子信息、物联网、大数据、云计算、人工智能等。如今这些新技术已经与汽车工业深度融合,汽车成为一个真正的高科技集成物,朝着电动化、智能化、网联化、共享化的“智能网联汽车”发展。作为汽车行业的从业人员,你对“智能网联汽车”了解多少呢?

任务要求

知识要求

1. 能够描述智能网联汽车的定义;
2. 能够描述智能网联汽车的分级;
3. 能够描述智能网联汽车的结构;
4. 能够描述智能网联汽车的关键技术;
5. 能够描述智能网联汽车的标准体系。

能力要求

1. 能够利用互联网等资源查询智能网联汽车的定义及应用场景等信息;
2. 能够查询并分析目前车辆具备智能网联汽车的属性。

相关知识

一 智能网联汽车的定义

以移动互联、大数据及云计算等技术为代表的新一轮科技革命方兴未艾，中国政府提出了“中国制造2025”及“互联网+”发展战略，新一轮科技革命正在加速。智能网联汽车作为可以提供更安全、更节能、更环保、更便捷的出行方式和综合解决方案，成为行业和社会关注的又一焦点。

智能网联汽车（Intelligent Connected Vehicle，ICV），是车联网与智能汽车驾驶技术相结合的产物。但是，在谈及智能网联汽车，就会很容易让我们联想到“车联网”或“网联汽车”类似的一些概念。这些概念很容易让我们混淆，实际上是有区别的，主要区别在于侧重的技术点和概念的范围不同。

根据我国工业和信息化部、国家标准化管理委员会2017年12月共同制定的《国家车联网产业标准体系建设指南（智能网联汽车）》明确了智能网联汽车的定义，即：智能网联汽车是指搭载先进的车载传感器、控制器、执行器等装置，并融合现代通信与网络技术，实现车与X（人、车、路、云端等）智能信息交换、共享，具有复杂环境感知、智能决策、协同控制等功能，可实现安全、高效、舒适、节能行驶，并最终可实现替代人来操作的新一代汽车。

如图1-1-1所示，从智能汽车和智能网联汽车的定义对比可以看出，智能网联汽车首先是具备一定自动驾驶功能的智能汽车，再融合现代通信技术进一步发展，成为具备与汽车外部进行实时通信功能的网联汽车。

车联网（Connected Vehicles）概念来自物联网（Internet of Things），是以车内网、车际网和车云网为基础，按照约定的体系架构及其通信协议和数据交互标准，在车内、车与车、车与路、车与人、车与服务平台之间，进行通信和信息交换的信息物理系统。车联网的主要功能包括智能动态信息服务、车辆智能化控制和智能化交通管理等。图1-1-2所示为车联网与智能网联汽车的关系。

什么是智能网联汽车

由此可以看出，智能网联汽车是车联网与智能汽车的交集。此外，车联网还能够为驾乘人员提供丰富的车载信息服务，并服务于汽车智能制造、电商、后市场和保险等各个环节。

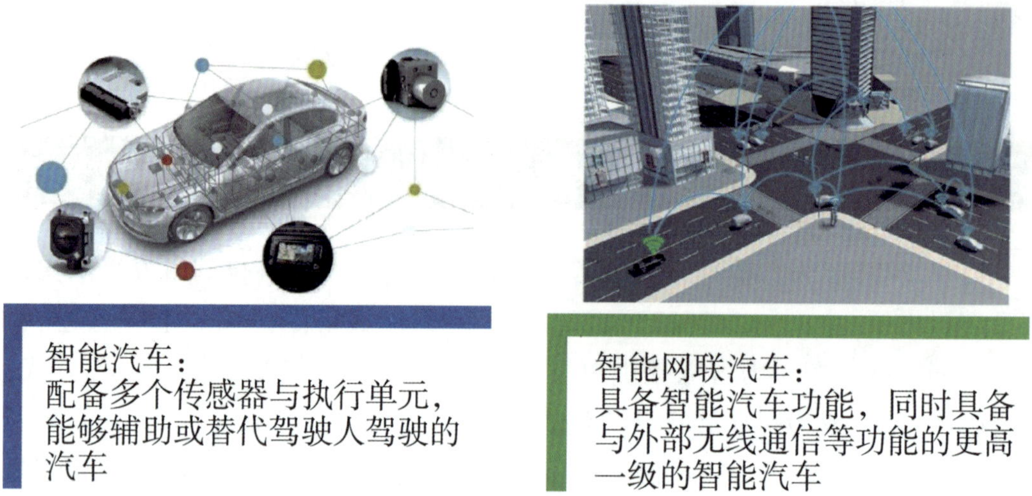

图 1-1-1　智能汽车与智能网联汽车的定义对比

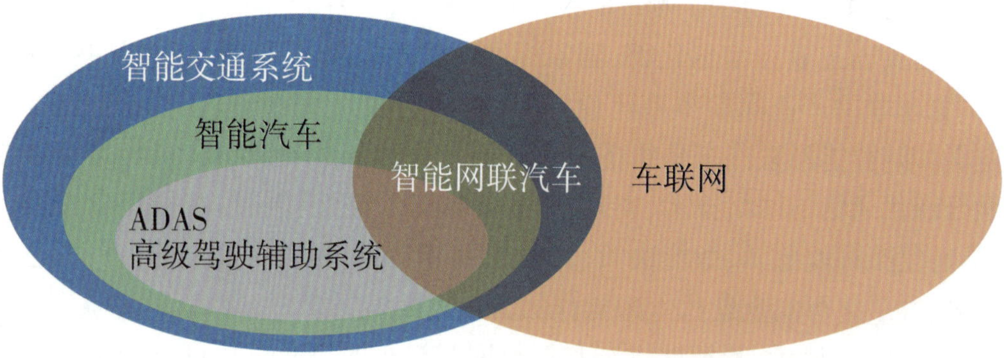

图 1-1-2　车联网与智能网联汽车的关系

二　智能网联汽车的分级

从不同的角度，智能网联汽车具有不同的分级方法。

1. 国外对自动驾驶的分级

美国国家高速公路交通安全管理局（NHTSA）和美国汽车工程师学会（SAE）对汽车自动驾驶进行的等级划分，见表 1-1-1。

德国博世（Bosch）公司对自动驾驶的分级定义如图 1-1-3 所示。

L0 级：没有自动化。该级别车辆的所有行驶情况完全由驾驶人去掌握。

表 1-1-1

NHTSA 和 SAE 对自动驾驶的分级

等级分级	L0	L1	L2	L3	L4	L5
等级名称	无自动驾驶	辅助驾驶	部分自动驾驶	有条件自动驾驶	高度自动驾驶	完全自动驾驶
内容描述	由驾驶人全权驾驶汽车，在行驶过程中可以得到警告	通过驾驶环境对转向盘和加减速中的一项操作提供支持，其余由驾驶人操作	通过驾驶环境对转向盘和加减速中的多项操作提供支持，其余由驾驶人操作	由无人驾驶系统完成所有的驾驶操作，根据系统要求，驾驶人提供适当的应答	由无人驾驶系统完成所有的驾驶操作，根据系统要求，驾驶人不一定提供所有的应答；限定道路和环境条件	由无人驾驶系统完成所有的驾驶操作，可能的情况下，驾驶人接管；不限定道路和环境条件
驾驶操作	驾驶人	驾驶人/辅助系统	自动驾驶系统			
环境监控	驾驶人			自动驾驶系统		
异常接管	驾驶人		系统提醒驾驶人	自动驾驶系统		
操作场景	无	部分				全部

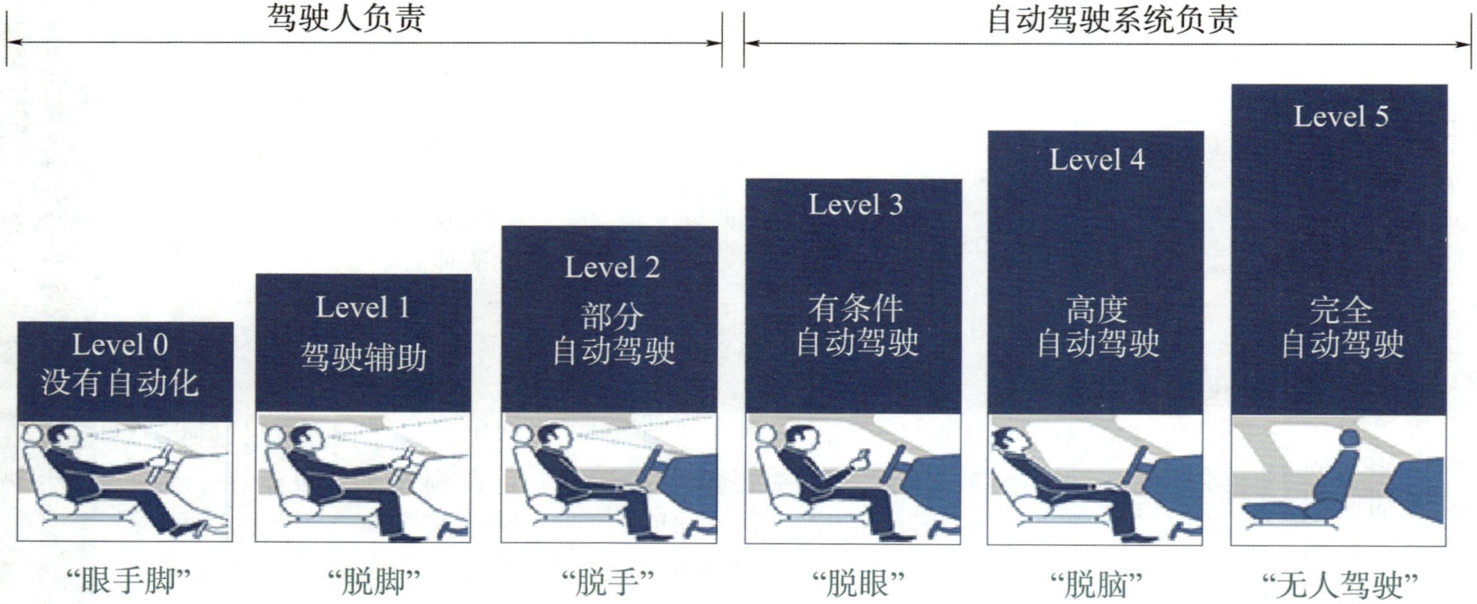

图 1-1-3　博世公司对自动驾驶的分级定义

汽车自动驾驶的分级

L1 级:辅助驾驶。在该级别,驾驶人可以“脱脚”,只需要用眼睛观察道路情况、双手控制方向即可。

L2 级:部分自动驾驶。对于该级别的车辆,在“脱脚”的基础上,进一步“脱手”,加减速和方向操控全部由自动驾驶系统完成,但是驾驶人的视线必须要观察前方的路面情况,手和脚也要做好随时控制车辆的准备。

L3 级:有条件自动驾驶。到了该级别,眼睛的视线可以不用盯着前方了,但是这是在有条件的情况下才能实现的,这个级别的自动驾驶还不足以应付所有的复杂路况,因此,在一些复杂的情况下,仍然需要驾驶人去接管、控制车辆。

L4 级:高度自动驾驶。到了该级别,自动驾驶技术已经足够强大,驾驶人可以在车上去做一些其他事情,不用担心车辆的行驶状况。

L5 级:完全自动驾驶。该级别不需要驾驶人,车辆能独自、安全地完成驾驶。

从技术角度(理论上)来说,博世公司的自动驾驶分级方式也将车辆在出现事故时的责任主体划分得很清楚:L0 ~ L2 级别,驾驶人可以对车辆进行直接操控,此时的事故责任主体为驾驶人;而 L3 ~ L5 级别,车辆的行驶过程完全由自动驾驶系统进行操控,驾驶人不再对车辆进行任何操控,在这种情况下,事故责任的主体就变成了自动驾驶系统。当然,在现行的法律法规中,无论任何车型、任何级别的自动驾驶技术,在发生事故后,车辆的事故责任主体仍然是驾驶人。

2. 我国对智能网联汽车的分级

根据中国汽车工程学会 2016 年 10 月发布的《节能与新能源汽车技术路线图》的说明,我国对智能网联汽车分为智能化和网联化两个技术层面。智能化主要指汽车自主获取信息、自主决策和自动控制的能力。网联化是指汽车与人、车、路、云端(后台)等之间通过通信和网络技术进行信息交换。智能网联汽车要实现的最终目标是高度自动化/无人驾驶。

以下从智能化和网联化的角度,介绍我国对智能网联汽车的分级方法。

1)智能化分级

与美国汽车工程师学会(SAE)的分级方法类似,我国把智能网联汽车智能化划分为 5 个等级:1 级为驾驶辅助(DA);2 级为部分自动驾驶(PA);3 级为有条件自动驾驶(CA);4 级为高度自动驾驶(HA);5 级为完全自动驾驶(FA),见表 1-1-2。

我国智能网联汽车智能化分级　　表 1-1-2

等级	等级名称	等级定义	控制	监视	失效应对	典型工况
人(驾驶人)监控驾驶环境						
1	驾驶辅助(DA)	通过环境信息对方向和加减速中的一项操作提供支援,其他驾驶操作都由人操作	人与系统	人	人	车道内正常行驶,高速公路无车道干涉路段,泊车工况
2	部分自动驾驶(PA)	通过环境信息对方向和加减速中的多项操作提供支援,其他驾驶操作都由人操作	人与系统	人	人	高速公路及市区无车道干涉路段,换道、环岛绕行、拥堵跟车等工况
系统(自动驾驶系统)监控驾驶环境						
3	有条件自动驾驶(CA)	由无人驾驶系统完成所有驾驶操作,根据系统请求,驾驶人需要提供适当的干预	系统	系统	人	高速公路正常行驶工况,市区无车道干涉路段
4	高度自动驾驶(HA)	由无人驾驶系统完成所有驾驶操作,特定环境下系统会向驾驶人提出响应请求,驾驶人可以对系统请求不进行响应	系统	系统	系统	高速公路全部工况及市区有车道干涉路段
5	完全自动驾驶(FA)	无人驾驶系统可以完成驾驶人能够完成的所有道路环境下的驾驶操作	系统	系统	系统	所有工况

2)网联化分级

在智能网联汽车网联化方面,分为网联辅助信息交互、网联协同感知、网联协同决策与控制 3 个等级。见表 1-1-3。

我国智能网联汽车网联化分级　　表 1-1-3

等级	等级名称	等级定义	控制	典型信息	传输需求
1	网联辅助信息交互	基于车—路、车—后台通信,实现导航等辅助信息的获取,以及车辆行驶与驾驶人操作等数据的上传	人	地图、交通流量、交通标志、油耗、里程等信息	传输实时性、可靠性要求较低
2	网联协同感知	基于车—车、车—路、车—人、车—后台通信,实时获取车辆周边交通环境信息,与车载传感器的感知信息融合,作为车辆自动驾驶决策与控制系统的输入	人与系统	周边车辆/行人/非机动车位置、信号灯相位、道路预警等信息	传输实时性、可靠性要求较高
3	网联协同决策与控制	基于车—车、车—路、车—人、车—后台通信,实时并可靠获取车辆周边交通环境信息及车辆决策信息,车—车、车—路等交通参与者之间信息进行交互融合,形成车—车、车—路等各交通参与者之间的协同决策与控制	人与系统	车—车、车—路间的协同控制信息	传输实时性、可靠性要求最高

3. 各等级智能网联汽车发展进程

以上各种分类方法从不同的技术、行业角度出发,细节略有不同。但是,从驾驶人对车辆的控制角度来看,分为驾驶人对车辆具有完全控制权、只有部分车辆控制权、无车辆控制权三种形式。当驾驶人拥有车辆控制权时,车辆的智能网联等级越高,驾驶人对车辆的控制越少,即车辆的自动驾驶程度越高。

从自动驾驶升级路径情况来看,升级时间阶段如图 1-1-4 所示。

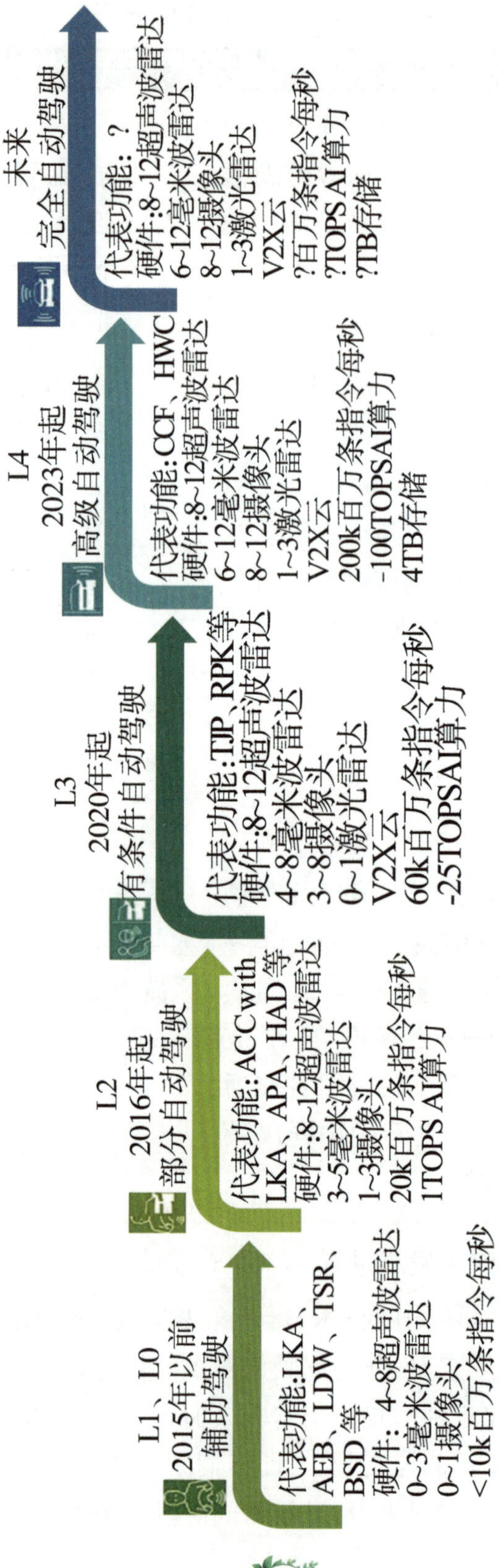

图 1-1-4　自动驾驶升级示意图

数据来源：NXP、华为，东吴证券研究所绘制

(1)2015 年以前辅助驾驶功能为 L1/L0 级,L1 级可实现加减速或转向控制,驾驶人持续进行车辆横向和纵向的操作。汽车大部分功能仍是分布式离散单元 ECU 控制,即单个 ECU 对应单个功能。

(2)2016 年进入 L2 级时代,可同时实现车速和转向自动化。驾驶人须始终保持掌控驾驶过程,在特定场景下系统进行横向和纵向操作。汽车部分 ECU 开始集成式发展,但仍未有域的划分。

(3)2020 年正式进入 L3 级时代,为有条件自动驾驶,可解放双手。驾驶人不必一直监控系统,但必须时刻保持警惕并在必要时进行干预。汽车分布式离散单元 ECU 逐渐发展成为域集中式架构,整车分为 5 ~6 个域,控制器的计算能力以指数级提升,以太网开始出现。

(4)到 2023 年将逐步进入 L4 级时代,随着芯片和算法等性能增加,自动驾驶功能将进一步升级,更高级的功能将大量涌现,整车的控制架构将进一步升级。

L3 级自动驾驶于 2020 年左右批量上市。根据全球各大汽车制造厂规划,大部分汽车制造厂在 2019—2020 年量产 L3 级自动驾驶车型,少部分汽车制造厂则选择跳过 L3 级,直接进军 L4 级自动驾驶。此外,国内汽车制造厂量产节奏略晚于海外汽车制造厂,预计海外汽车制造厂将从 2021 年起 L4 级车型陆续批量上市,而国内汽车制造厂 2023 年左右批量上市。表 1-1-4 所示是各汽车制造厂自动驾驶进程规划。

各汽车制造厂自动驾驶进程规划 表 1-1-4

国外厂家	2018 年	2019 年	2020 年	2021 年	2022 年+	国内厂家	2019 年	2020 年	2021 年	2022 年+
Waymo	L4-L5	—	—	—	—	一汽	—	—	L4	—
奥迪	L3	—	L4	—	—	上汽	L3	—	—	—
宝马	L2	L3	L4	—	—	北汽	—	L4	—	L5
奔驰	L2	—	—	L4	L5	广汽	L3	—	—	L5
大众	L2	—	—	L4	L5	长安	—	L3	—	L4
通用	L2	L4	—	—	—	吉利	—	L3	—	L5
福特	L2	—	—	L4	—	长城	—	L3	—	L4
特斯拉	L2-L3	—	—	—	—	比亚迪	—	L3	—	L5
FCA	—	—	—	L3/L4	—	奇瑞	—	L3	—	L4
丰田	L2	—	L3	—	L4	蔚来	—	L4	—	L5

续上表

国外厂家	2018年	2019年	2020年	2021年	2022年+	国内厂家	2019年	2020年	2021年	2022年+
雷诺/日产	L2	—	L3	—	L5	小鹏	—	L3	—	L4
本田	L2	—	L3	—	L4	威马	—	—	L4	L5
捷豹/路虎	L2	—	—	L4	L5	拜腾	—	—	L4	L5
现代/起亚	—	—	—	L4	L5	车和家	—	L3	—	L4

三　智能网联汽车的结构

智能网联汽车是智能交通系统的核心组成部分,是车联网体系的一个结点。智能网联汽车具备自主的环境感知能力,通过车载信息终端实现与人、车、路、互联网等之间的无线通信和信息交换。智能网联汽车涉及汽车、信息、网络、通信、控制、交通等多个领域的技术,因此,其结构比较复杂。

以下从层次结构、技术结构角度介绍智能网联汽车的结构。

1. 智能网联汽车的层次结构

智能网联汽车是以汽车为主体,利用环境感知技术实现多辆汽车有序安全行驶,通过无线网络通信等手段,为用户提供多样化的信息服务。智能网联汽车的层次结构由环境感知层、智能决策层以及控制和执行层组成,如图 1-1-5 所示。

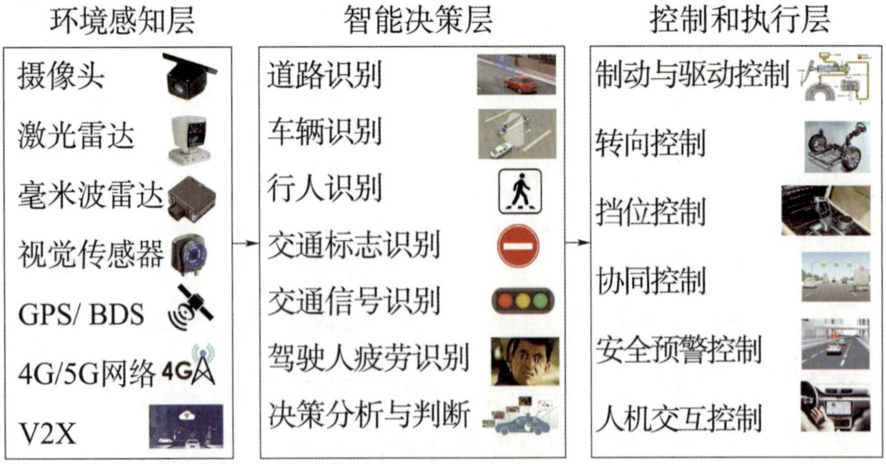

图 1-1-5　智能网联汽车的层次结构图

1)环境感知层

环境感知层的主要功能是通过摄像头、激光雷达、毫米波雷达、视觉传感器、GPS/BDS、4G/5G 网络及 V2X 等,实现对车辆自身属性和车辆外在属性(如道路、车辆和行人)静态、动态信息的提取和收集,并向智能决策层输送信息。

2)智能决策层

智能决策层的主要功能是接收环境感知层的信息并进行融合,对道路、车辆、行人、交通标志和交通信号等信息进行识别,决策分析和判断车辆驾驶模式和将要执行的操作,并向控制和执行层输送指令。

3)控制和执行层

控制和执行层的主要功能是按照智能决策层的指令,对车辆进行操作和协同控制,并为网联汽车提供道路交通信息、安全信息、娱乐信息、救援信息以及商务办公、网上消费等信息与服务,提供安全驾驶、舒适驾乘和智能交互等功能。如图 1-1-6 所示,宝马 X3 汽车专用的 FCW 毫米波雷达(77GHz)前方防碰撞预警系统,探测到前方车辆的信息(距离、车速等)和道路信息(车道线等),并把这些信息传输给智能决策层,判断车辆是否处于安全车距,再把判断结果传输到控制和执行层,发出预警信息,保障车辆安全行驶。控制和执行层主要依赖于车辆的基本结构,如底盘(驱动、转向、制动)、车身和电气(车门、灯光、仪表、导航、影音)等系统实现车辆的自动控制,以及驾乘人员与车辆的交互。

图 1-1-6 毫米波雷达前方防碰撞预警系统工作示意图

2. 智能网联汽车的技术结构

如图 1-1-7 所示,智能网联汽车涉及车辆/设施、信息交互与基础支撑三大领域的技术,以及支撑智能网联汽车发展的车载平台及基础设施两大条件。

智能网联汽车三大领域涉及的技术细分如下。

1)环境感知技术

环境感知技术包括利用机器视觉(摄像头)的图像识别技术、利用雷达(激光、毫米波、超声波)的周边障碍物检测技术、多源信息融合技术、传感器冗余设计技术、利用柔性电子/光子器件检测和监控驾驶人生理状况技术等。

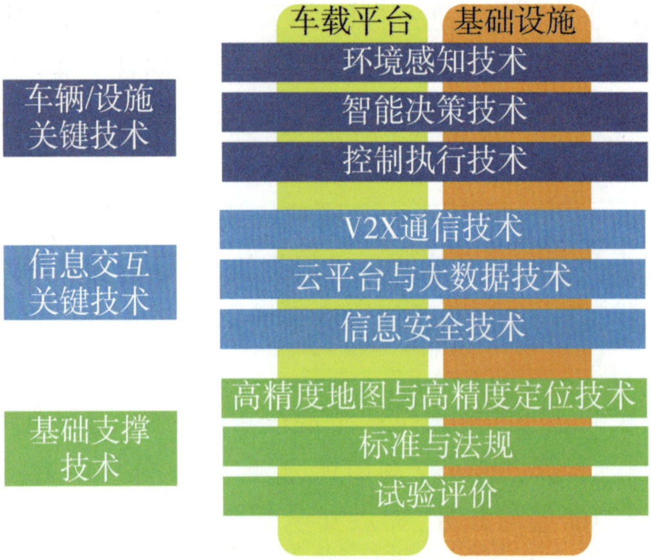

图 1-1-7　智能网联汽车技术结构

2)智能决策技术

智能决策技术包括危险事态建模技术、危险预警与控制优先级划分、全局/局部车辆轨迹规划、驾驶人多样性影响分析等。

3)控制执行技术

控制执行技术即车辆自主控制系统,包括驱动/制动控制、转向控制、基于驱动/制动/转向/悬架的集成底盘控制、融合车联网通信及车载传感器的多车队列协同和道路协调控制、人机交互技术等。

4)V2X 通信技术

V2X 通信技术包括车辆专用通信系统、车与车之间信息共享和协同控制通信保障机制、移动自组织网络技术、多模通信融合技术等。

5)云平台与大数据技术

云平台与大数据技术包括智能网联汽车云平台架构和数据交互标准、云操作系统、数据高效存储和检索、大数据关联分析和数据挖掘技术等。

6)信息安全技术

信息安全技术包括汽车信息安全建模技术、通信加密机制、证书管理、密钥管理、汽车信息安全测试方法、信息安全漏洞应急机制等。

7)高精度地图和高精度定位技术

高精度地图和高精度定位技术包括高精度地图数据模型和采集方式标准化

技术、交换格式和物理存储技术、基于卫星定位系统和差分增强的高精度定位技术、多元辅助定位技术等。

8)标准与法规

标准与法规包括智能网联汽车整体标准体系,以及涵盖汽车、交通、通信等各个领域的关键技术标准等。

9)试验评价

试验评价包括智能网联汽车试验评价方法和试验环境建设等。

四 智能网联汽车的关键技术

智能网联汽车关键技术包括环境感知技术、无线通信技术、智能互联技术、车载网络技术、先进驾驶辅助技术、信息融合技术、信息安全与隐私保护技术、人机界面(HMI)技术等。

1.环境感知技术

图1-1-8所示为智能网联汽车环境感知的场景。环境感知包括以下内容:

(1)车辆本身状态感知:包括车速、方向行驶状态、车辆位置等。

(2)道路感知:包括道路类型检测、道路标线识别、道路状况判断、车辆是否偏离行驶轨迹等。

(3)行人感知:判断车辆行驶前方是否有行人,包括白天、夜晚行人识别,被障碍物遮挡的行人识别等。

(4)交通信号感知:自动识别交叉路口的信号灯,判断如何高效通过交叉路口等。

(5)交通标识感知:识别道路两侧的各种交通标志,如限速、弯道等,及时提醒驾驶人注意。

图1-1-8 智能网联汽车环境感知的场景

(6)交通状况感知:检测道路交通的拥堵情况、是否发生交通事故等,以便车辆选择通畅的路线行驶。

(7)周围车辆感知:检测车辆前方、后方、侧方的车辆情况,避免发生碰撞,也包括交叉路口被障碍物遮挡的车辆。

在复杂的道路交通环境下,单一的传感器无法完成环境感知的全部,必须整合各种类型的传感器,利用传感器融合技术,使其为智能网联汽车提供更加真实可靠的路况环境信息。

2. 无线通信技术

无线通信技术包括长距离无线通信技术和短距离无线通信技术。

(1)长距离无线通信技术:用于提供即时的互联网接入,主要采用4G/5G技术,特别是5G技术有望成为车载长距离无线通信专用技术。图1-1-9所示为长距离无线通信技术应用场景。

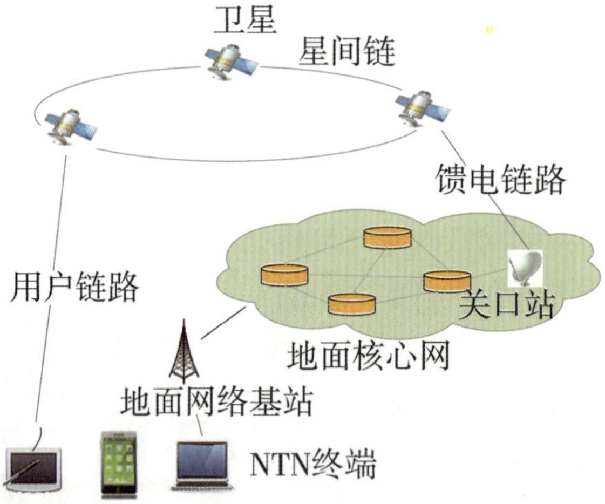

图1-1-9 长距离无线通信技术应用场景

(2)短距离无线通信技术:包括专用短程通信技术(DSRC)LTE-V、蓝牙、Wi-Fi等,其中DSRC和LTE-V可以实现在特定区域内对高速运动下移动目标的识别和双向通信,例如V2V、V2I双向通信,实时传输图像、语音和数据信息等。图1-1-10所示为短距离无线通信技术应用场景。

图1-1-10 短距离无线通信技术应用场景

3. 智能互联技术

当两辆汽车距离较远或被障碍物遮挡,直接通信无法完成时,两者之间的通信可以通过路侧控制单元进行信息传递,构成一个无中心、完全自组织的车载自组织网络。车载自组织网络依靠短距离通信技术实现车辆之间、车辆与路侧控制单元等相关系统的通信,在一定的通信范围内的车辆可以交换各自的车速、位置及车载传感器感知的数据，并自动连接建立一个移动的网络。智能互联技术典型的应用包括行驶安全预警、交叉路口协助驾驶、交通信息发布以及基于通信的纵向车辆控制等。图1-1-11所示为智能互联技术应用场景。

4. 车载网络技术

传统的数据交换形式是通过传感器、执行器和控制器（模块）间专设的导线完成点对点的通信。数据量的增加必然导致车身线束的增加。庞大的车身线束不仅增加了制造成本，而且还占用空间，提高了整车质量。线束的增加还会使因线束老化而引起电气故障的可能性大大提高，降低了系统的可靠性。

解决这个问题的关键就是利用计算机网络技术，将车载控制模块通过车载网络连接起来，实现数据信息的高效传输。车载网络形式多种多样，目前应用最为广泛的是控制器局域网络（Controller Area Network，CAN），即所谓的CAN BUS系统，以及LIN、Flex Ray和MOST（光纤）总线等。随着越来越多的高清视频应用进入汽车，如ADAS（先进驾驶辅助系统）、全景泊车系统和蓝光DVD影音播放等，这些车载网络系统的传输速率和带宽已经满足不了需要。以太网最有可能在智能网联汽车应用，它采用星型连接架构，每一个设备或每一条链路可以专享100M的带宽，传输速率达到万兆级。以太网的开放性、兼容性更适应未来汽车行业的发展趋势，更容易将现有的应用嵌入到新的系统中。图1-1-12所示为车载网络技术应用场景。

图1-1-11 智能互联技术应用场景

图1-1-12 车载网络技术应用场景

5. 先进驾驶辅助技术

先进驾驶辅助技术是通过车辆环境感知技术和自组织网络对道路、车辆、行人、交通标志、交通信号进行检测和识别，并对识别信号进行分析处理，传输给执行机构，保障车辆安全行驶。先进驾驶辅助技术是智能网联汽车重点发展的技术，其成熟程度和使用多少代表了智能网联汽车的技术水平，是其他关键技术的应用的体现。先进驾驶辅助技术包括3D环视、后视摄像头、后视交通警示系统、盲点检测、车道偏离警告、智能前照灯控制、交通标志识别、前方碰撞警告、智能车速控制和行人检测等，已经在宝马、奥迪等高端品牌车型广泛应用。图1-1-13所示为先进驾驶辅助技术应用场景。

图1-1-13 先进驾驶辅助技术应用场景

6. 信息融合技术

信息融合技术是指在一定准则下，利用计算机技术对多源信息进行分析和综合，以实现不同应用的分类任务而进行的处理过程。该技术主要用于对多源信息进行采集、传输、分析和综合，将不同数据源在时间和空间上冗余或互补信息依据某种准则进行组合，产生完整、准确、及时、有效的综合信息。智能网联汽车采集和传输的信息种类多、数量大，必须采用信息融合技术才能保障实时性和准确性。图1-1-14所示为信息融合技术的方式示意图。

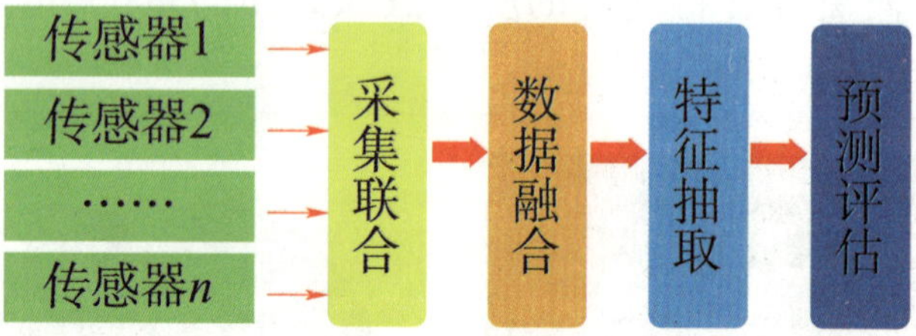

图1-1-14 信息融合技术的方式示意图

7. 信息安全与隐私保护技术

智能网联汽车接入网络的同时，也带来了信息安全的问题。在智能网联汽车的应用中，每辆汽车及车主的信息都将随时随地被传输到网络中并被感知，这种暴露在网络中的信息很容易被窃取，直接影响智能网联汽车体系的安全，甚至影响驾驶人的生活及其他安全。因此，在智能网联汽车中，必须重视信息安全与隐私保护技术的研究。图1-1-15所示为信息安全与隐私保护技术应用场景。

图 1-1-15　信息安全与隐私保护技术应用场景

8. 人机界面技术

人机界面技术，尤其是语音、手势识别和触屏技术，在未来汽车市场上将被大量应用。智能网联汽车人机界面的设计，最终目的在于提供良好的用户体验，增强用户的驾驶乐趣或驾驶过程中的操作体验，并在用户体验和驾驶安全性方面作出平衡。未来的车载信息显示系统将与智能手机无缝对接，人机交互方面将有更多的选择，并根据个人喜好自由切换。图 1-1-16 所示为广泛应用在新能源汽车上的人机界面技术。

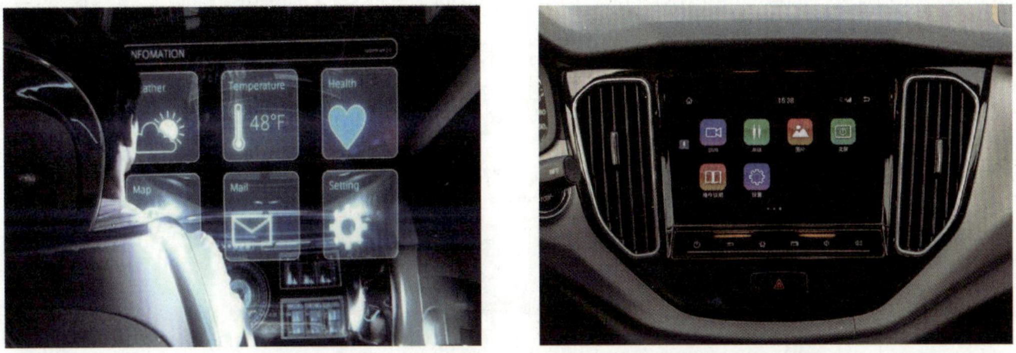

图 1-1-16　广泛应用在新能源汽车上的人机界面技术

五　智能网联汽车与传统汽车的区别

智能网联汽车也是汽车，因此，总体结构与传统汽车基本一致，但智能网联汽车是一个网络互联并兼具智能化的系统，从其使用功能的角度，与传统汽车有区别。

1. 系统升级

智能网联汽车可以方便地从云端接收 OTA(Over-the-Air Technology,空中下载技术)更新数据,驾驶人可以获取包括安全特性在内的最新的系统功能,并可以根据自己的喜好定制新的个性化服务。

2. 辅助/自动驾驶

智能网联汽车可以自动避免危险来提高驾驶的安全性,比如驾驶人分心、有障碍物或恶劣天气时,车辆系统可以提醒驾驶人注意道路安全;或者在驾驶人感到疲惫、不愿意驾驶车辆时采用自动驾驶模式。

3. 车辆维修

车辆需要进行例行维修,这是保证交通安全的重要组成部分。智能网联汽车在使用过程中,通过监控车辆零件的磨损和使用里程/时间信息,结合用户的驾驶习惯预测车辆需要的维修需求。智能网联汽车还可以根据特定的车辆状况,例如控制系统监控到故障,发送需要维修的信息和故障诊断报告。

4. 紧急救援求助

当车辆发生交通事故、盗抢、防盗系统意外触发等需要求助的情境时,智能网联汽车可以通过紧急救援功能,自动向交管监控中心或维修中心发送紧急救援服务信息。图 1-1-17 所示为紧急救援求助示意图。

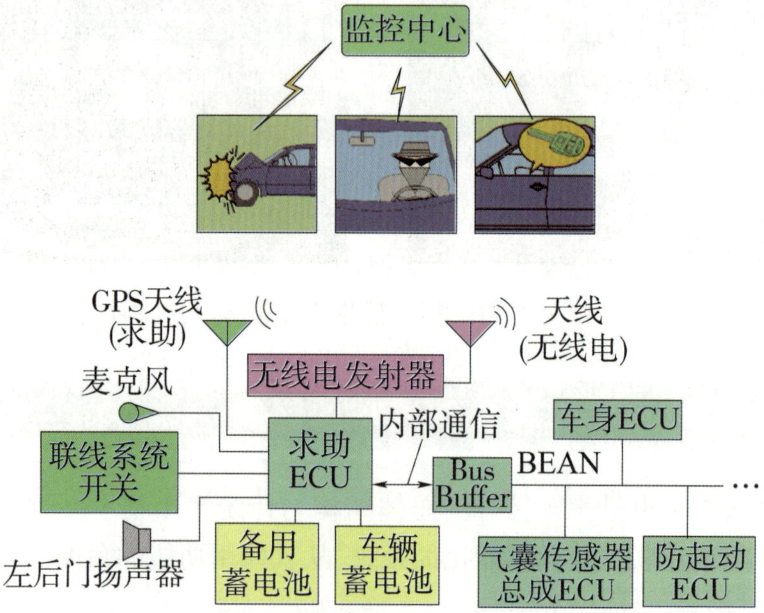

图 1-1-17　紧急救援求助示意图

5. 个性化定制

智能网联汽车将向用户提供更智能、更丰富的定制化服务方案，在保证安全驾驶的前提下定制开发用户对车辆的特殊扩展功能，以满足各种个性化的需求。

六 智能网联汽车的标准体系

近年来，我国也在加快制订智能网联汽车的相关标准、法规体系，引导汽车行业规范化、健康稳定发展，先后制定了《节能汽车与新能源汽车技术路线图》《国家车联网产业标准体系建设指南(智能网联汽车)》《智能网联汽车自动驾驶功能测试规程(试行)》等指导文件。

我国智能网联汽车标准制订工作于2017年12月29日开始正式启动，同日全国汽车标准化技术委员会下属智能网联汽车分技术委员会正式成立，目前智能网联汽车分技术委员会下设立了先进驾驶辅助系统标准工作组、自动驾驶工作组、汽车信息安全标准工作组、汽车功能安全标准工作组和网联功能及应用工作组，开展各细分领域标准的研究制订工作。

智能网联汽车标准制定的大致流程是：预研→立项→起草制订→审查→报批→发布。标准的制定周期相对较长，因此，大部分智能网联汽车的国家标准目前仍处于“预研”状态。

1. 标准体系概述

智能网联汽车标准体系如图1-1-18所示，包括基础、通用规范、产品与技术应用、相关标准4个部分，同时根据各具体标准在内容范围、技术等级上的共性和区别，对4个部分做进一步细分，形成内容完整、结构合理、界限清晰的14个子类。

1)基础类标准

基础类标准主要包括智能网联汽车术语和定义、分类和编码、标识和符号三类基础标准。

2)通用规范类标准

通用规范类标准主要从整车层面提出全局性的要求和规范，包括功能评价、人机界面、功能安全和信息安全等方面。

3)产品与技术应用类标准

产品与技术应用类标准涵盖信息感知、决策预警、辅助控制、自动控制和信息交互等智能网联汽车核心技术和应用的功能、性能要求及试验方法，但不限定具体的技术方案，以避免对未来技术的创新发展和应用产生制约或障碍。

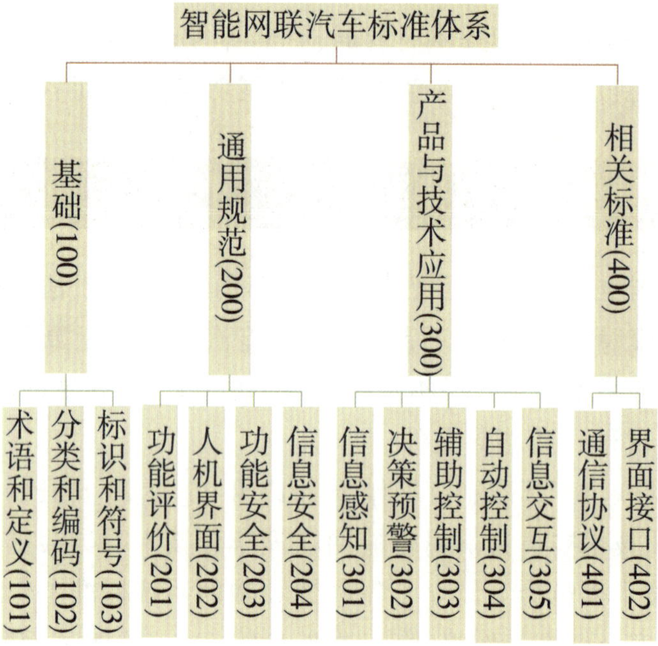

图 1-1-18　我国智能网联汽车标准体系

4）相关标准

相关标准包括车辆信息通信的基础——通信协议，主要涵盖实现车与 X（人、车、路、云端等）智能信息交互的中短程通信、广域通信等方面的协议规范；在各种物理层和不同的应用层之间，还包含软硬件界面接口的标准规范。

2. 标准体系建设计划

2020 年 9 月 15 日，在第六届智能网联汽车技术及标准法规国际交流会（ICV2020）期间，中国智能网联汽车产业创新联盟（CAICV，以下简称“联盟”）正式发布《智能网联汽车团体标准体系建设指南》。

智能网联汽车团体标准体系坚持“市场主导，创新驱动；交叉共性，前瞻引领；填补空白，拾遗补缺；协同发展，开放合作”的基本原则，参考智能网联汽车技术路线图，着力建设支持中国方案智能网联汽车的团体标准体系，分为“环境感知”“智能决策”“控制执行”“系统设计”“专用通信与网络”“大数据及信息服务”“车路协同与网联融合”“信息安全”“高精度地图及定位”和“测试评价与示范推广”等部分。目前，联盟根据行业需求与专家调研征集，识别梳理出 93 项团体标准项目和 18 项研究项目。

按照建设指南，联盟将根据智能网联汽车技术现状、产业需求及未来发展趋势，分阶段建立智能网联汽车团体标准体系：到 2022 年，累计制定 25 项智能网联汽车相关急需重点团体标准，促进智能化产品的初步普及与网联化技术的逐步应用；到 2025 年，系统形成能够支撑高级别自动驾驶的智能网联汽车系列团标，支持建设国标、行标、团标协同配套新型标准体系，促进智能化与网联化深度融合发展，加速技术和产品的全面推广普及。

任务总结

提示：

请预先复习“相关知识”的内容。

一 思考与研讨

(1)参观实训室智能网联汽车整车、台架、模型或挂图，初步认识智能网联汽车。

记录：________________

(2)利用互联网查询智能网联汽车的定义及其他相关资讯。

打开计算机或移动终端的浏览器、App，利用“百度”等搜索功能，分别搜索“智能网联汽车”+“定义、分级、结构、关键技术、标准体系”等关键词，查询、学习相关资讯，总结智能网联汽车的应用场景。

①智能网联汽车的准确定义：________________

②智能网联汽车的应用场景举例：

应用场景 1：________________

应用场景 2：________________

应用场景 3：________________

应用场景 4：________________

应用场景 5：________________

(3)分析当前市场上的汽车，具备智能网联汽车的属性。

根据查询获取的资讯，结合你所学的知识，分析当前市场上的车辆已经具备智能网联汽车的功能属性，并填写表 1-1-5。

智能网联汽车功能属性　　表 1-1-5

序号	品牌车型	功能描述 1	功能描述 2	功能描述 3
1				
2				
3				
4				
5				

二 练习与测试

1. 判断题

(1)只要采用车载网络系统的车辆就属于智能网联汽车。　(　　)

(2)智能网联汽车是车联网与智能汽车驾驶技术相结合的产物。　(　　)

(3)根据 SAE 的自动驾驶等级分级,L3 就能完全实现自动驾驶系统。(　　)

(4)根据现行法律,自动驾驶车辆的事故责任主体仍然是驾驶人。　(　　)

(5)智能网联汽车是智能交通系统的核心组成部分,是车联网体系的一个结点。　(　　)

2. 单项选择题

(1)车联网的主要功能包括(　　)。

A. 智能动态信息服务　　B. 车辆智能化控制

C. 智能化交通管理　　D. 以上都正确

(2)我国在智能网联汽车网联化方面,分为(　　)等级。

A. 3 个　　B. 4 个　　C. 5 个　　D. 6 个

(3)智能网联汽车的层次结构由(　　)组成。

A. 信息感知层、智能决策层、控制和执行层

B. 环境感知层、智能决策层、控制和执行层

C. 环境感知层、安全决策层、控制和执行层

D. 环境感知层、智能决策层、控制和反馈层

(4)“危险预警与控制优先级划分”属于智能网联汽车涉及的技术中的(　　)。

A. 环境感知技术　　B. 智能决策技术

C. 控制执行技术　　D. V2X 通信技术

(5)代表了智能网联汽车的技术水平的是(　　)。

A. 人机界面技术　　B. 信息融合技术
C. 车载网络技术　　D. 先进驾驶辅助技术

3. 多项选择题

(1)根据博世公司对自动驾驶分级定义,从技术角度车辆事故主体属于自动驾驶系统的是(　　)。

A. L1　　B. L2　　C. L3　　D. L4　　E. L5

(2)根据我国对智能网联汽车智能化划分的等级,属于驾驶人监控驾驶环境的等级是(　　)。

A. DA　　B. PA　　C. CA　　D. HA　　E. FA

(3)智能网联汽车涉及三大领域的技术包括(　　)。

A. 基础设施　　B. 信息交互　　C. 车辆/设施
D. 车载平台　　E. 基础支撑

(4)以下属于智能网联汽车关键技术的是(　　)。

A. 环境感知技术　　B. 无线通信技术　　C. 智能互联技术
D. 先进驾驶辅助技术　　E. 人机界面技术

(5)我国智能网联汽车标准体系包括(　　)。

A. 环境感知　　B. 智能决策　　C. 控制执行
D. 系统设计　　E. 政策法规

任务2 智能网联汽车的现状与发展趋势

提出任务

随着电子技术的发展,智能网联汽车将逐渐进入广泛应用的时代,成为汽车产业发展的重要方向。作为汽车行业的从业人员,你知道现在哪些汽车厂商已经生产出智能网联汽车了吗?智能网联汽车真能实现"自动驾驶、无人驾驶"吗?

任务要求

知识要求

1. 能够描述智能网联汽车的发展背景；
2. 能够描述国外智能网联汽车的发展现状与趋势；
3. 能够描述我国智能网联汽车的发展现状与规划。

能力要求

1. 能够利用互联网等资源查询智能网联汽车的现状与发展等信息；
2. 能够分析智能网联汽车的核心技术。

相关知识

一　智能网联汽车的发展背景

我们对智能网联汽车要实现的最终目标——无人驾驶的印象大多是来自带科幻色彩的影视剧，如 20 世纪 80 年代美国电视剧《霹雳游侠》（*Knight Rider*）中 Michael Knight 驾驶着具有高度人工智能的跑车 KITT，以及 007 系列电影超豪华装备的宝马 Z8。2010 年上海世界博览会通用汽车展馆呈现的那辆召之即来挥之即去的电动车，告诉我们无人驾驶已经不是科幻，而是不远的将来要实现的目标。

实际上，人类对无人驾驶汽车的研究已经快 100 年了。

1925 年 8 月，人类历史上第一辆有证可查的无人驾驶汽车正式亮相。美国陆军的电子工程师 Francis P. Houdina 坐在一辆用无线电遥控前车的汽车上（图 1-2-1）。这两辆“组合式”的汽车，通过后车发射无线电波来控制前车的转向盘、离合器、制动器等部件。虽然这种驾驶方式并不安全，也不完美，经常会把无线电波发送到其他接收器上，但是它可是真正意义上的第一辆无人驾驶汽车。

1939 年纽约世界博览会上，美国通用汽车公司建了一个名为“未来世界”的未来科技展览,展示他们对于汽车未来演进的想法。通用公司幻想着1960年时的美国高速公路都会安装类似火车轨道一样装置,汽车将会装备自动驾驶系统,走到高速公路上就会自动生效,按照铁轨的轨迹和一定的速度高速行进,直到在高速公路的出口才会恢复成人类驾驶。通用公司预言未来的美国人乘坐的车将是一种全靠按钮操作,而不需要人驾驶的新式汽车。到了1956年,通用公司正式对外展出了Firebird II概念车,这是世界上第一辆配备了汽车安全及自动导航系统的概念车。它使用了钛金属技术、电动盘式制动器、磁性点火钥匙、独立控制的燃气涡轮动力等新概念,看上去像是一辆"火箭车"(图1-2-2)。1958年,第三代Firebird问世,并且英国广播公司(BBC)现场直播了通用公司在高速公路上对无人驾驶概念车的测试。通用公司使用了预埋式的线缆向安装了接收器的汽车上发送电子脉冲信号,控制汽车行驶。

图1-2-1　第一辆有证可查的无人驾驶汽车

图1-2-2　通用汽车公司的无人驾驶概念车

1966年,美国斯坦福大学研究所的SRI人工智能研究中心开始研发一款名叫Shakey拥有车轮结构的多功能机器人(图1-2-3),可以执行开关灯这样简单的动作。虽然Shakey始终只能在室内执行任务,但是其内置的传感器和软件系统都开创了自主自动导航功能的先河。

1971年,英国道路研究实验室(RRL)展示了一辆与通用汽车公司类似的自动驾驶汽车(图1-2-4),并且还公布了一段视频。在视频里,车辆的前排并没有人,仅有的一个人坐在后排,转向盘一直在自动"抖动"来调整方向。在车辆的前保险杠位置,装备一个特制的接收单元。计算机控制的电子脉冲信号通过这个单元传递给车辆,以此达到控制转向的目的。RRL表示这种驾驶功能将为公路和铁路带来更安全的驾驶条件。随后,同年在《新科学家和科学之旅》杂志中,Slade Penoyre指出:RRL这种自动系统要比普通人类驾驶汽车的安全性高出100倍。

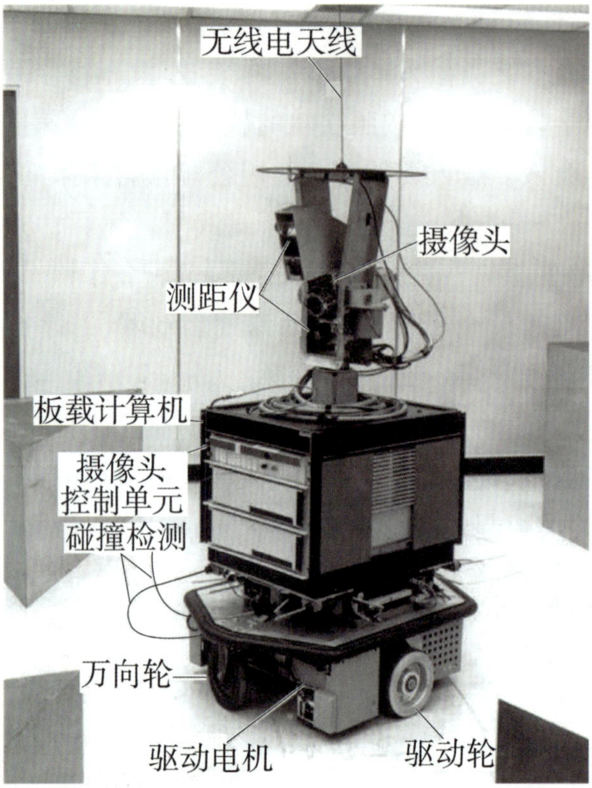

图 1-2-3　美国斯坦福大学研究所的多功能机器人

1977 年,日本的筑波工程研究实验室开发出了第一个基于摄像头来检测前方标记或者导航信息的自动驾驶汽车(图 1-2-5),而放弃了之前一直使用的脉冲信号控制方式。这辆车内配备了两个摄像头,并用模拟计算机技术进行信号处理,时速能达到 30km/h,但需要高架轨道的辅助。

图 1-2-4　英国道路研究实验室的无人驾驶汽车

图 1-2-5　日本筑波工程研究实验室的自动驾驶汽车

1984 年,美国国防部高级计划研究局(DARPA),开启了陆地自动巡航(ALV)的计划,目的是研究具有无人驾驶能力和人工智能的陆地军用机器人,通过摄像头来检测地形，通过计算机系统计算出导航和行驶路线等解决方案。ALV项目研究持续了5年，由于成果有限以及国会削减经费而被迫中止。

20世纪末，德国慕尼黑联邦国防军大学的航空航天教授Ernst Dickmanns开创了一系列“动态视觉计算”的研究项目，并且在EUREKA项目（欧洲道路环境与安全）的资助下，成功开发出多辆自动驾驶汽车原型。Ernst Dickmanns团队的第一次成功突破是在1993年和1994年，改装了一辆奔驰S500轿车（当时梅赛德斯是项目团队的合作伙伴），并且配备了摄像头和其他多种传感器，用来实时监测道路周围的环境和反应。当时，这辆奔驰S500（图1-2-6）成功地在普通交通环境下自动驾驶了超过1000km的距离。

1986年，美国卡内基·梅隆大学开始进行无人驾驶的探索。研究人员将一辆雪佛兰进行了改装，在车身上加入了便携式计算机，不过行驶速度仅为20km/h。1995年，研究人员对一辆1990年款的Pontiac Trans Sport进行改装（图1-2-7），通过在车辆上附加便携式计算机、风窗玻璃摄像头、GPS接收器以及其他一些辅助设备，来控制转向盘和安全性能，并且成功地完成了从匹兹堡到洛杉矶的“不手动”驾驶之旅，整个过程大约有98.2%的里程是百分之百无人驾驶，只是在避障的时候人为进行了一点点帮助。卡内基·梅隆大学的研究成果对于现在的无人驾驶技术提供了非常高的借鉴意义。

图1-2-6　德国奔驰S500自动驾驶汽车

图1-2-7　美国卡内基·梅隆大学的自动驾驶汽车

ARGO项目是由意大利帕尔马大学视觉实验室VisLab在EUREKA资助下完成的项目。ARGO也利用立体视觉系统，通过摄像头来检测周围的环境，通过计算机制定导航路线。1998年，ARGO项目进行了2000km的长距离实验，其中94%路程使用自主驾驶（图1-2-8），平均时速为90km/h，最高时速为123km/h。

该系统成功地证明了利用低成本的硬件和成像系统，依然可以在视觉输入的情况下实现无人驾驶。

2004年，DARPA率先对无人驾驶汽车进行了有史以来最重要的挑战，成功地让无人驾驶汽车穿越了Mojave沙漠。2005年，斯坦福大学一辆改装的大众途锐（图1-2-9）更完美地进行了这项挑战。这辆车不仅携带了摄像头，同时还配备了激光测距仪、雷达远程视距、GPS传感器以及英特尔奔腾M处理器。

图1-2-8　帕尔马大学视觉实验室的无人驾驶汽车

图1-2-9　斯坦福大学的大众途锐无人驾驶汽车

在第一次成功挑战的三年后，DARPA将实验场地从沙漠换成了城市，并且在斯坦福拉力赛中取得了第二名、在Tartan Racing中获得了第一名的好成绩（图1-2-10）。随后，通过NavLab项目在该领域声名鹊起的卡内基·梅隆大学也取得了不错的成绩，并且获得了通用、Continental和卡特彼勒等公司的支持。

在城市道路环境下，无人驾驶汽车的功能就开始变得越来越复杂，需要处理其他车辆、信号、障碍以及如何与驾驶人和睦相处。

2009年，谷歌公司在DARPA的支持下，开始了自己的无人驾驶汽车项目研发。谷歌公司通过一辆改装的丰田普锐斯汽车在太平洋沿岸行驶了1.4万mile（英里），历时一年多。许多在2005—2007年期间在DARPA研究的工程师都加入到了谷歌的团队，并且使用了视频系统、雷达和激光自动导航技术。

2010年，意大利帕尔马大学视觉实验室VisLab团队，也就是当初实验ARGO项目的团队，开启了自动驾驶汽车的洲际行驶。4辆自动驾驶汽车从意大利帕尔马出发，穿越9个国家，最后成功到达了中国上海（图1-2-11）。整个期间VisLab团队面对了超过1.3万km的日常驾驶环境挑战。值得一提的是，所有车载导航系统都是通过太阳能提供电量，到当时为止是第一个将可持续资源融入到无人驾驶汽车的项目。

图 1-2-10 通用公司竞赛的无人驾驶汽车

图 1-2-11 到达上海的太阳能导航无人驾驶汽车

法国的 Induct 公司开发出了 Navia shuttle 汽车，与传统的无人驾驶汽车相比，它更适合在校园和公园中使用。这辆车可以自动学习路线，并且利用激光雷达传感器扫描障碍物，最高时速为 13mile/h。另一方面，英国同样也在测试一辆与 Navia Shuttle 类似的项目，名叫 Meridian（图 1-2-12）。这个项目大部分位于步行区。这些车辆并不供公众使用，而每辆车都会配备有执照的驾驶人。据悉，这两辆专用于步行区的无人驾驶汽车，还是纯电动车型。

2014 年，谷歌公司对外发布了自己完全自主设计的无人驾驶汽车，并且在 2015 年，第一辆原型汽车正式亮相（图 1-2-13），并且已经可以正式上路测试。在这辆可爱的小车中，谷歌公司完全放弃了转向盘的设计，乘客只要坐在车中就可以享受到无人驾驶的方便和乐趣。

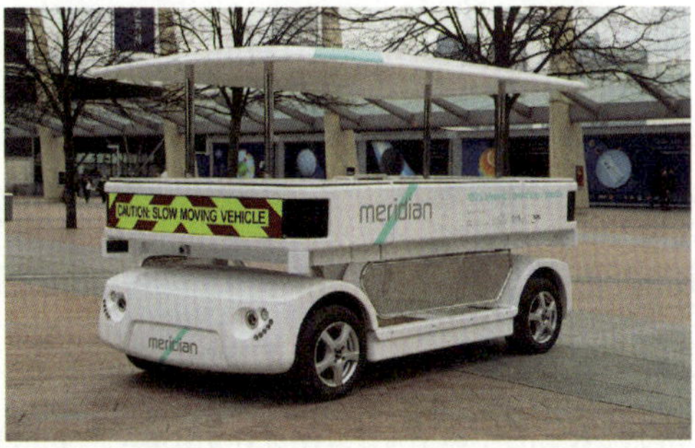

图 1-2-12 英国专用于步行区的无人驾驶汽车

图 1-2-13 谷歌公司的无人驾驶汽车

除了谷歌之类的科技公司和大学研究机构之外，传统汽车厂商也开始进行无人驾驶汽车的研发。2017 年初梅赛德斯·奔驰的超现实 F015 概念无人驾驶汽车发布（图 1-2-14）。这辆汽车不仅设计豪华，同时车内布满了各种作用的显示屏以及可旋转的座椅，彻底将无人驾驶汽车变成了一个可以移动的娱乐中心。

美国 Waymo 公司很早就开始了自动驾驶的测试,在自动驾驶领域属于领跑者之一。在 2009 年,当时他们还是谷歌旗下的一个项目,就开始研究自动驾驶技术,直到 2016 年从谷歌独立出来。Waymo 此前就拿到了美国加利福尼亚州 DMV(机动车辆管理局)颁发的完全自动驾驶测试牌照,测试时可以不用安全员。Waymo 公司目前已经收集了超过 1500 万 km 的公共道路测试数据,2019 年,Waymo 公司正式为顾客提供全自动无人驾驶汽车服务,目前已经率先在美国凤凰城进行测试(图 1-2-15)。

图 1-2-14　奔驰 F015 概念无人驾驶汽车

图 1-2-15　Waymo 公司的无人驾驶汽车

根据 Waymo 公司 CEO John Krafcik 的介绍,他们已经首先为数量有限的乘客提供"只有乘客"的接载。也就是说,这些车辆上是没有驾驶人在场。根据协议,参与了这次测试的乘客不可以跟媒体分享车程的体验。同时,Krafcik 表示,他们在底特律的全球首个 L4 级别的自动驾驶车辆工厂已经启用生产线,而且与货车品牌 Peterbilt 合作测试应用其自动驾驶系统,希望未来达成自动驾驶货车的商用化。

特斯拉公司作为全球无人驾驶技术的领跑者之一,在 2015 年底通过空中下载技术(Over-the-Air Technology,OTA)的方式使部分车辆升级了 Auto Pilot 的驾驶辅助功能(图 1-2-16),揭开了自动驾驶产业化的序幕。在 2019 年的特斯拉自动驾驶开放日上,马斯克不仅公布了特斯拉自己研发的芯片,还宣布了 RoboTaxi 无人驾驶出租汽车计划。特斯拉全自动驾驶计算技术(full self-driving computer,FSD) Autopilot 3.0 硬件(图 1-2-17)正式登场。

从 2015 年开始,我国大量的初创公司、互联网公司、汽车整车制造厂投入到自动驾驶汽车的洪流中。从自动驾驶全产业链来看,整车制造厂、解决方案供应商、出行服务商等已经构成了生态雏形。百度、Pony. ai、Roadstar. ai 等追随 Waymo 做自动驾驶车队,也有驭势、Momenta、腾讯等专注于提供高级别自动驾驶解决方案的商业路径,阿里、华砺智行则专注于车路协同技术的研究。

图 1-2-16 特斯拉驾驶辅助功能应用场景　　图 1-2-17 特斯拉自动驾驶芯片硬件

综上所述，计算机、卫星导航、传感器、无线通信等技术的发展，加上能源危机、环境污染、气候变暖等因素已经促进纯电动汽车技术的成熟并快速走向市场，实现汽车智能化和网联化是未来汽车工业的发展趋势。从宏观的角度，智能网联汽车是一个非常重要的移动终端，既能满足人们出行的需求，又能提供各种可能需要的交互场景；从微观的角度，智能网联汽车是一个具备高度集成化的智能移动空间。

从目前的发展来看，智能网联汽车的发展还处于初级阶段，这也是辅助驾驶、半自动驾驶和全自动驾驶智能网联汽车逐渐成熟到广泛应用所必经的阶段。智能网联汽车的智能化和网联化的特性，能够及时预警、合理的路径规划和主动控制避免交通事故、降低能源消耗、减轻交通拥堵的压力，随着技术的进步，满足车主更多安全、节能、舒适等功能的需求。

二　国外智能网联汽车的发展现状与趋势

1. 法律和政策方面

美国、英国、德国、日本等政府，在政策、法规和资金等方面，大力支持智能网联汽车的研究，已经取得重大的成果。

总体上来说，美国的自动驾驶汽车政策立法走在世界的前列。2012 年 5 月，美国内华达州机动车辆管理部门（DMV）为谷歌自动驾驶汽车颁发了首例驾驶许可证。同年 9 月，加利福尼亚州出台法案宣布从 2015 年起允许自动驾驶汽车上路行驶。美国交通运输部在 2015 年发布《美国智能交通系统（ITS）战略规划（2015—2019 年）》；2016 年发布《联邦自动驾驶汽车政策指南》；2017 年发布《自动驾驶系统 2.0：安全愿景》；2018 年发布《自动驾驶汽车 3.0：为未来交通做准备》。

在网联自动驾驶层面，美国联邦公路管理局（FHWA）正在进行一项研究，旨在衡量利用车联网技术去实现网联自动驾驶带来自动驾驶汽车效率和安全性能的提高。而美国公路交通安全管理局(NHTSA)提出车联网目标是为消费者提供安全、效率、便捷三大方面优质服务。安全方面,中轻型车辆将避免80%的交通事故,重型车辆避免71%的交通事故;效率方面,交通堵塞将减少60%,短途运输效率提高70%,现有道路通行能力提高2~3倍;便捷方面,停车次数可减少30%,行车时间降低13%~45%,实现降低油耗15%。

2. 国外部分汽车厂商智能网联汽车发展业务规划

2020年之前,国外大部分传统汽车厂商车型处于L1和L2级智能驾驶阶段,L3级综合辅助智能驾驶已有充分技术储备,2020年以后传统汽车厂商将迎来高级自动驾驶产业化高潮。

表1-2-1是国外部分汽车厂商智能汽车研发进展状况。

国外部分汽车厂商智能汽车研发进展状况 表1-2-1

公司	智能汽车研发进展状况
谷歌	2020年,谷歌母公司Alphabet旗下的自动驾驶汽车公司Waymo宣布达到一个新的里程碑,其无人驾驶车队已经在公共道路上行驶了2000多万英里
特斯拉	2020年完成L5级自动驾驶基本功能的研发
沃尔沃	2020年完成成熟的城市安全避撞系统City Safety,实现高度自动驾驶零伤亡;2021年新车型实现L4级自动驾驶
日产汽车	联手美国航空航天局(NASA),2020年推出带无人驾驶技术的汽车
丰田汽车	2020年7月28日,丰田汽车宣布成立软件公司Woven Planet Holdings(编织星球控股),计划在自动驾驶、车载软件、高清地图领域开展业务
福特汽车	福特公司自2019年开始,大部分车型装备甚至全车系标配(2020年6月起的探险者)Co-Pilot360TM驾驶辅助系统

三 我国智能网联汽车发展现状与规划

1. 我国智能网联汽车发展历程

20世纪80年代,我国才开启对智能移动机器人的研究。与欧美等发达国家相比，我国在无人驾驶汽车方面的研究起步稍晚。

1980 年，国家立项了"遥控驾驶的防核化侦察车"项目，哈尔滨工业大学、沈阳自动化研究所和国防科技大学三家单位参与了该项目的研究制造。

1988 年，清华大学在国防科工委和国家 863 计划的资助下，开始研究开发 THMR 系列智能车，THMR-5（图 1-2-18）智能车能够实现结构化环境下的车道线自动跟踪。

图 1-2-18　清华大学 THMR-5 智能车

1992 年（"八五"期间），由北京理工大学、南京理工大学、国防科技大学、清华大学和浙江大学五家单位联合研制成功了 ATB-1（Autonomous Test Bed-1）无人驾驶汽车，这是我国第一辆能够自主行驶的测试样车，其行驶速度可以达到 21km/h。ATB-1 的诞生标志着我国无人驾驶汽车正式起步并进入探索期，无人驾驶汽车的技术研发正式启动。

"九五"期间，ATB-2 无人驾驶汽车也顺利研制成功，与 ATB-1 相比，其功能得到了大大的加强，直线行驶速度最高可达到 21m/s（75.6km/h），提高了 3～4 倍。

2005 年，ATB-3 无人驾驶汽车研制成功，在环境认知和轨迹跟踪能力上得到进一步加强。

2001 年开始，在 ATB 系列无人驾驶汽车的研发中起到关键性的角色的国防科技大学，与一汽集团合作研发自动驾驶汽车。2003 年研制成功的红旗 CA7460，在正常交通状况的高速公路上，可根据前方障碍车辆的情况自动进行车道变换，其最高行驶速度可达到 47m/s（约 170km/h）。

2006 年，国防科技大学与一汽集团研制出第二代自动驾驶车辆红旗 HQ3（图 1-2-19）。2011 年 7 月 14 日，红旗 HQ3 首次完成了从长沙到武汉 286km 的高速全程无人驾驶试验，实测全程自主驾驶平均时速 87km/h，创造了我国自主研制的无人驾驶汽车在复杂交通状况下自主驾驶的新纪录。这标志着我国无人驾驶汽车在复杂环境识别、智能行为决策和控制等方面实现了新的技术突破。

国家"863 计划"颁布后，在国家自然科学基金会的支持下，很多大学与机构开始研究无人驾驶汽车。2009 年，我国首届"智能车未来挑战赛"在西安举行，几年里共吸引了数十家研究单位的数十辆无人驾驶车辆先后参加该项比赛。"智能车未来挑战赛"与美国国防部高级研究计划局（DARPA）在 2004 年开始举办的"机器车挑战大赛"（Grand Challenge）一样，很大程度上促进了无人驾驶的技术发展。例如,谷歌无人驾驶汽车正是脱胎于第二届“机器车挑战大赛”大赛中的冠军斯坦利机器人汽车。

2012 年,军事交通学院的“军交猛狮Ⅲ号”(图 1-2-20)以无人驾驶状态行驶 114km,最高时速为 105km/h。

图 1-2-19　红旗 HQ3 第二代自动驾驶车辆

图 1-2-20　军交猛狮Ⅲ号无人驾驶汽车

2015 年 4 月,长安汽车发布智能化汽车“654 战略”,即建立六个基础技术体系平台,开发五大核心应用技术,分四个阶段逐步实现汽车从单一智能到全自动驾驶。2018 年,长安汽车推出智能网联 SUV CS95,完成 2000km 无人驾驶路试,并计划开始量产高速公路无人驾驶汽车。

2015 年 8 月 29 日,宇通大型客车(图 1-2-21)从河南省连接郑州市与开封市的城际快速路——郑开大道城铁贾鲁河站出发,在完全开放的道路环境下完成自动驾驶试验,共行驶 32.6km,最高时速 68km/h,全程无人工干预,不过为了保障安全还是配备了驾驶人。这也是国内首次大型客车高速公路自动驾驶试验。

图 1-2-21　宇通大型自动驾驶客车

2016 年 4 月的北京车展上,北汽集团展示了其基于 EU260 纯电动汽车打造的无人驾驶汽车,目前搭载的无人驾驶感知与控制设备大部分都为国产化采购,目的是为未来的量产打下基础。

2018 年 5 月,宇通客车在其 2018 年新能源全系产品发布会上宣布,已具备面向高速结构化道路和园区开放通勤道路的 Level 4 级别自动驾驶能力。

2020 年 9 月,吉利汽车进一步明确了自动驾驶技术路线,并分个人车辆和自动驾驶出租车两条路线实施,2021年将实现个人车辆在架构化道路环境和高度自动驾驶,首款落地车型为ZERO concept概念车,搭载CO Pilot高度自动驾驶系统和AI Mate座舱,可实现完全自动驾驶。

2020年,一汽展示自动驾驶技术,计划2025年实现50%车辆高度自动驾驶。

2020年6月20日,上汽荣威R标系列的首款车型MARVEL-R于粤港澳大湾区车展正式亮相,该车还配备了5G技术和L3级自动驾驶系统。

2020年11月26日,由上汽集团、浦东新区和阿里巴巴集团三方联合打造的百亿级“巨无霸”项目——高端智能纯电汽车项目“智己汽车”正式启动。

2020年,广汽埃安LX车型搭载ADiGO自动驾驶3.0系统,具备L3自动驾驶功能,已经历了超过12万km的漫长路试。

2020年6月上市的埃安V,搭载了自主研发的全球首个5G+V2X车载智能通信系统,被打造为全球首款5G车。在数据流和数据处理方面,埃安V已经为下一步L4级自动驾驶打下了基础。

2020年8月,广汽新能源5G V2X车载智能通信系统,获国家客车质量监督检测中心远程服务与管理系统技术权威认证,达到车规级国家标准。

除了上述传统的汽车制造厂商在无人驾驶领域的研究外,以百度公司为代表的高科技公司也相继加入了无人驾驶汽车领域的研究。百度的无人驾驶项目于2013年起步,由百度研究院主导研发,其技术核心是“百度汽车大脑”,包括高精度地图、定位、感知、智能决策与控制四大模块。2014年,百度和宝马公司签署战略协议,双方将在无人驾驶领域展开合作。2015年12月,百度无人驾驶汽车完成北京开放高速路的自动驾驶测试。就像谷歌无人驾驶汽车对于美国无人驾驶汽车的意义一样,百度的无人驾驶汽车对于中国无人驾驶汽车来说同样意义非凡,这意味着一项技术从科研开始落地到产品。与谷歌一样,百度想做的也是一次性实现无人驾驶。百度公司无人驾驶项目发展历程见表1-2-2。

百度公司无人驾驶项目发展历程 表1-2-2

时　间	百度无人驾驶汽车发展历程
2013年	开始了百度无人驾驶汽车项目,其技术核心是“百度汽车大脑”
2015年12月初	百度无人驾驶汽车在北京进行自动驾驶测跑,完成了进入高速到驶出高速不同道路场景的切换
2015年12月14日	百度宣布正式成立自动驾驶事业部

续上表

时　间	百度无人驾驶汽车发展历程
2017 年 4 月 17 日	百度展示了与博世合作开发的高速公路辅助功能增强版演示车
2018 年 7 月 4 日	百度在第二届百度 AI 开发者大会(Baidu Create 2018)上宣布,其与厦门金龙合作生产的首款 Level4 级自驾巴士“阿波龙”已经量产下线
2019 年年初	百度还会跟日本软银旗下的 SB Drive 合作,将 10 辆“阿波龙”带去包括东京在内的多个日本城市
2019 年 9 月	百度的自动驾驶出租车队正式在长沙宣布试运营
2019 年 12 月	百度正式宣布进行组织架构升级,新增智能交通业务组,与原有的自动驾驶业务组、车联网业务组并行
2020 年	在“2020 百度世界大会”上,威马汽车发布了其与百度共同开发的 AVP 自主泊车技术,并亮相了首款搭载 AVP 自主泊车技术的全新量产车型,成为全球最快落地、最快量产的 L4 级自动驾驶技术品牌

2. 我国智能网联汽车发展的政策支持

我国高度重视智能网联汽车发展,智能网联汽车成为关联众多重点领域协同创新、构建新型交通运输体系的重要载体,并在塑造产业生态、推动国家创新、提高交通安全、实现节能减排等方面具有重大战略意义,已经上升到国家战略高度。国家有关部委出台了一系列规划及政策推动我国智能网联汽车发展。

2015 年,国家将智能网联汽车列为未来十年国家“智能制造”发展的重要领域。

2016 年 5 月,国家发展和改革委员会、科技部、工业和信息化部、中共中央网络安全和信息化委员会发布的《“互联网 +”人工智能实行三年行动实施方案》指出:加快智能网联汽车关键技术研发,实行智能网联汽车试点工程,推动智能汽车典型应用,同时加强智能网联汽车及相关标准化工作。

2016 年 8 月,国家发展和改革委员会、交通运输部发布的《推进“互联网 +”便捷交通促进智能交通发展的实施方案》提出了我国智能交通(ITS)总体框架和实施举措。

2016 年 10 月，中国汽车工程学会发布的《节能与新能源汽车技术路线图》明确了我国智能网联汽车的技术路线图，并对汽车制造厂商及汽车产业的发展方向提出了指导。

2016 年 11 月，工业和信息化部发布的《关于进一步做好新能源汽车推广应用安全监管工作的通知》指出：自 2017 年 1 月 1 日起对新生产的全部新能源汽车安装车载终端，通过企业监测平台对整车及动力电池等关键系统运行安全状态进行监测和管理。

2017 年 2 月，国务院发布的《关于印发“十三五”现代综合交通运输体系发展规划的通知》指出：加快车联网、船联网等建设；在民航、高铁等载运工具及重要交通线路、客运枢纽站点提供高速无线接入互联网公共服务；建设铁路下一代移动通信系统，布局基于下一代互联网和专用短程通信的道路无线通信网；研究规划分配智能交通专用频谱。

2017 年 4 月，工业和信息化部、国家发展和改革委员会发布的《汽车产业中长期发展规划》指出：以智能网联汽车为突破口之一，引领整个产业转型升级。

2017 年 4 月，科技部发布的《国家重点研发计划新能源汽车试点专项实施方案》重点布局了电动汽车智能化技术任务。

2017 年 7 月，国务院发布的《关于印发新一代人工智能发展规划的通知》指出：将智能网联汽车自动驾驶应用放到重要地位；加快布局实时协同人工智能的 5G 增强技术研发及应用，建设面向空间协同人工智能的高精度导航定位网络，加强智能感知物联网核心技术攻关和关键设施建设，发展支撑智能化的工业互联网、面向无人驾驶的车联网等，研究智能化网络安全架构。

2017 年 9 月，国家发展和改革委员会透露，已启动国家智能汽车创新发展战略起草工作，将通过制定战略明确未来一个时期我国汽车战略方向，同时提出近期的行动计划，确定路线图和时间表。

2017 年 12 月，工业和信息化部发布的《国家车联网产业标准体系建设指南（智能网联汽车）》指出：到 2020 年，初步建立能够支撑驾驶辅助及低级别自动驾驶的智能网联汽车标准体系。到 2025 年，系统形成能够支撑高级别自动驾驶的智能网联汽车标准体系。

2017 年 12 月，工业和信息化部发布的《促进新一代人工智能产业发展三年行动计划（2018—2020 年）》指出：将智能网联汽车作为本次行动计划提出的第一项要大力发展的智能产品，并设定了到 2020 年建立可靠、安全、实时性强的智能网联汽车智能化平台，形成平台相关标准，支撑高度自动驾驶等目标。

2018 年 1 月，国家发展和改革委员会发布的《智能汽车创新发展战略(征求意见稿)》指出：将智能网联汽车发展提升至国家战略层面。到 2020 年大城市、高速公路的 LTE-V2X 覆盖率达到 90%，北斗高精度时空服务实现全覆盖；到 2025 年，5G-V2X 基本满足智能汽车发展需要。

2018 年 4 月，工业和信息化部、公安部、交通运输部三部委联合印发的《智能网联汽车道路测试管理规范(试行)》明确了智能网联汽车的定义，明确了道路测试的管理要求和职责分工，规范和统一了各地方基础性检测项目和测试规程，并将其作为智能网联汽车测试的指导文件。

2018 年 6 月，工业和信息化部发布的《车联网(智能网联汽车)直连通信使用 5905 ~ 5925MHz 频段的管理规定(征求意见稿)》拟规划 5905 ~ 5925MHz 频段作为 LTE-V2X 技术的车联网(智能网联汽车)直连通信的工作频段。

2018 年 7 月，交通运输部发布的《自动驾驶封闭场地建设技术指南(暂行)》是国家部委出台的第一部关于自动驾驶封闭测试场地建设技术的规范性文件。

除了以上国家部委层面的政策文件外，各地方政府同时出台了一系列地方政策和法规，旨在促进智能网联汽车的发展。

3. 我国智能网联汽车的发展目标

我国智能网联汽车发展规划如图 1-2-22 所示。

我国结合自身产业现状在汽车智能化和网联化方向上提出了自己的规划目标。

2020 年，初步形成智能网联汽车自主创新体系，启动智慧城市相关建设。包括：

(1)初步建立法规、研发、配套体系，掌握关键技术。

(2)有条件自动驾驶及以下(DA、PA、CA)新车装备率 50%。

(3)交通事故减少 30%，交通效率提升 10%，油耗与排放降低 5%。

2025 年，建成自主智能网联汽车产业链与智能交通体系。包括：

(1)建立完善的各项体系，掌握关键技术达到国际水平。

(2)有条件自动驾驶及以下(DA、PA、CA)新车装备率 80%，PA/CA 达到 25%。

(3)汽车交通事故减少 80%，普通道路的交通效率提升 30%，油耗与排放均降低 20%。

2030 年，建成完善自主智能网联汽车产业链与智慧交通体系。包括：

(1)形成完善的标准法规、研发、生产配套体系，具备国际竞争力。

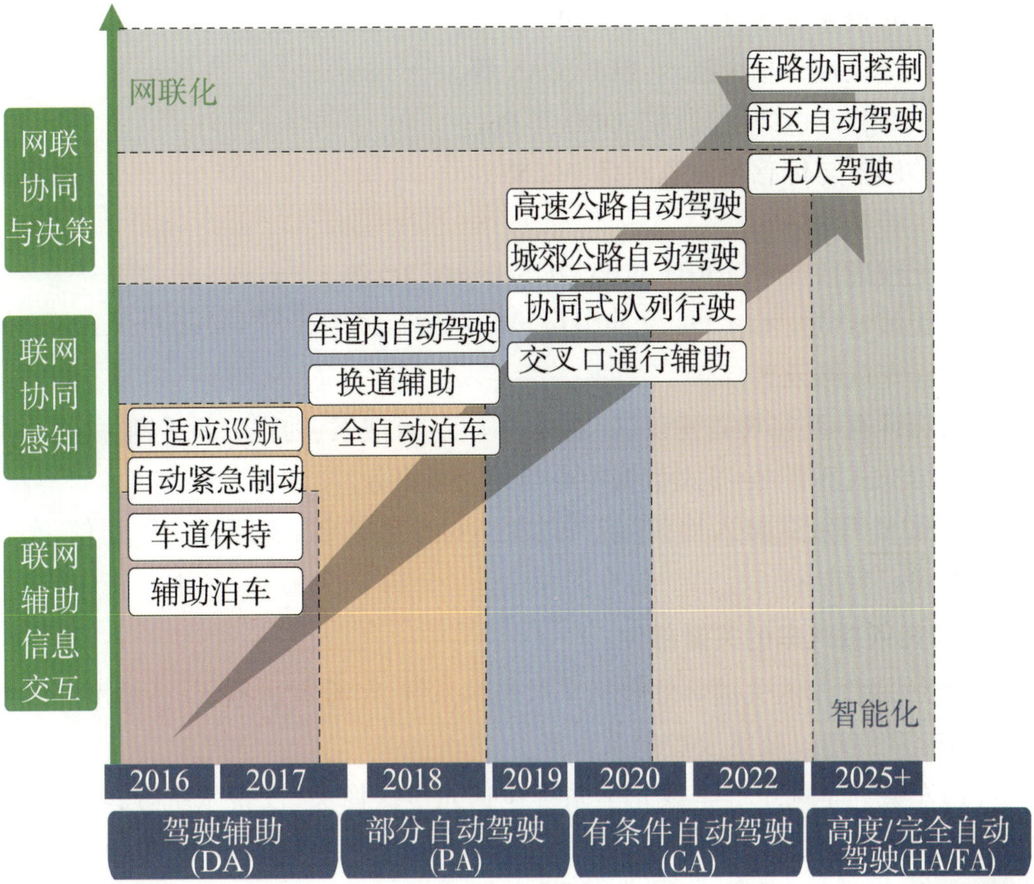

图 1-2-22　我国智能网联汽车发展规划

我国智能网络汽车发展规划

(2)智能驾驶系统成为新车标配,智能网联接近 100%,HA/FA 新车装配 10%。

(3)部分区域形成"零死亡、零拥堵"的智能交通体系。

随着《智能网联汽车技术路线图 2.0》的发布,我国大力发展智能网联汽车的路径也愈发明晰。根据规划,到"十四五"末(即 2025 年),我国部分自动驾驶、有条件自动驾驶智能网联汽车销量将占当年汽车总销量的比例超过 50%,高度自动驾驶级智能网联汽车开始进入市场;限定区域和特定场景商业化应用即将实现,C-V2X 终端新车装配率将达 50%。

4. 智能网联汽车发展的核心技术

智能网联汽车发展需要解决和突破的核心技术,总结为"端""管""云"。

1)端(车载终端、道路基础设施)

(1)车载终端:人机交互、车联信息采集与整合(OBD、CAN/K 等)。

(2)智能嵌入式系统:Linux、Android、QNX、WinCE 等。

(3)音频视频技术:视频分析与识别、语音识别、语音指令与播报等。

(4)汽车电控与总线技术:ECU、CAN 等。

(5)车载检测、诊断与通信:OBD、T-Box。

(6)传感器与传感器信息网络:MENS。

2)管(传输网络)

(1)无线通信技术:RFID、WiFi、2G、3G、4G、5G 等。

(2)无线定位技术:GPS、北斗卫星导航定位系统等。

3)云(车联网云平台)

(1)云计算:路径规划建议、智能交通调度、云搜索、远程分析诊断。

(2)分布式部署:分布式数据中心与终端接服务。

(3)M2M 开放式接入协议:统一的接入标准和协议,实现车—车通信、车—云通信。

5. 智能网联汽车的关键部件

智能网联汽车的关键部件包括车载光学系统、车载雷达系统、高精度定位系统、车载互联终端以及集成控制系统等。

(1)车载光学系统。车载光学系统包括光学摄像头、夜视系统等,具备图像处理和视觉增强功能。

(2)车载雷达系统。车载雷达系统包括近距毫米波雷达、中远距毫米波雷达、远距超声波雷达、激光雷达等,有效目标识别精度高。

(3)高精度定位系统。高精度定位系统包括 GPS、北斗卫星导航定位系统,车载定位精度可达到亚米级。

(4)车载互联终端。车载互联终端包括近距通信模块、远程通信模块、车载娱乐系统。

(5)集成控制系统。控制器对各子系统精确控制及协调。

以上关键系统和零部件,应具备技术领先,并具有成本优势及大的自主份额比例。

6. 智能网联汽车的发展趋势

从技术角度,智能网联汽车技术将向着人工智能化、尺寸小型化、成本低廉化和高可靠性方向发展。

1)环境感知技术

79GHz 毫米波雷达将取代 24GHz 雷达,天线尺寸更小、角分辨率更高,芯片材料将向着互补金属氧化物材料发展；激光雷达将向着固态激光雷达、更高的探测距离和分辨率、更小的尺寸和更低的成本发展；摄像头方面，将沿着深度学习的技术路线，向模块化、可扩展、全天候方向发展。

2）决策规划技术

人工智能技术将由机器学习、深度学习阶段向着自主学习方向发展；人工智能算法芯片，将会对软硬件进行深度整合，使其拥有超强的计算能力、更小的体积、更低的功耗，算法处理速率将会大幅提升。

3）车辆控制技术

整车电子电气架构将向着跨域集中式电子架构和车辆集中式电子架构发展，分散的控制单元将减少，取而代之的是应用先进算法的集中控制单元；车辆控制算法也由传统控制方法向基于模型预测控制、最优控制、神经网络控制和深度学习等智能控制方法转变。

任务总结

提示：

请预先复习“相关知识”的内容。

一 思考与研讨

（1）利用互联网查询国内外智能网联汽车的历史、现状。

打开计算机或移动终端的浏览器、App，利用“百度”等搜索功能，分别搜索“国家”＋“智能网联汽车/无人驾驶汽车/自动驾驶汽车”＋“历史、现状、发展趋势”等关键词，查询、学习相关资讯，总结国外、国内智能网联汽车的历史、现状与发展趋势。

①智能网联汽车的发展历史小结：____________________

②国外智能网联汽车的现状与发展小结：

国家1：____________________

国家2：____________________

国家3：____________________

国家4：____________________

国家5：________________

③我国智能网联汽车的现状与发展小结：

厂商1：________________

厂商2：________________

厂商3：________________

厂商4：________________

厂商5：________________

(2)分析智能网联汽车的核心技术。

根据查询获取的资讯，结合你所学的知识，分析智能网联汽车的核心技术有哪些，并填写表1-2-3。

智能网联汽车核心技术　　表1-2-3

核心技术	细节描述

二 练习与测试

1.判断题

(1)1925年8月，人类历史上第一辆有证可查的无人驾驶汽车正式亮相。（　　）

(2)智能网联汽车的发展已经非常成熟。（　　）

(3)总体上来说，美国的自动驾驶汽车政策立法走在世界的前列。（　　）

(4)我国的THMR系列智能车是由哈尔滨工业大学研究开发的。（　　）

(5)国内首次大型客车高速公路自动驾驶试验的是宇通客车。（　　）

2.单项选择题

(1)谷歌公司用于无人驾驶汽车项目改装的车型是(　　)。

A.通用庞蒂克　　B.丰田普锐斯

C.通用雪佛兰　　D.大众途锐

(2)2009 年,我国首届“智能车未来挑战赛”在(　　)举行。

A. 北京　　B. 上海　　C. 成都　　D. 西安

(3)德国汽车和零部件与自动驾驶相关专利最多的公司是(　　)。

A. 奥迪　　B. 博世　　C. 大众　　D. 宝马

(4)目前大部分传统汽车厂商车型的智能驾驶阶段处于(　　)。

A. L1 和 L2 级　　B. L3 级　　C. L4 级　　D. L5 级

(5)我国无人驾驶汽车在复杂环境识别、智能行为决策和控制等方面实现了新的技术突破的车型是(　　)。

A. ATB-1　　B. 军交猛狮Ⅲ号

C. 红旗 CA7460　　D. 红旗 HQ3

3. 多项选择题

(1)我国相继加入了无人驾驶汽车领域的研究的高科技公司包括(　　)。

A. 阿里　　B. 腾讯　　C. 百度　　D. 小米　　E. 其他都不是

(2)我国参与联合研制成功了 ATB-1 无人驾驶汽车的几所院校是(　　)。

A. 北京理工大学　　B. 南京理工大学　　C. 国防科技大学

D. 清华大学　　E. 浙江大学

(3)智能网联汽车发展需要解决和突破的核心技术,总结为(　　)。

A.“高”　　B.“端”　　C.“管”　　D.“好”　　E.“云”

(4)智能网联汽车的关键部件包括(　　)等。

A. 车载光学系统　　B. 车载雷达系统　　C. 高精度定位系统

D. 车载互联终端　　E. 集成控制系统

(5)从技术角度,智能网联汽车技术将向着(　　)方向发展。

A. 人工智能化　　B. 尺寸小型化　　C. 成本低廉化

D. 高可靠性　　E. 规模化生产

项目二

智能网联汽车环境感知系统

本项目主要针对智能网联汽车环境感知系统的认识和应用，分为2个任务学习。

任务1　智能网联汽车环境感知与应用；

任务2　道路、车辆、行人、交通标志及信号识别。

通过2个任务的学习，掌握智能网联汽车中环境感知系统的组成、相应的传感器，以及道路、车辆、行人、交通标志及信号等的识别。

任务 1 智能网联汽车环境感知与应用

提出任务

汽车要实现的自动驾驶功能，必须具备环境感知功能，就像人在走路的时候需要用眼睛看清道路、耳朵听取各种声音识别周围的环境。你知道“智能网联汽车”上都有哪些“眼睛”和“耳朵”吗？

任务要求

知识要求

1. 能够描述环境感知系统的定义、组成、类型和配置；
2. 能够描述视觉传感器的类型、工作原理与应用；
3. 能够描述雷达的类型、工作原理与应用。

能力要求

1. 能够利用互联网等资源查询智能网联汽车环境感知系统的定义、组成、类型和配置等信息；
2. 能够识别视觉传感器和雷达的类型；
3. 能够分析视觉传感器和雷达的应用。

相关知识

一 智能网联汽车环境感知概述

1. 环境感知的定义

智能网联汽车的环境感知就是利用视觉传感器、超声波雷达（也称超声波传感器)、毫米波雷达、激光雷达,以及 V2X 通信技术等获取道路、车辆位置和障碍物的信息,并将这些信息传输给车载控制中心,为智能网联汽车提供决策依据,是实现自动驾驶(无人驾驶)的第一步。

环境感知相当于智能网联汽车的"眼睛和耳朵",它的性能将决定智能网联汽车能否适应复杂多变的交通环境。智能驾驶程度越高,对环境感知要求越高,无人驾驶汽车对环境感知的要求最高,其次是自动驾驶汽车、智能网联汽车和智能汽车。

如图 2-1-1 所示,环境感知的对象主要有道路、车辆、行人、各种障碍物、交通标志、交通信号灯等。环境感知的对象有静止的,如道路、静止的障碍物、交通标志和交通信号等;也有移动的,如车辆、行人和移动的障碍物。对于移动的对象,不仅要检测,还要对其轨迹(位置)进行追踪,并根据追踪结果,预测该对象下一步的轨迹(位置)。

图 2-1-1　环境感知的对象

2. 环境感知系统的组成

智能网联汽车的环境感知系统由信息采集单元、信息处理单元和信息传输单元组成,如图 2-1-2 所示。

1)信息采集单元

对环境的感知和判断是智能网联汽车工作的前提和基础,感知系统获取周围环境和车辆信息的实时性和稳定性,直接关系后续检测或识别的准确性和执行的有效性。信息采集主要有惯性元件、超声波雷达、激光雷达、毫米波雷达、视觉传感器、定位导航及车载自组织网络技术等。

惯性元件和定位导航主要是获取车辆的行驶速度、姿态方位等信息,为智能网联汽车的定位和导航提供有效数据。惯性元件主要是指汽车上的轮速传感器、加速度传感器、陀螺仪、转向盘转角传感器等,通过它们感知汽车自身的行驶状态。定位导航是指 GPS 或北斗卫星导航系统，利用它们可以感知汽车自身的位置。

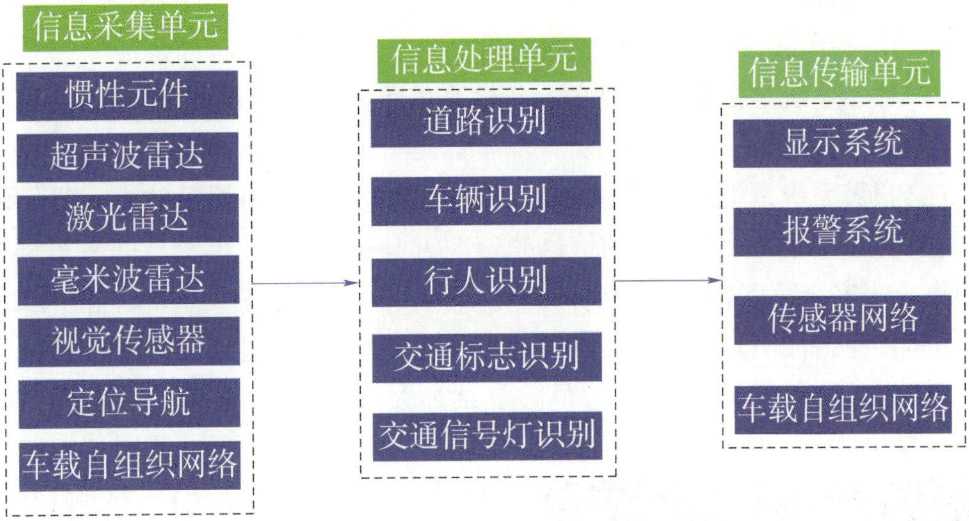

图 2-1-2　智能网联汽车的环境感知系统

超声波雷达、毫米波雷达、激光雷达和视觉传感器属于环境感知传感器，主要是获取交通环境信息，为智能网联汽车安全行驶提供有效数据。超声波雷达主要用于短距离的障碍物的检测；毫米波雷达主要用于交通车辆的检测；激光雷达不仅用于感知，也应用于高精度地图的测绘和定位，是 L3 级以上自动驾驶必不可少的传感器；视觉传感器主要进行车道线、交通标志、交通信号以及车辆、行人等的检测。

按照获取交通环境信息的途径，可将环境感知传感器分为被动环境感知传感器和主动环境感知传感器。被动环境感知传感器自身不会发射信号，而是通过接收外部反射或辐射的信号获取环境信息，如视觉传感器等；主动环境感知传感器可以主动向外部环境发射信号进行环境感知，如超声波雷达、激光雷达和毫米波雷达等。

车载自组织网络强调了车辆、基础设施和行人三者之间的联系，利用短程通信技术，获得实时路况、道路信息、车辆信息和行人信息等一系列交通信息，从而提高驾驶安全性和驾驶效率。

2）信息处理单元

信息处理单元主要是对信息采集单元输送来的信号，通过一定的算法对道路、车辆、行人、交通标志、交通信号灯等进行识别，为智能网联汽车安全行驶提供保障。

3）信息传输单元

信息处理单元对环境感知信号进行分析后，将信息送入信息传输单元，信息传输单元根据具体情况执行不同的操作。信息传输单元有显示系统、报警系统、传感器网络和车载自组织网络。

（1）显示系统是把信息处理单元传输来的重要信息显示处理，提供给驾驶人观看。

（2）报警系统是把信息处理单元传输来的危险信息用报警的方式提供给驾驶人，如信息处理单元分析后的信息确定前方有车辆，并且本车与前方车辆之间的距离小于安全距离，报警系统启动。

（3）传感器网络是把信息处理单元传输来的信息输送到控制系统的执行模块，如驾驶人没有采取措施，碰撞危险继续加大，则将危险信息送入制动系统控制执行模块，控制执行模块结合本车速度、加速度、转向角等自动调整智能网联汽车的车速和方向，实现自动避障，在紧急情况下也可以自动制动。信息传输单元把信息传输到传感器网络上，可以实现车辆内部资源共享。

图 2-1-3　智能网联汽车对周边环境感知示意图

（4）车载自组织网络是把信息处理单元传输来的信息传输给车辆周围的其他车辆，实现车辆与车辆之间的信息共享。

图 2-1-3 为智能网联汽车对周边环境感知示意图。

3. 环境感知传感器的类型

智能网联汽车的环境感知传感器主要有超声波雷达、毫米波雷达、激光雷达、视觉传感器（单/双/三目摄像头、环视摄像头）等。

1）超声波雷达

超声波雷达主要应用于短距离探测物体，不受光照影响，但测量精度受测量物体表面形状、材质的影响大。在智能网联汽车上主要用于自动辅助泊车，结构简单、体积小、成本低。

2）毫米波雷达

毫米波雷达是智能网联汽车应用最广泛、也是最重要的传感器之一，主要有用于短程的 24GHz 毫米波雷达和中远程的 77GHz 毫米波雷达。毫米波雷达可以准确检测前方障碍物的距离和速度信息，抗干扰能力强，具备较强的抗雾、烟、灰尘的能力，受天气情况和夜间的影响小、体积小；但对行人的放射波较弱，难以探测。

3）激光雷达

激光雷达是无人驾驶汽车的必备传感器，根据自动驾驶级别，可以配备不同线束的激光雷达。激光雷达分单线束激光雷达和多线束激光雷达，多线束激光雷达通过点云来建立周边环境的3D模型，可以检测出包括车辆、行人、树木、路沿等细节。激光雷达能够直接获取物体的三维距离信息，测量精度高，对光照环境变化不敏感，抗干扰能力强。激光雷达是智能网联汽车发展的最佳技术路线，但是成本较高。

4）视觉传感器

视觉传感器包括单目摄像头、双目摄像头、三目摄像头和环视摄像头。单目摄像头、双目摄像头、三目摄像头主要应用于中远距离场景，能识别清晰的车道线、交通标识、障碍物、行人等，但对光照、天气等条件很敏感，而且需要复杂的算法支持，对处理器的要求也比较高；环视摄像头主要应用于短距离场景，可识别障碍物，同样对光照、天气等外在条件很敏感。

不同传感器的感知范围不同，如图2-1-4所示，它们均有各自的优点和局限性，现在发展的趋势是通过传感器信息融合技术，弥补单个传感器的缺陷，提高智能驾驶系统的安全性和可靠性。

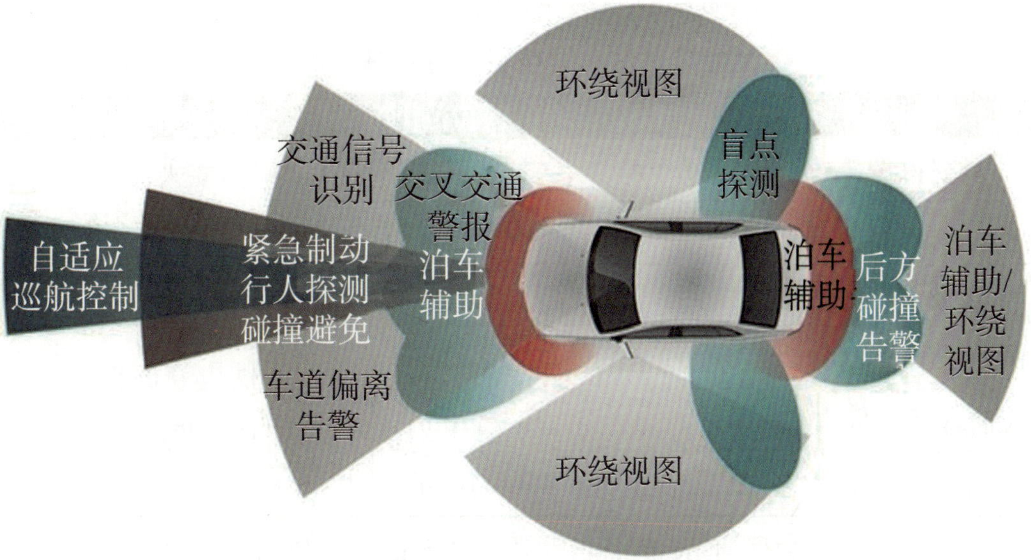

图2-1-4　环境感知传感器的感知范围示意图

4. 环境感知传感器的配置

环境感知传感器在智能网联汽车上的配置类型与数量与自动驾驶级别有关，自动驾驶级别越高，配置的传感器越多。

在选择环境感知传感器时，一般需要综合考虑多个方面的属性，结合这些属性参数和不同等级的自动驾驶功能实现需求，从多种传感器中综合考虑加以选取。智能网联汽车车载传感器配置要求如图 2-1-5 所示，根据超声波传感器、毫米波雷达和激光雷达的探测距离及探测角度来配置环境感知传感器。

智能网联汽车环境感知传感器的类型和作用

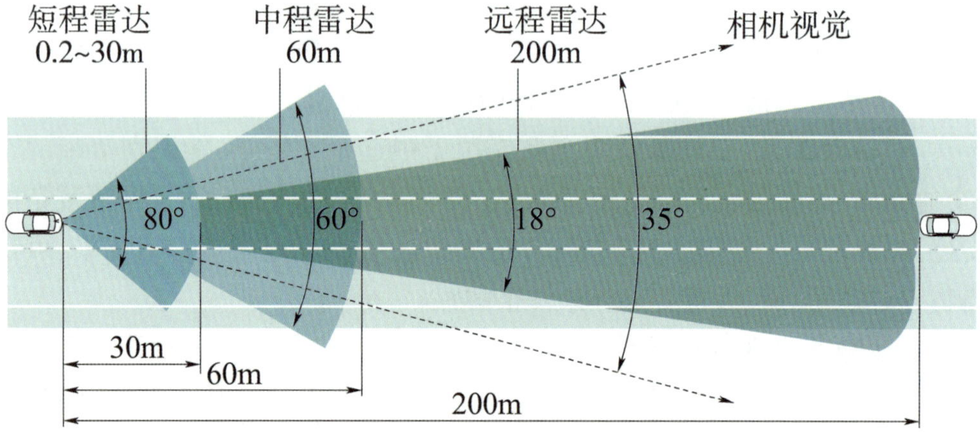

图 2-1-5　智能网联汽车车载传感器配置要求

智能网联汽车的典型传感器基本配置见表 2-1-1。

智能网联汽车的典型传感器基本配置　　表 2-1-1

传　感　器	数量	最小感知范围	备　注
环视摄像头(高清)	4	8m	前、侧向毫米波雷达信息处理策略有差异，不能互换；毫米波雷达和激光雷达互为冗余；不同供应商的传感器探测范围有差异，表中数据仅供参考
前视摄像头	1	50°/150m	
超声波传感器	12	5m	
侧向毫米波雷达(24GHz)	4	110°/60m	
前向毫米波雷达(24GHz)	1	15°/170m	
激光雷达	1	110°/100m	

图 2-1-6 所示为奥迪 A8 配备自动驾驶系统的环境感知传感器，它配置了激光雷达(激光扫描仪)、前视摄像头、360°(环视)摄像头、远程(毫米波)雷达、中程(毫米波)雷达、超声波传感器。

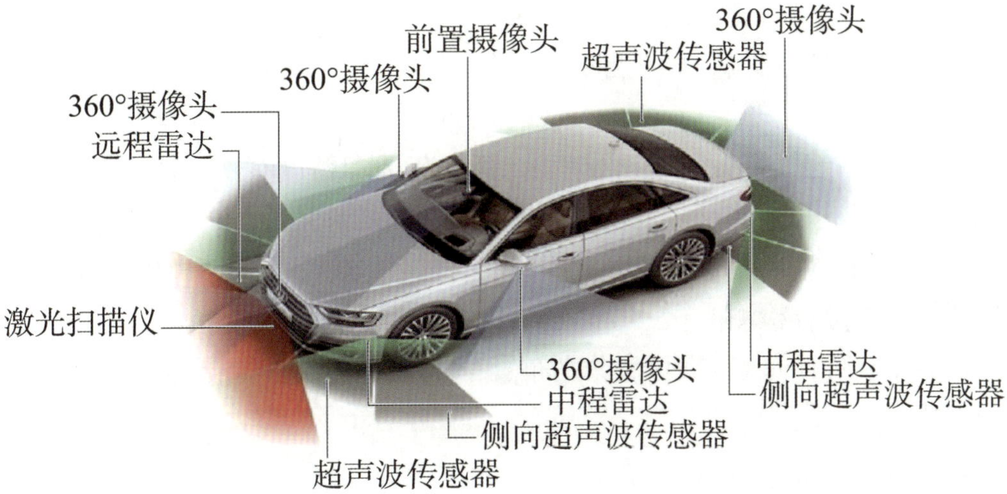

图 2-1-6　奥迪 A8 配备自动驾驶系统的环境感知传感器

二　视觉传感器的类型、工作原理与应用

以下介绍各种类型视觉传感器的类型、工作原理与应用。

1. 单目视觉传感器(单目摄像头)

单目视觉传感器(单目摄像头)是自动驾驶车辆系统中最重要的传感器之一,通过车道线检测和车辆检测,可以实现车道保持和自适应巡航等功能,如图 2-1-7 所示。

图 2-1-7　单目视觉传感器的应用

单目视觉传感器的工作原理是先识别后测距。首先通过数据库的图像匹配对图像进行识别,然后根据图像的大小和高度进一步估计障碍物和车辆移动时间。例如,要识别各种车型,需要建立车型数据库;要识别动物就需要建立动物数据库;要识别人类或者自行车等交通参与者,也需要建立相应的模型数据库。样本数据库容量越大,环境感知系统的信息处理单元就能越准确地识别目标,同时避免误识别。

目前的辅助驾驶领域的单目视觉传感器可识别 40 ~ 120m 的范围,未来将达到 200m 或更远。单目视觉传感器的视角越宽,可以实现的精确检测距离越近;视角越窄,可以检测到的精确距离越远。

单目视觉传感器具有成本低、帧速率高、信息丰富、检测距离远等优点，但易受光照、气候等环境影响，缺乏目标距离等深度信息，对目标速度的测量也有一定影响。

另外，单一的摄像头由于镜头角度、探测范围和精度有所不同，在实际应用中也经常采用组合的单目视觉传感器来实现不同的环境检测，如：

(1)长焦摄像头和短焦摄像头组合的方式，提供远距离精确探测和近距离大探测范围的综合检测。

(2)4个单目(鱼眼)摄像头分别布置在车辆的前后左右，通过图像拼接提供环视功能。

2. 双目视觉传感器(双目摄像头)

车载双目视觉传感器(双目摄像头)如图2-1-8所示。双目视觉传感器的工作原理是先对物体与本车距离进行测量，然后再对物体进行识别。

图2-1-8　车载双目视觉传感器(双目摄像头)

双目视觉传感器的原理与人眼相似，在距离测量阶段，先利用视差直接测量物体与汽车之间的距离。当两只眼睛注视同一物体时，会有视差，分别闭上左右眼看物体时，会发现感觉位移，这种位移大小可以用来测量目标物体的距离。

在目标识别阶段，双目视觉传感器仍然使用与单目视觉相同的特征提取和信息处理单元学习算法来进一步识别目标。

由于目标距离越远、视差越小，双目视觉传感器在20m内测距精度较高，随着距离增加，可以通过高像素摄像头和更优秀的算法来提升测距性能。双目镜头间距对测距精度也有较大影响，镜头间距越小，检测距离越近；镜头间距越大，检测距离越远，同时标定和安装难度越大。考虑车载设备安装布置和标定等因素，镜头间距也不能过大，因此，双目视觉传感器的测距能力也受到了约束。

3. 红外夜视视觉传感器

自然界中一切温度高于绝对零度的物体，每时每刻都会向外辐射红外线。红外线辐射的物理本质是热辐射，也是一种电磁波。红外线是从物质内部发射出来的，产生红外线的根源是物质内部分子热运动。

采用可见光的视觉传感器在夜间成像的难度增大，而红外线系统在这个时候就能发挥自身独特的优势。

红外线通常指波长从 0.78 ~ 1000μm 的电磁波，红外波段的短波端与可见光的红光部分相邻，长波端与微波相接，如图 2-1-9 所示。红外线与电磁频谱的可见光一样，以光速传播，遵守同样的反射、折射、衍射和偏振等定律，因此，其成像的原理与前面介绍的视觉传感器完全一样。

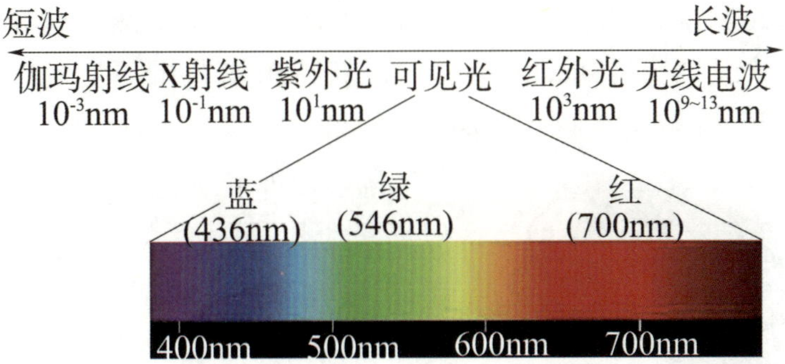

图 2-1-9 红外与可见光波段

基于红外热成像原理，通过能透过红外线的红外光学系统，将视场内景物的红外线聚焦到红外探测器上，红外探测器再将强弱不等的辐射信号转换成相应的电信号，然后经过放大和视频处理，形成可供人眼观察的视频图像，如图 2-1-10 所示。

图 2-1-10 红外夜视成像

红外夜视系统可分为主动和被动两种类型。被动红外夜视技术利用目标发出的红外线形成环境的热图像；主动红外夜视技术通过主动向外发射强红外线，再由反射光学系统的物镜组接收，在红外成像管的光电阴极表面形成被测目标的红外图像。

红外夜视系统是视觉传感器一个独特的分支，能够像可见光摄像头一样，获取环境中的目标大小和距离等信息，在光照不足条件下是对基于可见光的视觉传感器的一种有效补充。

4. 多个视觉传感器

在汽车智能驾驶中，通过不同焦距和不同仰角的多个单目视觉传感器，可以获得不同位置的交通标志、信号灯和各种道路标志的检测和识别能力。例如，在长焦摄像头的成像中，100m 处的交通灯足够大，100m 处的交通标志上的数字是完全不清楚的。因此，多个单目视觉传感器的组合方案在智能网联汽车领域也得到了广泛的应用。

汽车驾驶的动态环境是不断变化的，正确而充分地理解环境是智能网联汽车感知系统面临的重要挑战。如图 2-1-11 所示，由三个单目视觉传感器构成的三目视觉传感器划分为不同的视场角，如 25°视场、50°视场和 150°视场。其中，25°视场探测距离远，用于检测前车道线、交通灯；50°视场探测距离和范围均衡，用于一般的道路状况监测；150°视场探测范围广，用于检测平行车道、行人和非机动车行驶的状况。三目视觉传感器可以获得覆盖范围更大的视场角，可以有效获得道路状况、行人和交通灯等信息。

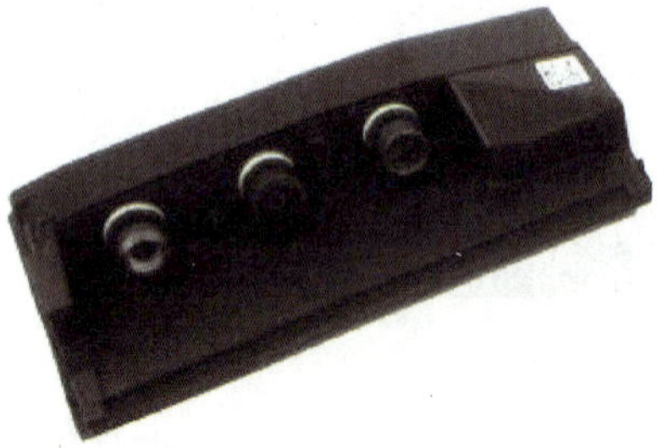

图 2-1-11　三个单目摄像头组合

随着汽车智能驾驶水平的提高，对车上传感器的数量和要求也会增加。单就视觉而言，仅仅通过环视或二维视觉很难满足负责环境感知的需求，对多维立体视觉的需求会越来越突出，如何通过各类传感器的组合实现对环境变化的适应和感知，是视觉传感器及图像算法领域面临的挑战。

三　雷达的类型、工作原理与应用

1. 超声波雷达

1）超声波雷达的定义

声音以波的形式传播称为声波。按频率分类，频率低于 20Hz 的声波称为次声波；频率为 20Hz ~ 20kHz 的声波称为可听波，即人耳能分辨的声波；频率为 20kHz ~ 1GHz 的声波称为超声波；频率大于 1GHz 的声波称为特超声或微波超声。

超声波雷达也称超声波传感器，它是利用超声波的特性研制而成的传感器，是在超声波频率范围内将交变的电信号转换成声信号或将外界声场中的声音信号转换为电信号的能量转换器件。

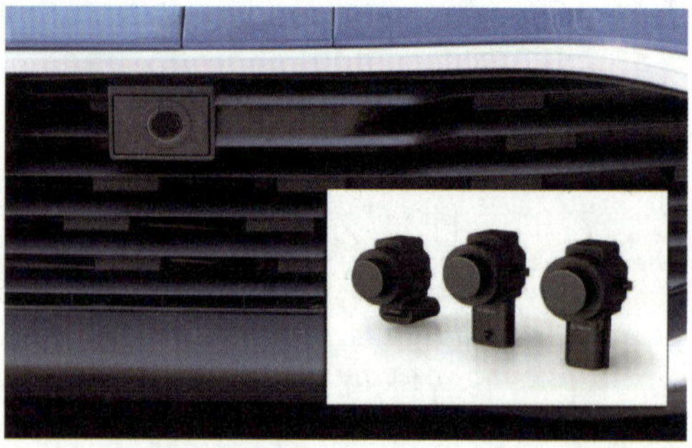

图 2-1-12　超声波雷达

图 2-1-12 所示为博世公司第 6 代超声波雷达，它将反应时间提高了一倍，能够对近距离物体实现检测和对突然出现

的障碍物(如行人、变化的场景等)进行快速响应。

2)超声波雷达的测距原理

超声波雷达有一个反射头和一个接收头,安装在同一面上。在有效的检测距离内,发射头发射特定频率的超声波,遇到检测面反射部分超声波;接收头接收返回的超声波,由芯片记录声波的往返时间,并计算出距离值。超声波雷达的测距原理如图 2-1-13 所示。超声波发射器发出的超声波脉冲,经媒质(空气)传到障碍物表面,反射后通过媒质(空气)传到接收器,测出超声波脉冲从发射到接收所需的时间,根据媒质中的声速(约为 340m/s),计算出从探头到障碍物表面之间的距离。

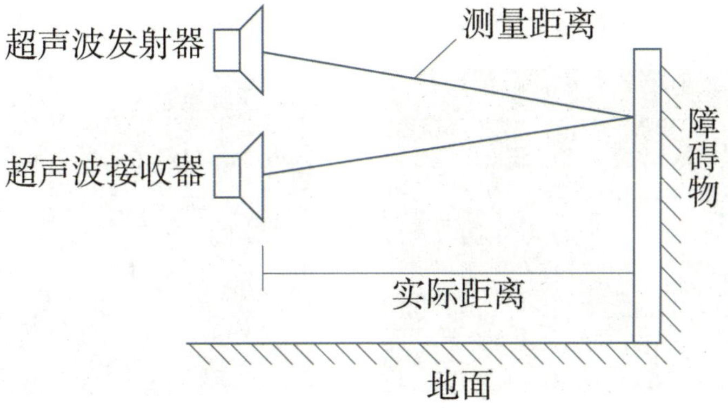

图 2-1-13 超声波雷达的测距原理

3)超声波雷达的类型

智能网联汽车上常见的超声波雷达有两种。第一种是安装在汽车前后保险杠上的,也就是用于探测汽车前后障碍物的超声波传感器,探测距离一般为15 ~ 250cm,称为 PDC(驻车辅助传感器);第二种是安装在汽车侧面的,用于测量停车位长度的超声波传感器,探测距离一般为 30 ~ 500cm,称为 APA(泊车辅助传感器)。图 2-1-14 所示的汽车配备了前后向共 8 个 PDC、左右侧共 4 个 APA。

4)超声波雷达的特点和应用

超声波雷达具有以下特点:

(1)超声波对色彩、光照度不敏感,可适用于识别透明、半透明及漫反射差的物体。

(2)超声波对外界光线和电磁场不敏感,可用于黑暗、有灰尘或烟雾、电磁干扰强、有毒等恶劣环境中。

(3)超声波雷达结构简单,体积小,成本低,信息处理简单可靠,易于小型化与集成化,并且可以进行实时控制。

超声波雷达只适合于低速应用，在速度很高的情况下测量距离具有一定的局限性。这是因为超声波的传输速度容易受天气情况的影响，在不同的天气情况下，超声波的传输速度不同，而且传播速度较慢，当汽车高速行驶时，使用超声波测距无法跟上汽车的车距实时变化，误差较大。另一方面，超声波散射角大，方向性较差，在测量较远距离的目标时，其回波信号会比较弱，影响测量精度。但是，在短距离低速测量中，超声波雷达具有非常大的优势。

虽然视觉传感器在汽车中得到普及应用，但其原理复杂、成本高，而超声波雷达安装简单、成本低廉，适用短距离目标探测。超声波雷达早期广泛应用于“声音提醒”方式的倒车辅助系统，目前的倒车辅助系统通过超声波雷达与视觉传感器融合方式，为系统提供有效的目标检测和视觉辅助，如图 2-1-15 所示。

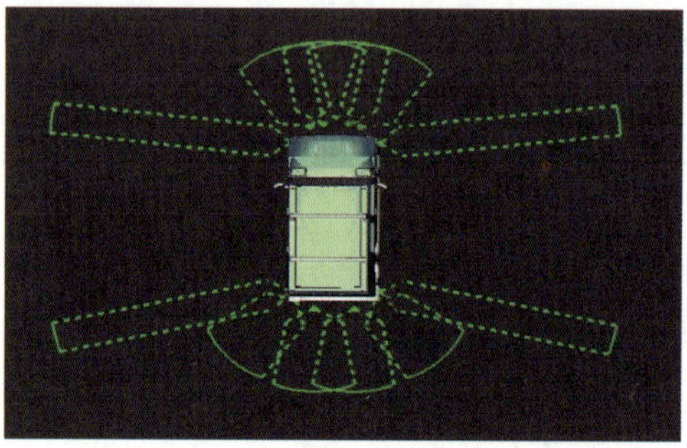

图 2-1-14　配备前后向 8 个 PDC 和左右侧 4 个 APA 的汽车

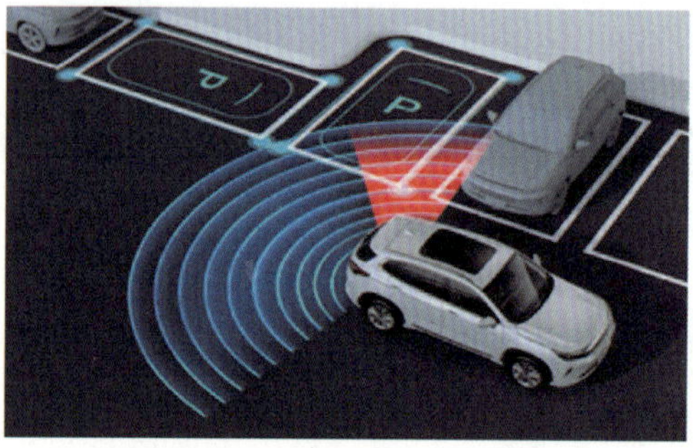

图 2-1-15　超声波雷达的应用

2. 毫米波雷达

1)毫米波雷达的定义

毫米波雷达是工作在毫米波频段的雷达，如图 2-1-16 所示。毫米波是指波长为 1 ~ 10mm 的电磁波，对应的频率范围为 30 ~ 300GHz。

图 2-1-16　毫米波雷达

毫米波位于微波与远红外波相交叠的波长范围，所以毫米波兼有这两种波谱的优点，同时也有自己独特的性质。根据波的传播理论，频率越高，波长越短，分辨率越高，穿透能力越强，但在传播过程的损耗也越大，传输距离越短；相对地，频率越低，波长越长，绕射能力越强，传输距离越远。所以与微波相比，毫米波的分辨率高，指向性好，抗干扰能力强，探测性能好。与红外波相比，毫米波的大气衰减小，对烟、雾、灰尘具有更好的穿透性，受天气影响小。

2）毫米波雷达的测距原理

毫米波雷达的工作过程如图2-1-17所示，通过天线向外发射毫米波，接收机接收目标反射信号，经信号处理器处理后快速准确地获取汽车周围的环境信息，如汽车与其他物体之间的相对距离、相对速度、角度、运动方向等，然后根据所探知的物体信息进行目标追踪和识别，进而结合车身动态信息进行数据融合，最终通过中央处理单元（ECU）进行智能处理。经合理决策后，以声、光及触觉等多种方式告知或警告驾驶人，或及时对汽车作出主动干预，从而保证汽车行驶的安全性和舒适性，减少事故发生率。

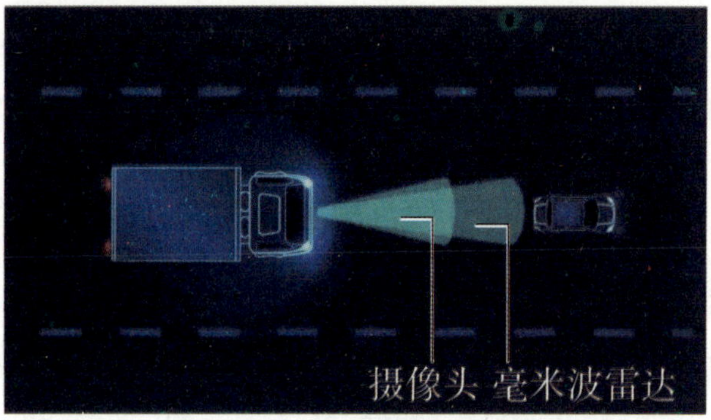

图2-1-17　毫米波雷达的工作过程

3）毫米波雷达的类型

毫米波雷达可以按照工作原理、探测距离和频段进行分类。

（1）按工作原理分类。毫米波雷达按工作原理的不同可以分为脉冲式毫米波雷达与调频式连续毫米波雷达两类。脉冲式毫米波雷达通过发射脉冲信号与接收脉冲信号之间的时间差来计算目标距离；调频式连续毫米波雷达是利用多普勒效应测量得出不同距离的目标的速度。脉冲式毫米波雷达测量原理简单，但由于受技术、元器件等方面的影响，实际应用中很难实现；目前，大多数车载毫米波雷达都采用调频式连续毫米波雷达。

（2）按频段分类。毫米波雷达按采用的毫米波频段不同，划分有24GHz、60GHz、77GHz和79GHz毫米波雷达。主流可用频段为24GHz和77GHz，其中24GHz主要用于50～70m的中、短程检测，实现盲点监测（BSD）、换道辅助

(LCA)、自动泊车辅助(PA)等功能,77GHz 毫米波雷达主要用于 100 ~ 250m 的中、远程检测,实现诸如自适应巡航(ACC)、前碰撞预警(FCW)、高级紧急制动(AEB)等功能。

(3)按探测距离分类。毫米波雷达按探测距离可分为短程(SRR)、中程(MRR)和远程(LRR)毫米波雷达。短程毫米波雷达探测距离一般小于 60m;中程毫米波雷达探测距离一般为 100m 左右;远程毫米波雷达探测距离一般大于 200m。

短程、中程和远程毫米波雷达的技术指标见表 2-1-2。

短程、中程和远程毫米波雷达的技术指标 表 2-1-2

参数	短程毫米波雷达	中程毫米波雷达	远程毫米波雷达
频带(GHz)	24	76 ~ 77	77 ~ 81
带宽(GHz)	4	0.6	0.6
测距范围(m)	0.15 ~ 60	1 ~ 100	10 ~ 250
最大视角(°)	±80	±40	±15
测距精度(m)	±0.02	±0.1	±0.1
方位精度(°)	±1	±0.5	±0.1
测速精度(m/s)	0.1	0.1	0.1

4)毫米波雷达的特点和应用

毫米波雷达具有以下优点:

(1)探测距离远。毫米波雷达探测距离远,可达 200m 以上。

(2)探测性能好。毫米波波长较短,汽车在行驶中的前方目标一般都是金属构成,这会形成很强的电磁反射,其探测不受颜色与温度的影响。

(3)响应速度快。毫米波的传播速度与光速一样,并且其调制简单,配合高速信号处理系统,可以快速地测量出目标的距离、速度、角度等信息。

(4)适应能力强。毫米波具有很强的穿透能力,在雨、雪、大雾等恶劣天气依然可以正常工作,而且不受颜色和温度的影响。

(5)抗干扰能力强。毫米波雷达一般工作在高频段,而周围的噪声和干扰处于中低频区,基本上不会影响毫米波雷达的正常运行,因此,毫米波雷达具有抗低频干扰的特性。

毫米波雷达具有以下缺点:

(1)覆盖区域呈扇形,有盲点区域。

(2)无法识别交通标志。

（3）无法识别交通信号。

为了满足不同探测距离的需要，可以组合配置各种短程、中程和远程毫米波雷达。根据实现功能的不同，从毫米波雷达类型、数量以及安装位置上，都需要进行最优设计和配置。

如图2-1-18所示，毫米波雷达应用广泛。

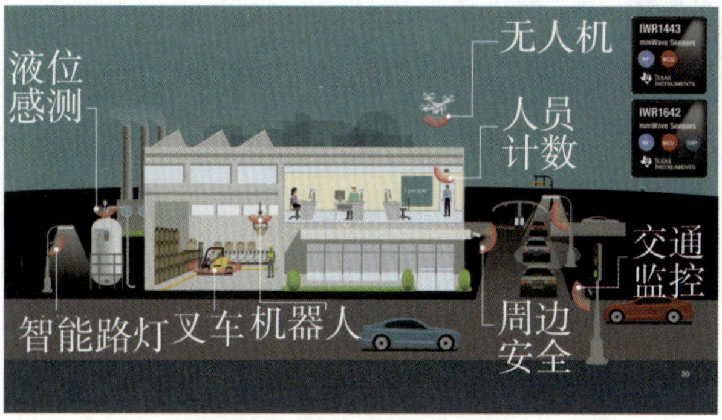

图2-1-18　毫米波雷达的应用

在汽车领域毫米波雷达是ADAS核心传感器，主要用于自适应巡航控制系统、自动制动辅助系统、盲区监测系统、行人检测等。毫米波雷达可实现前向防撞报警、盲点检测、辅助停车、辅助变道、自适应巡航控制等先进的巡航控制功能。

图2-1-19所示为毫米波雷达在智能网联汽车上的应用。

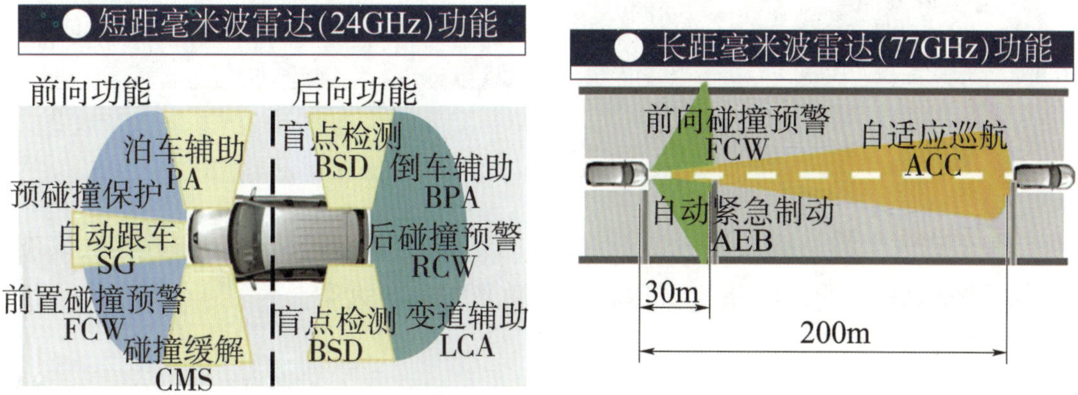

图2-1-19　毫米波雷达在智能网联汽车上的应用

3. 激光雷达

1）激光雷达的定义

激光雷达（图2-1-20）是工作在光波频段的雷达，利用光波频段的电磁波先向目标发射探测信号，然后将其接收到的回波信号与发射信号相比较，从而获得

图 2-1-20 激光雷达

目标的位置(距离、方位和高度)、运动状态(速度、姿态)等信息,实现对目标的探测、跟踪和识别。

2)激光雷达的安装位置

激光雷达根据安装位置的不同,分为两大类:一类安装在智能网联汽车的四周;另一类安装在智能网联汽车的车顶。

如图 2-1-21 所示,安装在智能网联汽车四周的激光雷达,其激光线束一般小于 8,常见的有单线束激光雷达和四线束激光雷达,适用于 L3 级以下;安装在智能网联汽车车顶的激光雷达,其激光线束一般不小于 16,常见的有 16/32/64 线束激光雷达,适用于 L3 级以上,L5 级甚至会使用 128 线束激光雷达。少线束激光雷达主要用于智能网联汽车的先进驾驶辅助系统,多线束激光雷达主要用于制作智能网联汽车的高精度地图,并进行道路和车辆的识别等。

图 2-1-21 激光雷达的安装位置

3)激光雷达的测距原理

在车载激光雷达应用领域,重点关注的是激光雷达的结构、测量性能、成本等,主要分为多线旋转式激光雷达和固态激光雷达两大类。

(1)多线旋转式激光雷达。

如图 2-1-22 所示,多线旋转式激光雷达主要由激光发射器、光学接收器、伺服电动机、光学旋转编码器、倾斜镜等构成。激光发射器将电脉冲变成光脉冲发射出去,光学接收器再把从目标反射回来的光脉冲还原成电脉冲,将连续检测获取的 360°环境信息进行数据处理,得到环境的点云信息。激光束越多,扫描频率越快,对环境中物体轮廓的获取就越全面。多线旋转式激光雷达获取的环境信息,多线激光雷达通过三维点云对环境进行描述,通过进一步的数据处理,可以分辨出环境中目标的类型、运动状态、三维尺度等较为全面的信息。

图 2-1-23 为多线旋转式激光雷达的环境监测。

图 2-1-22　多线旋转式激光雷达

图 2-1-23　多线旋转式激光雷达的环境监测

目前常见的多线旋转式激光雷达一般分为 16 线、32 线和 64 线，甚至 128 线。高频激光器可以在 1s 内获得 $1\times10^6\sim1\times10^7$ 个数量级的位置点云信息，并根据这些信息进行三维建模。除了获得位置信息外，还可以通过激光信号的反射率区分不同的材质（可用于车道线的识别）。

(2) 固态激光雷达。

多线旋转式激光雷达依靠旋转部件来控制激光发射的角度，而固态激光雷达则依靠电子元件来控制激光发射的角度。多线旋转式激光雷达体积大，价格昂贵，测量精度高，通常放置在车外。固态激光雷达体积小，成本低，可以隐藏在汽车内而不损伤外观。

与多线旋转式激光雷达相比，固态激光雷达有很多优势。首先，由于不需要旋转部件，可以优化雷达结构、压缩雷达尺寸、提高使用寿命，并降低成本；其次，多线旋转式激光雷达由于光学结构固定，需要复杂的标定，而固态激光雷达可以通过软件进行调节以适配不同车辆，大大降低了标定的难度；再次，固态激光雷达具有数据采集速度快、分辨率高、对温度和振动适应性强等优点。不过，固态激光雷达也有它相应的缺点，固态意味着激光雷达只能探测特定范围，要实现全方位扫描，需多个固态激光雷达配合使用。

固态激光雷达通过电子元件控制激光光束发射角度，实现扫描范围的调整。由于光束可控，固态激光雷达可以实现扫描范围的动态调整，例如：在高速公路上强化前方扫描；在十字路口可以强化侧面扫描。

在汽车领域中，激光雷达的应用首先应保证成本、高度的环境适应性、较强的抗干扰能力等，因此，固态激光雷达率先在量产车型中得到了应用。最先得到量产的是在奥迪 A8 上应用的固态激光雷达(图 2-1-24),它是由传统工业雷达供应商 ibeo 提供关键技术、汽车零部件制造商 valeo 实现符合车规的量产。由此可见,固态激光雷达在智能网联汽车领域的应用势不可挡。

图 2-1-24　奥迪 A8 车载固态激光雷达

4)激光雷达的特点和应用

激光雷达具有以下优点:

(1)探测范围广。探测距离可达 300m 以上。

(2)分辨率高。激光雷达可以获得极高的距离、速度和角度分辨率。通常激光雷达的距离分辨率可达 0.1m;速度分辨率能达到 10m/s 以内;角度分辨率不低于 0.1mard,也就是说可以分辨 3km 距离内相距 0.3m 的两个目标,并可同时跟踪多个目标。

(3)信息量丰富。可直接获取探测目标的距离、角度、反射强度、速度等信息,生成目标多维度图像。

(4)可全天候工作。激光主动探测,不依赖于外界光照条件或目标本身的辐射特性,它只需发射自己的激光束,通过探测发射激光束的回波信号来获取目标信息。

激光雷达具有以下缺点:

(1)与毫米波雷达相比,产品体积大,成本高。

(2)不能识别交通标志和交通信号灯。

激光雷达能够精确地还原环境,使得车辆提取环境中目标特征成为可能。在此基础上,激光雷达可以用于车道线检测、目标分类与运动跟踪,以及通过环境特征匹配进行的高精度定位等感知手段。基于上述感知手段,激光雷达可以提供的功能非常全面,是目前自动驾驶车辆研究阶段必不可少的关键传感器。它能够提供高精度地图建图、高精度定位、环境中复杂物体的识别与跟踪等环境理解能力,为控制系统的正确决策提供指导。图 2-1-25 所示为激光雷达的应用场景。

图 2-1-25　激光雷达的应用场景

任务总结

提示：

请预先复习“相关知识”的内容。

一　思考与研讨

(1)参观实训室智能网联汽车整车、台架、模型或挂图，初步认识智能网联汽车的环境感知系统，尤其是视觉传感器和雷达。

记录：______

(2)利用互联网查询智能网联汽车环境感知的定义、组成及其他相关资讯，尤其是视觉传感器赫尔雷达的类型、组成和原理。

打开计算机或移动终端的浏览器、App，利用“百度”等搜索功能，分别搜索“环境感知” +“定义、组成、类型”“视觉传感器”“雷达”等关键词，查询、学习相关资讯，总结视觉传感器和雷达的应用。

①环境感知系统的定义、组成、类型和配置：______

②视觉传感器有哪些类型？优缺点是什么？

______

③雷达有哪些类型？优缺点是什么？

______

(3)分析当前市场上的汽车，查找具有 L2 级和 L3 级的自动驾驶汽车,分析其应用的环境感知传感器。

根据查询获取的资讯,结合你所学的知识,分析当前市场上的具有 L2 级和 L3 级的自动驾驶汽车所采用的环境感知传感器,并填写表 2-1-3。

L2 级和 L3 级自动驾驶汽车采用的环境感知传感器 表 2-1-3

序号	品牌车型	自动驾驶级别	环境感知传感器 1	环境感知传感器 2	环境感知传感器 3
1					
2					
3					
4					
5					

二 练习与测试

1. 判断题

(1)智能网联汽车的环境感知是 ADAS 实现的第一步。( )

(2)无人驾驶汽车对环境感知的要求最高,其次是自动驾驶汽车、智能网联汽车和智能汽车。( )

(3)超声波传感器主要用于长距离的障碍物的检测。( )

(4)视觉传感器属于主动环境感知传感器。( )

(5)自动驾驶级别越高,配置的环境感知传感器越多。( )

2. 单项选择题

(1)L3 级以上自动驾驶必不可少的传感器是( )。

A. 超声波传感器　B. 毫米波雷达

C. 激光雷达　D. 视觉传感器

(2)目前辅助驾驶领域的单目视觉传感器可识别的范围为( )。

A. 10 ~ 40m　B. 40 ~ 80m　C. 40 ~ 120m　D. 200m 以上

(3)以下应用于夜视技术的是( )。

A. 超声波　B. 红外线　C. 紫外线　D. 无线电信号

(4)应用于倒车辅助系统的传感器融合是( )。

A. 超声波雷达与视觉传感器

B. 毫米波雷达与视觉传感器
C. 超声波雷达与红外线传感器
D. 激光雷达与视觉传感器

(5)应用于车道线检测、目标分类与运动跟踪的是(　　)。

A. 多目摄像头　B. 超声波雷达
C. 毫米波雷达　D. 激光雷达

3. 多项选择题

(1)智能网联汽车的环境感知系统由(　　)组成。

A. 信息采集单元　B. 信息处理单元　C. 信息传输单元
D. 车载网络单元　E. 整车控制单元

(2)视觉传感器主要进行(　　)的检测。

A. 车道线　B. 交通标志　C. 交通信号
D. 车辆　E. 行人

(3)主动环境感知传感器可以主动向外部环境发射信号,包括(　　)。

A. 超声波传感器　B. 视觉传感器　C. 毫米波雷达
D. 激光雷达　E. 加速度传感器

(4)视觉传感器包括(　　)等。

A. 单目视觉传感器　B. 双目视觉传感器　C. 三目视觉传感器
D. 环视视觉传感器　E. 倒车雷达

(5)智能网联汽车上长距离毫米波雷达应用于(　　)。

A. 前向碰撞预警　B. 自适应巡航　C. 自动紧急制动
D. 盲点检测　E. 倒车辅助

任务 2　道路、车辆、行人、交通标志及信号识别

提出任务

车辆行驶过程中,道路、行人、交通标志及各种信号灯千差万别,而且可能时刻在变化,你知道“智能网联汽车”是如何识别这些复杂的交通信息吗?

任务要求

知识要求

1. 能够描述智能网联汽车道路识别方法；
2. 能够描述智能网联汽车车牌识别和车辆识别方法；
3. 能够描述智能网联汽车行人识别方法；
4. 能够描述智能网联汽车交通标志识别方法；
5. 能够描述智能网联汽车交通信号识别方法。

能力要求

能够查询并分析智能网联汽车道路、车辆、行人、交通标志及信号识别方法。

相关知识

一　智能网联汽车的道路识别方法

1. 道路识别的定义

道路识别就是把真实的道路通过环境感知传感器转换成汽车认识的道路，供自动驾驶汽车行驶；或通过视觉传感器识别出车道线，提供车辆在当前车道中的位置，帮助智能网联汽车提高行驶的安全性。

图 2-2-1 所示为自动驾驶汽车识别的道路，图 2-2-2 所示为视觉传感器识别的车道线。

道路识别的作用如下：

(1)提取车道的几何结构，如车道的宽度、车道线的曲率等。

(2)确定车辆在车道中的位置、方向。

(3)提取车辆可行驶的区域。

2. 道路识别的分类

1)根据道路类型分类

根据道路类型的不同，道路分为结构化道路和非结构化道路，见表 2-2-1。

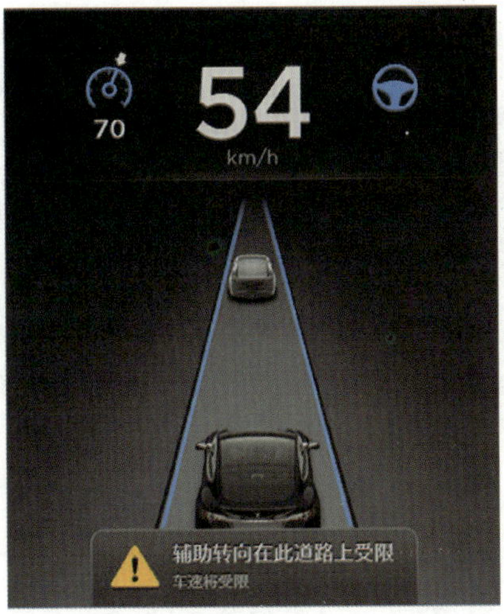

图 2-2-1　自动驾驶汽车识别的道路

图 2-2-2　视觉传感器识别的车道线

道 路 类 型　　表 2-2-1

道路类型	结构化道路	非结构化道路
典型道路	高速公路、城市道路	乡村道路、越野道路
主要特点	结构明确，形状相对规则，有明显的标志线或边界，环境相对稳定	道路形状不规则，没有明确的边缘，光照、景物、天气多变

根据道路构成特点，道路识别可以分为结构化道路识别和非结构化道路识别。

(1)结构化道路识别。结构化道路(图 2-2-3)具有明显的车道标识线或边界，几何特征明显，车道宽度基本上保持不变，如城市道路、高速公路。结构化道路识别一般依据车道线的边界或车道线的灰度与车道明显的不同实现检测。结构化道路识别的方法对道路模型有较强的依赖性，且对噪声、阴影、遮挡等环境变化敏感。结构化道路识别技术比较成熟。

(2)非结构化道路识别。非结构化道路(图 2-2-4)相对比较复杂，一般没有车道线和清晰的道路边界，或路面凹凸不平，或交通拥堵，或受到阴影和水迹的影响。多变的道路类型，复杂的环境背景，以及阴影与变化的天气等，都是非结构化道路识别方法所面临的困难，道路区域及非道路区域更难以区分，所以非结构化道路识别是自动(无人)驾驶汽车的难点。非结构化道路识别主要依据车道的颜色或纹理进行检测。

图 2-2-3　结构化道路

图 2-2-4　非结构化道路

2）根据所用传感器类型分类

根据智能网联汽车（自动驾驶汽车）所用传感器的不同，道路识别分为基于视觉传感器的道路识别和基于雷达的道路识别。

（1）基于视觉传感器的道路识别。基于视觉传感器的道路识别就是通过视觉传感器采集道路图像，并通过算法处理道路图像，识别出车道线。

（2）基于雷达的道路识别。基于雷达的道路识别就是通过雷达采集道路信息，并通过算法处理信息，识别出车道线。

根据实际的应用情况，智能网联汽车的道路识别主要是基于视觉传感器。

2. 道路图像的特点

复杂的道路环境和复杂的气候变化都会影响道路识别。道路图像具有以下特点。

1）阴影条件下的道路图像

具有树荫等状况的道路图像经常出现阴影（图 2-2-5），道路识别一般要先对道路的阴影进行去除。

阴影检测特征一是基于物体的特性，二是基于阴影的特性。前者通过目标的三维几何结构、已知场景和光源信息来确定阴影区域；后者通过分析阴影在色彩、亮度和几何结构等方面的特征来识别阴影。第一种方法局限性很大，因为获得场景、目标的三维结构信息并不是一件容易的事。而第二种方法则具有普遍性和实用性。

2）强弱光照条件下的道路图像

光照可分为强光照射和弱光照射。强光照射造成的路面反射会使道路其余部分的像素的亮度变大，而弱光照射会使道路的像素变得暗淡。例如阴天（图 2-2-6），道路图像具有黑暗、车道线难辨别等特点。

图 2-2-5　阴影条件下的道路

图 2-2-6　阴天的道路

3）雨天条件下的道路图像

雨水对道路有覆盖，而且雨水能反光，如图 2-2-7 所示。

4）弯道处的道路图像

弯道的道路图像与直线道路图像相比，在建模上会有些复杂，但是并不影响道路图像的检测。弯道图像的彩色信息与普通图像的彩色信息差别不大，所以依然可以利用基于模型的道路图像进行建模，提取弯道曲线的斜率，从而进一步检测图像。考虑到车辆行驶的重要信息均来自近区域，而近区域视野的车道线可近似看成直线模型。图 2-2-8 所示为弯道的道路图像。

图 2-2-7　雨天的道路

图 2-2-8　弯道的道路图像

3. 道路识别的流程与方法

1）道路识别的流程

智能网联汽车利用视觉传感器进行道路识别的流程主要是：原始图像采集→图像灰度化→图像滤波→图像二值化→车道线提取，如图 2-2-9 所示。

2）道路识别的方法

智能网联汽车道路识别的主要方法如下：

（1）基于区域分割的识别方法。基于区域分割的识别方法是把道路图像的像素分为道路和非道路两类。分割的依据一般是颜色特征或纹理特征。基于颜色特征的区域分割方法的依据是道路图像中道路部分的像素与非道路部分的像素的颜色存在显著差别。根据采集到的图像性质，颜色特征可以分为灰度特征和彩色特征两类。灰度特征来自灰度图像，可用的信息为亮度的大小。彩色特征除了亮度信息外，还包含色调和饱和度。基于颜色特征的车道检测的本质是彩色图像分割问题，主要涉及颜色空间的选择和采用的分割策略两个方面。

a)原始图像采集　b)图像灰度化

c)图像滤波　d)图像二值化

e)车道线提取

图 2-2-9　道路识别的流程

（2）基于道路特征的识别方法。基于道路特征的识别方法主要是结合道路图像的一些特征，如颜色、梯度、纹理等特征，从所获取的图像中识别出道路边界或车道标识线，适合有明显边界特征的道路。

基于道路特征的识别方法与道路的形状没有关系，但对阴影和水迹较为敏感，且计算量较大。

(3) 基于道路模型的识别方法。基于道路模型的识别方法主要是基于不同的(2D 或 3D)道路图像模型，采用不同的检测技术对道路边界或车道线进行识别。

基于道路模型的识别方法检测出的道路较为完整，只需较少的参数就可以表示整个道路，所以基于道路模型的方法对阴影、水迹等外界影响有较强的抗干扰性。不过在道路类型比较复杂的情况下，很难建立准确的模型，从而降低了对任意类型道路检测的灵活性。

(4) 基于道路特征与模型相结合的识别方法。基于道路特征与模型相结合的识别方法的基本思想，是利用基于道路特征的识别方法在对抗阴影、光照变化等方面的稳定性，对待处理的图像进行分割，找出其中的道路区域，再根据道路区域与非道路区域的分割结果找出道路边界，并使用道路边界拟合道路模型，从而达到综合利用基于道路特征的识别方法与基于道路模型的识别方法的目的。

图 2-2-10 所示为自动驾驶车辆道路识别的结果图像。

图 2-2-10　自动驾驶车辆道路识别的结果图像

二　智能网联汽车的车辆识别方法

1. 车牌识别

1) 车牌识别的定义

车牌识别就是利用摄像头对监控路面过往车辆的特征图像和车辆全景图像进行实时拍摄，利用图像处理的分析方法，提取出车牌区域，进而对车牌区域进行字符分割和识别，从而对车辆进行管理，如图 2-2-11 所示。

图 2-2-11　车牌识别

2) 车牌识别系统的组成

停车场典型的车牌识别系统组成如图 2-2-12 所示，由高清车牌识别摄像机、专用控制器、显示屏、快速闸机以及计算机软硬件等组成。

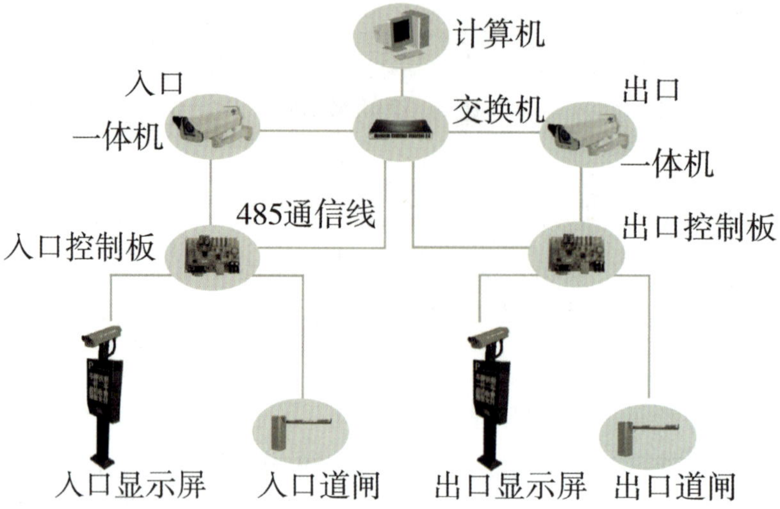

图 2-2-12　车牌识别系统的组成

3)车牌识别流程

车牌识别流程主要是图像采集→视频车辆检测→车牌定位→字符分割→字符识别→结果输出,如图 2-2-13 所示。

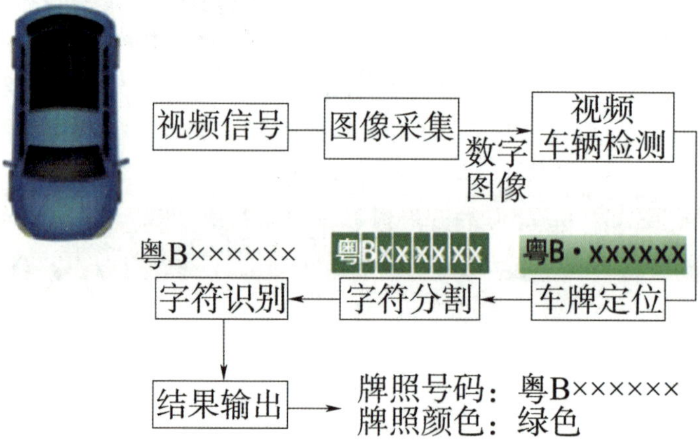

图 2-2-13　车牌识别流程

4)车牌识别方法

车牌识别实际上是字符识别,其识别的主要方法如下:

(1)基于模板匹配的字符识别算法。模板匹配方法是一种经典的模式识别方法,是最直接的字符识别方法,其实现方式是计算输入模式与样本之间的相似性,取相似性最大的样本为输入模式所属类别。这种方法具有较快的识别速度,尤其对二值图像速度更快,可以满足实时性要求。

(2)基于特征的统计匹配法。针对字符图像的特征提取的方法多种多样,有逐像素特征提取法、垂直方向数据统计特征提取法、基于网格的特征提取法、弧度梯度特征提取法等。这些特征对一般噪声不敏感,选取的特征能够反映出图像的局部细节特征,方法相对简单。然而在实际应用中,由于外部原因的存在,常常会出现字符模糊、字符倾斜等情况,从而影响识别效果。当字符出现笔画融合、断裂、部分缺失时,此方法更是无能为力。因此,其实际应用效果不理想,抗干扰性不强。

(3)基于边缘检测和水平灰度变化特征的方法。这类方法是使用最多的,细分类也多。有用可变矩形模板检测的方法搜索符合条件的车牌矩形区域的方法,有记录灰度水平跳变频度的方法。速度快,漏检率低,但误检率高。

(4)基于颜色相似度及彩色边缘的算法。这类方法一般利用颜色模型转换,结合先验知识,进行定位和判断,不受大小限制,精度较高;缺点是对图像的品质要求高,对偏色、牌照褪色及背景色干扰等情况无能为力,一般也不独立使用。

图 2-2-14 所示为车牌识别系统自动识别的车牌号码。

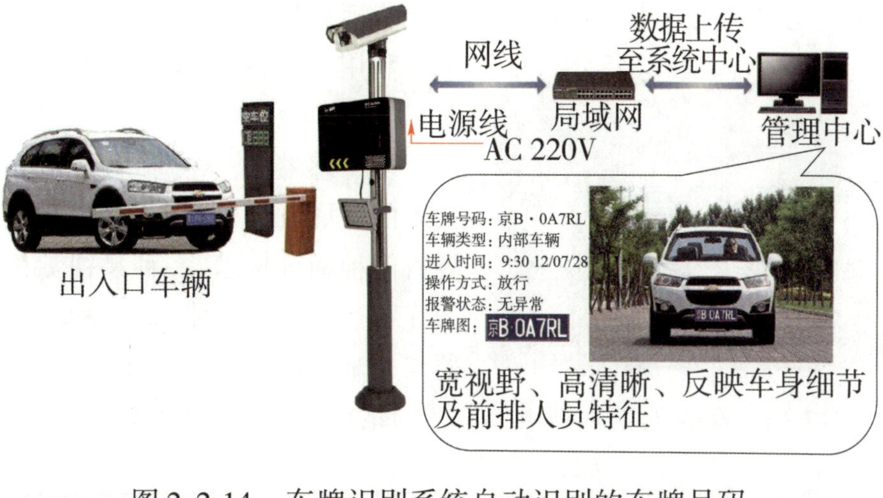

图 2-2-14　车牌识别系统自动识别的车牌号码

2. 运动车辆识别

前方车辆检测是判断安全车距的前提,车辆检测的准确与否不仅决定了测距的准确性,而且决定了是否能够及时发现一些潜在的交通事故。

目前智能网联汽车用于识别前方运动车辆的主要方法如下。

1)基于特征的识别方法

车辆的颜色、轮廓、对称性等特征都可以用来将车辆与周围的背景区别开来。因此,基于特征的识别方法就以这些车辆的外形特征为基础,从图像中检测前方行驶的车辆。常用的基于特征的识别方法主要有使用阴影特征的方法、使用边缘特征的方法、使用对称特征的方法、使用位置特征的方法和使用车辆尾灯特征的方法等。

2)基于机器学习的识别方法

基于机器学习的识别方法一般需要从正样本集和负样本集提取目标特征,再训练出识别车辆区域与非车辆区域的决策边界,最后使用分类器判断目标。

3)基于光流场的识别方法

光流场是指图像中所有像素点构成的一种二维瞬时速度场,其中的二维速度矢量是景物中可见点的三维速度矢量在成像表面的投影。通常光流场是由摄像机、运动目标或二者在同时运动的过程中产生的。在存在独立运动目标的场景中,通过分析光流场可以检测目标的数量、目标的运动速度、目标的相对距离以及目标的表面结构等。

4)基于模型的识别方法

基于模型的识别方法是根据前方运动车辆的参数来建立二维或三维模型,然后利用指定的搜索算法来匹配查找前方车辆。

图 2-2-15　车辆的识别结果

多传感器融合技术是未来车辆识别技术的发展方向。目前,在车辆识别中主要有两种融合技术:一种是视觉传感器与激光雷达的融合技术;另一种是视觉传感器与毫米波雷达的融合技术。

图 2-2-15 所示为车辆的识别结果。

三　智能网联汽车的行人识别方法

1. 行人识别的定义

行人识别是采用安装在车辆前方的视觉传感器采集前方场景的图像信息,通过一系列复杂的算法分析处理这些图像信息,实现对行人的识别。

行人识别是智能网联汽车先进驾驶辅助系统的重要组成部分。行人是道路交通的主体和主要参与者，由于其行为具有非常大的随意性，再加上驾驶人在车内视野变窄以及长时间驾驶导致的视觉疲劳，使得行人在交通事故中很容易受到伤害。行人识别的目的是能够及时准确地检测出车辆前方的行人，并根据不同危险级别提供不同的预警提示，如距离车辆越近的行人危险级别越高，提示音也应越急促，以保证驾驶人具有足够的反应时间，从而能够极大降低甚至避免撞人事故的发生。

图 2-2-16 所示为自动驾驶汽车行人识别的场景。

图 2-2-16　自动驾驶汽车行人识别的场景

2. 行人识别的类型

根据所采用的视觉传感器的不同，可以将基于视觉的行人检测方法分为可见光行人的检测和红外行人的检测。

1）可见光行人的检测

可见光行人的检测采用的视觉传感器为普通的光学摄像头，由于普通摄像头基于可见光进行成像，因此非常符合人的正常视觉习惯，而且硬件成本十分低廉。但是受到光照条件的限制，该方法只能应用在白天，在光照条件很差的阴雨天或夜间则无法使用。

2）红外行人的检测

红外行人的检测采用红外热成像摄像头，利用物体发出的热红外线进行成像，不依赖于光照，具有很好的夜视功能，在白天和晚上都适用，尤其是在夜间及光线较差的阴雨天具有无可替代的优势。

红外行人的检测相比可见光行人的检测，主要优势包括：红外摄像头靠感知物体发出的红外线（与温度成正比）进行成像，与可见光光照条件无关，对于夜间场景中的发热物体检测有明显的优势；行人属于恒温动物，温度一般会高于周围背景很多，在红外图像中表现为行人相对于背景明亮突出；由于红外成像不依赖于光照条件，对光照的明暗、物体的颜色变化以及纹理和阴影干扰不敏感。

3. 行人识别系统的组成

行人识别系统如图 2-2-17 所示，由预处理、分类检测和决策报警组成。

1）预处理

通过传感器获得车辆前方的图像信息，对这些信息做预处理，如降噪、增强等。

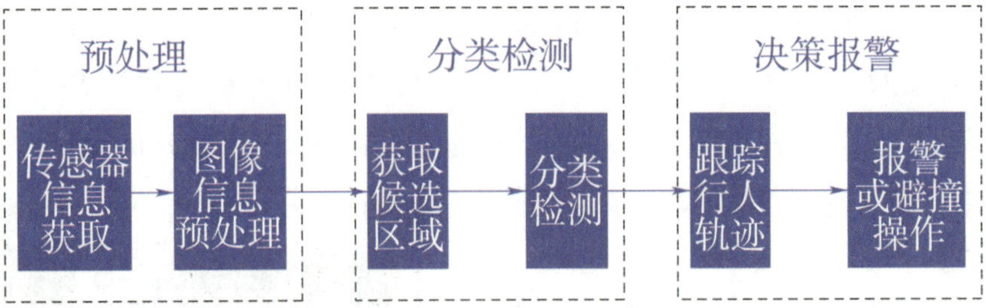

图 2-2-17　行人识别系统的组成

2)分类检测

采用图像分割、模型提收等一些图像处理技术在图像中选取一些感兴趣的区域,即行人的候选区域,然后对候选区域进行进一步的验证,用分类等技术方法判断候选区域中是否包含行人。

3)决策报警

对含有行人的区域进行跟踪,得到行人的运动轨迹,在提高检测精度和速度的同时,也能对行人是否会和车辆发生碰撞进行判断,对可能发生碰撞的情况进行报警或其他避免碰撞的操作。

4. 行人识别方法

行人识别方法主要有基于特征分类的行人识别的方法、基于模型的行人识别方法、基于运动特性的行人识别方法、基于形状模型的行人识别方法、小波变换和支持向量机以及神经网络方法等。

1)基于特征分类的行人识别方法

基于特征分类的行人识别方法着重于提取行人的特征,然后通过特征匹配来识别行人目标,是目前较为主流的行人识别方法。

2)基于模型的行人识别方法

基于模型的行人识别方法是通过建立背景模型来识别行人。常用的基于背景建模的行人识别方法有混合高斯法、核密度估计法和密码本(Codebook)法。

3)基于运动特性的行人识别方法

基于运动特性的行人识别方法就是利用人体运动的周期性特性来确定图像中的行人。该方法主要针对运动的行人进行识别,不适合识别静止的行人。在基于运动特性的行人识别方法中,比较典型的算法有背景差分法、帧间差分法和光流法。

4)基于形状模型的行人识别方法

基于形状模型的行人识别方法主要依靠行人的形状特征来识别行人,避免了由于背景变换和摄像机运动带来的影响,适合于识别运动和静止的行人。

5)小波变换和支持向量机

行人检测主要是基于小波模板概念,按照图像中小波相关系数子集定义目标形状的小波模板。系统首先对图像中每个特定大小的窗口以及该窗口进行一定范围的比例缩放得到的窗口进行小波(Harr)变换,然后利用支持向量机检测变换的结果是否可以与小波模板匹配。如果匹配成功则认为检测到行人。

6)神经网络方法

神经网络方法在行人识别技术中的应用主要是对利用视觉信息探测到的可能含有行人的区域进行分类识别。首先利用立体视觉进行目标区域分割,然后合并和分离子目标候选图像满足行人尺寸和形状约束的子图像,最后将所有探测到的可能含有行人目标的方框区域输入到神经网络进行行人识别。

图2-2-18所示为自动驾驶汽车行人识别的结果示意图。

图2-2-18　自动驾驶汽车行人识别的结果示意图

四　智能网联汽车的交通标志识别方法

1. 交通标志简介

道路交通标志作为重要的道路交通安全附属设施,可向驾驶人提供各种引导和约束信息,驾驶人实时、正确地获取交通标志信息,可保障行车更安全。

鉴于地区和文化差异,目前世界各个国家执行的交通标志标准有所不同。其中,警告标志、禁令标志和指示标志是最重要也是最常见的交通标志,直接关系道路交通的通畅与安全,更与智能网联汽车的行车路径规划直接相关。为引起行人和车辆驾驶人的注意,交通标志都具有鲜明的颜色特征。我国的警告标志、禁令标志和指示标志由5种主要颜色(红、黄、蓝、黑和白色)组成。

交通标志的颜色与形状之间也有着一定的关系,如图2-2-19所示,禁令标志的颜色以红色为主,形状有倒三角形、正八边形和圆形;指示标志以蓝色为主,形状为圆形和矩形；警告标志以黄色为主，形状为正三角形。在交通标志的检测与识别过程中，应该充分利用这些颜色信息和形状信息，以及颜色与形状信息间的对应关系。

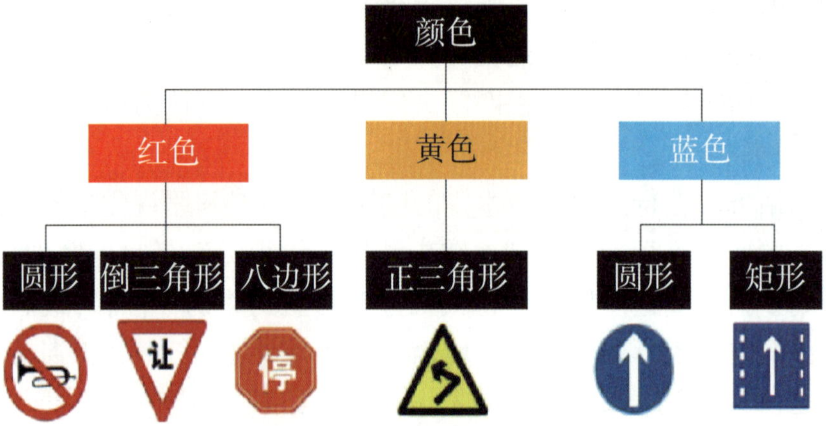

图 2-2-19　交通标志颜色与形状的关系

交通标志具有鲜明的色彩特征，因此要实现对交通标志图像的有效分割，颜色是一个重要信息；选择合适的颜色空间对其加以分析和提取，将有助于系统识别的实时性和准确性。

2. 交通标志识别系统

在智能网联汽车中，交通标志的检测是通过图像识别系统实现的。交通标志识别系统如图 2-2-20 所示，首先使用车载摄像机获取目标图像，然后进行图像分割和特征提取，通过与交通标志标准特征库比较进行交通标志识别，识别结果可以与其他智能网联汽车共享。

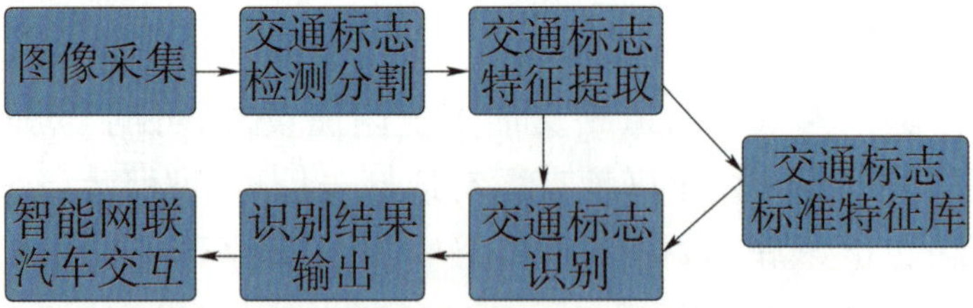

图 2-2-20　交通标志识别系统

3. 交通标志识别流程与方法

1）交通标志识别流程

利用视觉传感器进行交通标志识别的流程主要是：原始图像采集→图像预处理→图像分割检测→图像特征提取→交通标志识别，如图 2-2-21 所示。

a)原始图像采集　b)图像预处理　c)图像分割检测　d)图像特征提取　e)交通标志识别

图 2-2-21　交通标志识别的流程

2)交通标志识别方法

交通标志识别的主要方法如下：

(1)基于颜色特征的交通标志识别。颜色分割就是利用交通标志特有的颜色特征，将交通标志与背景分离。基于颜色特征设计的交通标志识别算法对图像旋转、倾斜的情况具有较好的鲁棒性。

(2)基于形状特征的交通标志识别。除颜色特征外，形状特征也是交通标志的显著特征。我国的警告标志、指示标志、禁令标志共有 131 种，其中 130 种都有规则的形状：圆形、矩形、正三角形、倒三角形、正八边形。颜色检测和形状检测是交通标志识别中的重要内容。检测方法通常都以颜色分割做粗检测，排除大部分的背景干扰；再提取二值图像各连通域的轮廓，进行形状特征的分析，进而确定交通标志候选区域并完成定位。

（3）基于显著性的交通标志识别。由于交通标志被设计成具有显眼的颜色和特定的形状，在一定程度上满足了显著性的要求，可以采用显著性模型来识别交通标志。

（4）基于特征提取和机器学习的交通标志识别。基于特征提取和机器学习的交通标志识别一般使用滑动窗口的方式，或使用之前处理得到的感兴趣区域进行验证的方式，前者对全图或交通标志可能出现的感兴趣区域操作，以多尺度的窗口滑动扫描目标区域，对得到的每一个窗口均用训练好的分类器判断是否为标志。后者则认为经过之前的处理，如颜色、形状分析等，得到的感兴趣区域已经是一整个标志或干扰物，只需对其整体进行分类即可。

图 2-2-22　交通标志识别的结果

图 2-2-22 所示为交通标志识别的结果。

五　智能网联汽车的交通信号灯识别

1. 交通信号灯简介

不同国家和地区采用的交通信号灯，式样各不相同。在国内，交通信号灯的设置都必须遵循《道路交通信号灯》（GB 14887—2011）和《道路交通信号灯设置与安装规范》（GB 14886—2016）。

我国交通信号灯的特征如图 2-2-23 所示。从颜色来看，交通信号灯的颜色有红色、黄色、绿色三种颜色，而且三种颜色在交通信号灯中出现的位置都有一定的顺序关系；从安装方法来看，交通信号灯有横放安装和竖放安装两种，一般安装在道路上方。

图 2-2-23　我国交通信号灯的特征

从功能来看，交通信号灯有机动车信号灯、非机动车信号灯、左转非机动车信号灯、人行横道信号灯、车道信号灯、方向指示信号灯、闪光警告信号灯、道口信号灯、掉头信号灯等。其中机动车信号灯、闪光警告信号灯、道口信号灯的光信号无图案；非机动车信号灯、左转非机动车信号灯、人行横道信号灯、车道信号灯、方向指示信号灯、掉头信号灯的光信号为各种图案。

2. 交通信号灯识别系统

交通信号灯识别系统包括检测和识别两个基本环节。首先是定位交通信号灯，通过摄像机，从复杂的城市道路交通环境中获取图像，根据交通信号灯的颜色、几何特征等信息，准确定位其位置，获取候选区域；然后是识别交通信号灯，在检测算法中，已经获取交通信号灯的候选区域，通过对其进行分析及特征提取，运用分类算法，实现对其分类识别。

智能网联汽车的交通信号灯有各种识别系统。图 2-2-24 所示为某交通信号灯识别系统的组成。

图 2-2-24　某交通信号灯识别系统的组成

1）图像采集模块

摄像机成像质量的好坏影响后续识别和跟踪的效果。一般采用彩色摄像机。其中摄像机的镜头焦距、曝光时间、增益、白平衡等参数的选择都对摄像机成像效果和后续处理有重要影响。

2）图像预处理模块

图像预处理模块包括彩色空间选择和转换、彩色空间各分量的统计分析、基于统计分析的彩色图像分割、噪声去除、基于区域生长聚类的区域标记，通过图像预处理后得到交通信号灯的候选区域。

3）检测模块

检测模块包括离线训练和在线检测两部分。离线训练通过交通信号灯的样本和背景样本的统计学习得到分类器，利用得到的分类器完成交通信号灯的检测。

4）识别模块

通过检测模块在图像中的检测定位，结合图像预处理得出的信号灯色彩结果、交通信号灯发光单元面积的大小和位置先验知识，完成交通信号灯的识别功能。

5）跟踪模块

通过识别模块得到的结果可以得到跟踪目标，利用基于彩色的跟踪算法可以对目标进行跟踪,有效提高目标识别的实时性和稳定性。运动目标跟踪方法可分为四类,分别是基于区域的跟踪方法、基于特征的跟踪方法、基于主动轮廓线的跟踪方法和基于模型的跟踪方法。

6)通信模块

通信模块是联系环境感知模块、规划决策模块与车辆底层控制模块的桥梁,通过制定的通信协议完成各系统的通信,实现信息共享。

3. 交通信号灯识别流程与方法

1)交通信号灯识别流程

利用视觉传感器进行交通信号灯识别的流程主要是:原始图像采集→图像灰度化→直方图均衡化→图像二值化→交通信号灯识别,如图 2-2-25 所示。

a)原始图像采集

b)图像灰度化

c)直方图均衡化

d)图像二值化

e)交通信号灯识别

图 2-2-25　交通信号灯识别的流程

2）交通信号灯识别方法

交通信号灯识别的主要方法如下：

（1）基于颜色特征的识别方法。基于颜色特征的交通信号灯识别方法主要是选取某个色彩空间，对交通信号灯的红、黄、绿三种颜色进行识别。

（2）基于形状特征识别的方法。基于形状特征的识别方法主要是利用交通信号灯和其相关支撑物之间的几何信息。

也可以将交通信号灯的颜色特征和形状特征结合起来，以减少单独利用某一特征所带来的不利影响。

图 2-2-26 所示为交通信号灯识别的结果。

图 2-2-26　交通信号灯识别的结果

任务总结

提示：

请预先复习“相关知识”的内容。

一　思考与研讨

（1）观察各种类型道路上的车道线、行人行走特征、交通标志及交通信号，认识智能网联汽车需要识别的相关内容。

记录：____

（2）利用互联网查询道路、车辆、行人、交通标志及信号识别的方法及其他相关资讯。

打开计算机或移动终端的浏览器、App，利用“百度”等搜索功能，分别搜索“道路识别”“车辆识别”“行人识别”“交通标志识别”“信号识别”等关键词，查询、学习相关资讯，总结对应所采用的传感器，并填写表 2-2-2。

车辆对应所采用的传感器 表2-2-2

序号	品牌车型	自动驾驶级别	功能描述	对应所采用的传感器
1				
2				
3				
4				
5				

二 练习与测试

1.判断题

(1)智能网联汽车通过视觉传感器识别车道线。 ( )

(2)无人驾驶汽车道路识别的难点是非结构化。 ( )

(3)车牌识别实际上是图像的识别。 ( )

(4)多传感器融合技术是未来车辆识别技术的发展方向。 ( )

(5)行人是道路交通的主体和主要参与者,其行为具有非常大的随意性。 ( )

2.单项选择题

(1)根据道路类型的不同,道路分为( )。

A.城市道路和乡村道路 B.结构化道路和非结构化道路

C.高速公路和普通道路 D.正规道路和非正规道路

(2)根据所采用的视觉传感器的不同,可以将行人检测方法分为( )。

A.可见光行人的检测和红外行人的检测

B.可见光行人的检测和紫外行人的检测

C.可见光行人的检测和雷达行人的检测

D.红外行人的检测和紫外行人的检测

(3)行人识别系统由( )组成。

A.预处理 B.分类检测 C.决策报警 D.以上都是

(4)与智能网联汽车的行车路径规划直接相关的交通标志是( )。

A.警告标志 B.禁令标志 C.指示标志 D.以上都是

(5)交通信号灯识别的方法主要有( )。

A.基于颜色特征 B.基于形状特征的

C. A、B 都是　　　　　　　　　　D. A、B 都不是

3. 多项选择题

(1)道路识别的方法包括(　　)。

A. 基于区域分割

B. 基于道路特征

C. 基于道路模型

D. 基于道路特征与模型相结合

E. 以上都不是

(2)车牌识别的方法主要有(　　)等。

A. 基于模板匹配的字符识别算法

B. 基于特征的统计匹配法

C. 基于边缘检测和水平灰度变化特征的方法

D. 基于颜色相似度及彩色边缘的算法

E. 以上都不是

(3)识别前方运动车辆的方法主要有(　　)等。

A. 基于特征

B. 基于机器学习

C. 基于光流场

D. 基于模型

E. 以上都不是

(4)行人识别方法主要有(　　)等。

A. 基于特征分类

B. 基于模型

C. 基于运动特性

D. 基于形状模型

E. 小波变换和支持向量机以及神经网络

(5)交通标志识别的方法主要有(　　)等。

A. 基于颜色特征

B. 基于形状特征

C. 基于显著性

D. 基于特征提取和机器学习

E. 以上都不是

项目三

智能网联汽车无线通信系统

本项目主要学习智能网联汽车无线通信系统的应用，分为2个任务学习。

任务1　V2X及移动通信技术的应用；

任务2　物联网无线通信技术的应用。

通过2个任务学习，掌握智能网联汽车V2X、移动通信、物联网等各种无线通信技术的应用。

任务1 V2X及移动通信技术的应用

提出任务

智能网联汽车与道路基础设施、行人以及其他车辆之间都有信息交流，这些信息交流都以无线通信进行。你知道智能网联汽车是如何与道路的交通设施及其他车辆通信的吗？

任务要求

知识要求

1. 能够描述无线通信的定义和分类；
2. 能够描述智能网联汽车 V2X 通信技术的应用；
3. 能够描述智能网联汽车移动通信技术的应用。

能力要求

1. 能够利用并分析 V2X 通信技术在智能网联汽车上的应用；
2. 能够查询并分析 5G 通信技术在智能网联汽车上的应用。

相关知识

一 无线通信的定义和分类

1. 无线通信的定义

无线通信就是不用导线、电缆、光纤等有线介质，而是利用电磁波信号在自由空间中传播的特性进行信息交换的一种通信方式。图 3-1-1 所示为无线通信系统示意图。

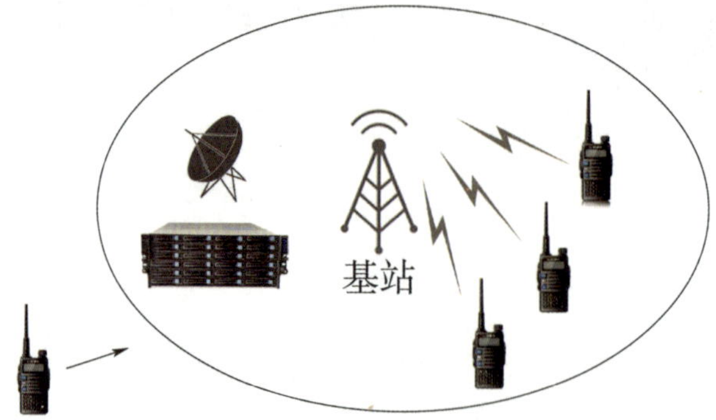

图 3-1-1　无线通信系统示意图

无线通信可以传输数据、图像、音频和视频等。

无线通信系统一般由发射设备、传输介质和接收设备组成;发射设备和接收设备需要安装天线,完成电磁波的发射与接收,如图 3-1-2 所示。

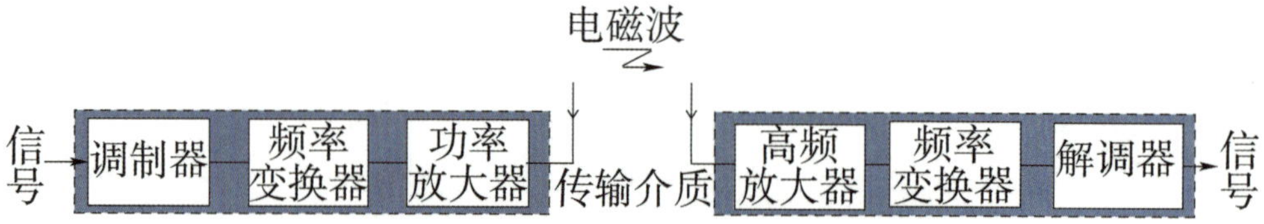

图 3-1-2　无线通信系统的组成

1)发射设备

发射设备是将原始的信号源转换成适合在给定传输介质上传输的信号,其中包括调制器、频率变换器、功率放大器等。调制器将低频信号加到高频载波信号上,频率变换器进一步将信号变换成发射电波所需要的频率,如短波频率、微波频率等,经功率放大器放大后,再通过天线发射出去进行传输。

2)传输介质

传输介质为电磁波。

3)接收设备

接收设备是将收到的信号还原成原来的信息送至接收端。接收设备把天线接收下来的射频载波信号,经过信号放大、频率变换,最后经过解调的过程将原始信息恢复出来,完成无线通信。

2. 无线通信的分类

无线通信可以按传输信号形式、无线终端状态、电磁波长、传输方式和通信距离等进行分类。

1)根据传输信号形式分类

根据传输信号形式的不同,无线通信可以分为模拟无线通信和数字无线通信。

(1)模拟无线通信。模拟无线通信是将采集的信号直接进行传输,传输的是模拟信号。

(2)数字无线通信。数字无线通信是将采集的信号转变为数字信号后再进行传输的信号,只包括0、1数字。数字无线通信正在逐步取代模拟无线通信。

2)根据无线终端状态分类

根据无线终端状态的不同,无线通信可以分为固定无线通信和移动无线通信。

(1)固定无线通信。固定无线通信是指终端设备是固定的,如固定电话通信。

(2)移动无线通信。移动无线通信是指终端设备是移动的,如移动电话通信。

3)根据电磁波波长分类

根据电磁波波长的不同,无线通信可以分为长波无线通信、中波无线通信、短波无线通信、超短波无线通信、微波无线通信等。

(1)长波无线通信。长波无线通信是指利用波长大于1000m、频率低于300kHz的电磁波进行的无线通信,又称低频通信。它可细分为在长波(波长为1~10km、频率为30~300kHz)、甚长波(波长为10~100km、频率为3~30kHz)、特长波(波长为100~1000km、频率为300~300Hz)、超长波(波长为1000~10000km、频率为30~300Hz)和极长波(波长为1万~10万km、频率为3~30Hz)波段的通信。

(2)中波无线通信。中波无线通信是指利用波长为100~1000m、频率为300~3000kHz的电磁波进行的无线通信。

(3)短波无线通信。短波无线通信是指利用波长为10~100m、频率为3~30MHz的电磁波进行的无线通信。

(4)超短波无线通信。超短波无线通信是指利用波长为1~10m、频率为30~300MHz的电磁波进行的无线通信。

(5)微波无线通信。微波无线通信是指利用波长小于1m、频率大于300MHz的电磁波进行的无线通信。它可细分在分米波(波长为100~1000mm、频率为300~3000MHz)、厘米波(波长为10~100mm、频率为3~30GHz)、毫米波(波长为1~10mm、频率为30~300GHz)、丝米波(波长为0.1~1mm、频率为300~3000GHz)波段的通信。

4）根据传输方式分类

根据信道路径和传输方式的不同，无线通信可以分为红外通信、可见光通信、微波中继通信和卫星通信等。

（1）红外通信。红外通信是一种利用红外线传输信息的通信方式。

（2）可见光通信。可见光通信是指利用可见光波段的光作为信息载体，在空气中直接传输光信号的通信方式。

（3）微波中继通信。微波中继通信是利用微波的视距传输特性，采用中继站接力的方法达成的无线电通信方式。

（4）卫星通信。卫星通信实际上也是一种微波通信，它以卫星作为中继站转发微波信号，在多个地面站之间通信。

5）根据通信距离分类

根据通信距离，无线通信可以分为短距离无线通信和远距离无线通信。

（1）短距离无线通信。短距离无线通信和远距离无线通信在传输距离上至今并没有严格的定义，一般来说，只要通信收发两端是以无线方式传输信息，并且传输距离被限定在较短的范围内（一般是几厘米～几百米），就可以称为短距离无线通信，它具有低成本、低功耗和对等通信这三个重要特征。短距离无线通信技术主要有蓝牙技术、紫峰（ZigBee）技术、Wi-Fi 技术、超宽带（UWB）技术、60GHz 技术、红外（IrDA）技术、射频识别（RFID）技术、近场通信（NFC）技术、可见光（VLC）技术、专用短程通信（DSRC）、LTE-V 等。

（2）远距离无线通信。当无线通信传输距离超过短距离无线通信的传输距离时，称为远距离无线通信。远距离无线通信技术主要有移动通信、微波通信和卫星通信等。

二　智能网联汽车 V2X 通信技术的应用

V2X 是 Vehicle to Everything 的英文缩写，即车辆自身和外界事物之间的信息交换。V2X 是智能网联汽车通信技术的核心，车辆自身（V）主要与以下外界事物（X）进行信息交换。

1. V2V

V2V 是 Vechicle to Vechicle 的英文缩写，即车辆自身与其他车辆之间的信息交换，其应用场景如图 3-1-3 所示。

车辆自身与外界车辆之间的信息交换内容，主要包括以下几方面：

（1）当前本体车辆的行驶速度与附近范围内车辆的行驶速度进行信息内容的交换。

（2）当前本体车辆的行驶方向与附近范围内车辆的行驶方向进行信息内容的交换。

（3）当前本体车辆紧急状况与附近范围内车辆的行驶状况进行信息内容的交换。

2. V2I

V2I 是 Vehicle to Infrastructrue 的英文缩写，即车辆自身与基础设施之间的信息交换，其应用场景如图 3-1-4 所示。

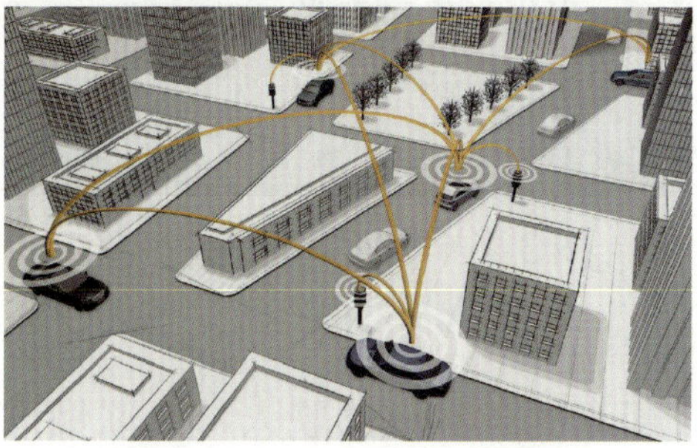

图 3-1-3　V2V 应用场景

图 3-1-4　V2I 应用场景

基础设施主要包括红绿灯、公交站台、交通指示牌、立交桥、隧道、停车场等。

车辆自身与基础设施之间的信息交换内容，主要包括以下 5 方面：

（1）车辆的行驶状态与前方红绿灯的实际状况进行信息内容的交换。

（2）车辆的行驶状态与途经公交站台的实际情况进行信息内容的交换。

（3）车辆当前行驶的方向和速度与前方交通标志牌所提示的内容进行信息交换。

（4）车辆的行驶状态与前方立交桥或隧道的监控情况进行信息内容的交换。

（5）车辆的导航目的地与停车场空位情况进行信息内容的交换。

3. V2P

V2P 是 Vehicle to Pedestrian 的英文缩写，即车辆自身与外界行人之间的信息交换，其应用场景如图 3-1-5 所示。

车辆自身与外界行人之间的信息交换内容，主要包括以下几方面：

（1）车辆自身的行驶速度与行人当前位置进行信息内容的交换。

（2）车辆自身的行驶方向与行人当前位置进行信息内容的交换。

4. V2R

V2R 是 Vehicle to Road 的英文缩写，即车辆自身与道路之间的信息交换。根据道路的特殊性，V2R 又可分为两大类型：一类是车辆自身与城市道路之间的信息交换；另一类是车辆自身与高速道路之间的信息交换，其应用场景如图 3-1-6 所示。

车辆自身与道路之间的信息交换内容，主要包括以下 3 个方面：

(1) 车辆自身的行驶路线与道路当前路况进行信息内容的交换。

(2) 车辆自身的行驶方向与前方道路发生的事故进行信息内容的交换。

(3) 车辆行驶的导航信息与前方道路的路标牌进行信息内容的交换。

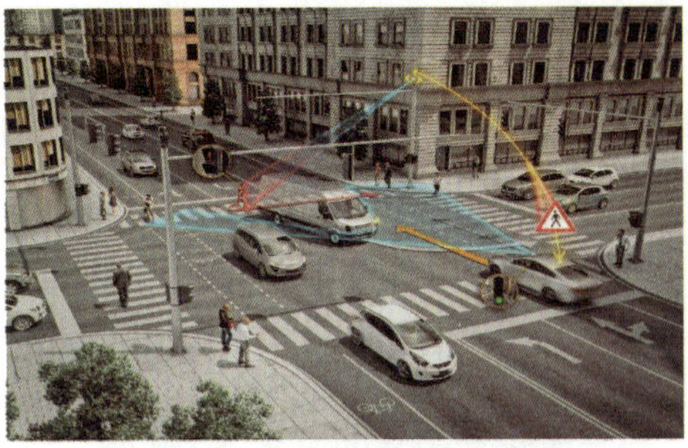

图 3-1-5 V2P 应用场景

图 3-1-6 V2R 应用场景

5. V2N

V2N 是 Vehicle to Network 的英文缩写，即车辆自身或驾驶人与互联网之间的信息交换，其应用场景如图 3-1-7 所示。

图 3-1-7 V2N 应用场景

车辆驾驶人与互联网之间的信息交换，主要包括：车辆驾驶人通过车载终端系统向互联网发送需求，从而进行诸如娱乐应用、新闻资讯、车载通信等；还可以通过应用软件及时从互联网上获取车辆的防盗信息。

车辆自身与互联网之间的信息交换，主要包括以下 3 个方面：

(1)车辆自身的行驶信息和传感器数据，与互联网分析的大数据结果进行信息内容的交换。

(2)车辆终端系统与互联网上的资源进行信息内容的交换。

(3)车辆自身的故障系统与互联网远程求助系统进行信息内容的交换。

6. 智能网联汽车实现 V2X 功能的条件

智能网联汽车 V2X 功能的实现条件是必须首先实现车辆自身的智能化，车辆的智能化主要包括车载传感器的环境感知功能、汽车数据通信处理能力，以及数据分析后的决策功能。只有在实现了车辆智能化的基础上，才能利用网络通信技术实现智能网联汽车的 V2X 功能，如图 3-1-8 所示。

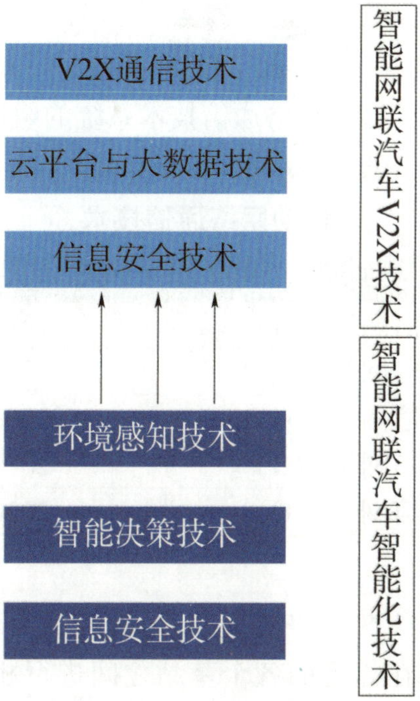

图 3-1-8　实现 V2X 功能的条件

目前，实现智能网联汽车 V2X 功能的网络通信技术主要有移动网络通信技术的物联网无线通信技术。

三　智能网联汽车移动通信技术的应用

1. 移动通信技术的发展

移动网络通信技术是一种综合技术的应用，是由有线通信技术和无线通信技术融合而成,具体是指通过移动网络信号系统,作为主体的人或设备可在不受位置约束的条件下,与固定位置或正在发生移动的另一方主体或设备进行通信的方式。移动网络通信技术系统主要由空间系统(如卫星等)、地面系统(如地面基站、交换中心等)两大部分组成,如图 3-1-9 所示。

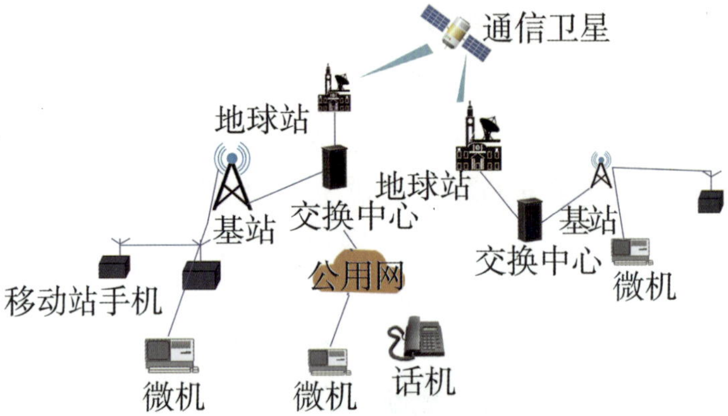

图 3-1-9　移动网络通信技术系统的组成

到目前为止,移动网络通信技术上已经历经了 5 次更新换代,见表 3-1-1。

移动网络通信技术　　　　表 3-1-1

技术名称	出现年份	最高传输速率
第一代移动通信网络(1G)	1980 年	2.4kbit/s
第二代移动通信网络(2G)	1990 年	150kbit/s
第三代移动通信网络(3G)	2000 年	6Mbit/s
第四代移动通信网络(4G)	2010 年	100Mbit/s
第五代移动通信网络(5G)	2020 年	至少 1Gbit/s

1)1G 网络

1G 网络是第一代移动网络通信技术,它采用了模拟信号技术,在蜂窝基站的作用下,可将网络信号在邻近的各个基站之间进行相互传递。最终实现了移动电话的语音通话功能,最为典型的应用案例就是当年模拟移动电话,即“大哥大”。1G 网络技术的诞生不仅为人类的生活、工作提供了诸多便利,与此同时也意味着拉开移动网络新技术的序幕。

2)2G 网络

2G 网络是第二代移动网络通信技术,它舍弃了 1G 网络时代的模拟信号传输技术,转而采用数字信号进行网络通信,这样大大提高了通话质量和通信系统的存储容量,最为典型的应用案例就是短信和手机铃声。2G 数字网络不仅使得手机得到了广泛应用,而且推动了移动网络技术的高速发展。

3)3G 网络

为规范移动网络技术的发展,国际电信联盟(International Telecommunication Union,ITU)针对第三代移动网络技术,颁发了《国际移动通信 2000 标准》。2000 年 5 月,国际电信联盟最终确定了四大标准,分别为 CDMA2000、WCDMA、TD-SCDMA、WIMAX 的无线接口标准。在我国国内仅支持 3 个标准:中国联通的 WCDMA、中国电信的 CDMA2000、中国移动的 TD-SCDMA。3G 网络时代最典型的应用是可通过互联网实现语音、图片、视频等内容的数据传输。

4)4G 网络

WLAN 是英文 Wireless Local Area Network 的缩写,即无线局域网络。WLAN 遵循由国际电气和电子工程学会(Institute of Electrical and Electronic Engineers, IEEE)所定义的无线网络通信 IEEE 802.11 标准。WLAN 利用射频技术,将原有的有线局域网升级为无线局域网,并被广泛应用到家庭与企业当中。

4G 网络将 3G 网络技术和 WLAN 技术有效地融合在一起,使网络传输速率和传输质量较之前得到了大幅度的提高。目前 4G 网络制式共有两种:LTE-FDD 和 LTE-TDD。

(1)LTE-FDD LTE 是 Long Term Evolution 的英文缩写,即长期演进(指 3G 技术的演进);FDD 是 Frequency Dividion Duplex 的英文缩写,即分频双工。LTE-FDD 是全球通用的 4G 标准,被广泛应用。LTE-FDD 上行传输速率为 150Mbit/s,下行传输速率为 50Mbit/s。

(2)LTE-TDD TDD 是 Time Dividion Duplex 的英文缩写,即分时双工。LTE-TDD 我国自主研发并实行的 4G 通信标准。LTE-TDD 上行传输速率为 100Mbit/s,下行传输速率为 50Mbit/s。

5)5G 网络

5G 网络即为第五代移动通信网络,其传输速率可达 4G 网络的百倍之多。5G 网络的出现使得物联网能够获得更加广泛地应用,包括了诸如智能网联汽车、机器人、智慧城市、智慧农场等应用,如图 3-1-10 所示。

图 3-1-10 5G 网络的应用举例

5G 网络架构包含有独立的独立网模式 SA 和与 4G 网络相结合的非独立组

网模式 NSA 两种。

3GPP 是 the 3rd Generation Partnership Project 的英文缩写，即第三代合作伙伴计划。据 2018 年 6 月 3GPP 公布的规划内容来看，5G 网络标准分为独立组网模式(SA)和非独立组网模式(NSA)两大类。独立组网模式是指需要全新打造 5G 网络环境，如 5G 基站、5G 核心网等。非独立组网模式是指在现有的 4G 硬件设施基础上，实施 5G 网络的部署工作。

3GPP 还定义了 5G 网络的三大应用场景，如图 3-1-11 所示。

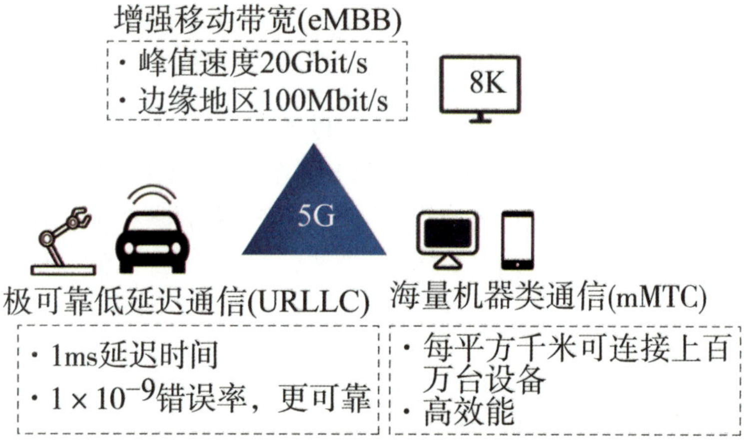

图 3-1-11　5G 网络的三大应用场景

(1)eMBB：eMBB 是 enhanced Mobile Broadband 的英文缩写，即增强移动带宽。eMBB 所追求的是用户或用户与用户之间的高质量的通信体验。连接到 5G 网络的每个用户的带宽需达 1Gbit/s，满足用户观看超高清视频或进行虚拟现实和增强现实的需求。

(2)mMTC：mMTC 是 massive Machine Type of Communication 的英文缩写，即海量机器类通信。mMTC 所追求的是用户与物体之间的交互通信体验，它为那些低成本、低消耗的硬件设备提供了海量的连接方式。mMTC 可应用于大规模的物联网和智能网联技术上，使用较为常见的网络通信技术大致分为两种类型：短距离通信技术和低功耗广域网通信技术。

(3)URLLC：URLLC 是 Ultra Reliable Low Latency Communications 的英文缩写，即极可靠低延迟通信。URLLC 所追求的是对机器机械类远程控制的可靠性、安全性和低延迟性。

2.5G 网络的关键技术及在 V2X 中的应用

1)5G 网络的关键技术

(1)设备到设备的通信：D2D 是 Device to Device 的英文缩写，即设备到设备的通信。D2D 通信是指在一定距离范围内,设备之间的直接通信,如图 3-1-12 所示。

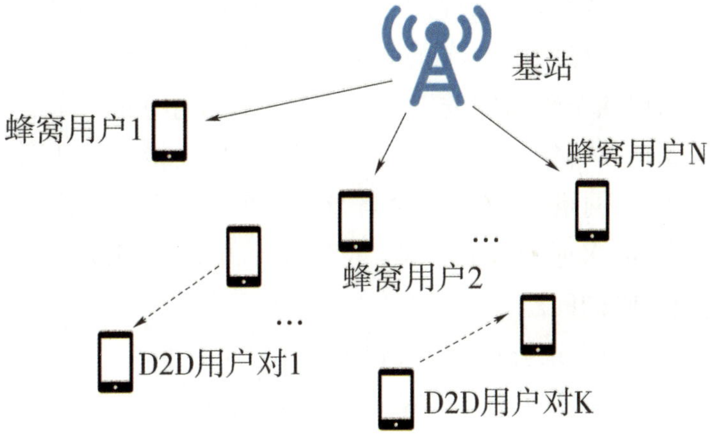

图 3-1-12　D2D 通信

5G 网络环境下使用 D2D 通信所具有的优势如下:

①提高频谱使用效率。在 D2D 通信条件下,设备之间直接进行通信,一方面是可以节省数据通过蜂窝基站进行中转所需的频率资源;另一方面,所有通过 D2D 进行连接的设备之间可以共享数据信息。

②增强用户体验。在一定距离范围内,用户资源可以通过相互连接的设备进行资源共享。

③拓展网络应用。可通过 D2D 通信技术,对传统网络进行业务拓展。

5G 环境下使用 D2D 通信,主要应用场景如下:

①本地业务,如用户资源的共享。

②应急通信,如自然灾害导致通信基础设施遭到破坏后,用户通过 D2D 技术仍可进行通信。

③物联网增强,如智能网联汽车的 V2X 功能。

(2)大规模输入输出技术:5G 网络环境下的大规模输入输出技术是指通过大规模天线阵列进行信号的发送和接收。

(3)高频段传输:由于 2G、3G、4G 网络通信频率都在 3GHz 以下,导致低频率的可用频段极为有限。所以 5G 网络的建设分为两大频谱,分别是低频段和高频段。低频段是指在 3GHz 以上且小于 6GHz 的频段,而高频段是指大于 30GHz 频段的毫米波移动通信技术。

(4)高密集组网:由于高频段导致网络覆盖面积减少,所以为了增加网络的覆盖范围,需要采用高密集度的组网建设方式。

2)5G 网络在 V2X 中的应用

5G 支持大数据传输带宽,支持本地点对点通信,提高信息传输可靠性、极低延迟和容错性,这为智能网联汽车的生态系统获得一系列优势。利用增加的数据传输能力,可以提高车辆运输的安全性,包括在智能网联汽车之间共享传感器数据、使用宽带支持改善定位,以及为自动驾驶共享高精三维地图。

D2D 技术的 5G 网络将实现车辆与车辆之间、车辆与道路、车辆与行人、车辆与公共设施之间的多通道通信。5G 通信技术在智能网联汽车上的应用将解决目前网络资源有限的问题。

针对 V2X 的应用需求,5G 大容量传输可用于采集海量的道路环境数据或车辆与云端之间的环境感知数据传输。低延迟直接连接可以实现 V2X:车辆与车辆、车辆与道路、车辆与人、人与道路的协同通信,解决通信数据安全和用户隐私信息保护问题,提高 V2X 通信的利用率。

在车辆组网应用场景中,车辆终端通过感知无线通信环境获取当前的频谱信息,快速接入空闲频谱,并与其他终端进行有效通信。动态频谱接入提高了频谱资源的利用率。

5G 通信网络预计将具有超庞大的网络容量,为每个用户提供每秒千兆数据的速率。5G 网络下 V2V 通信的最大距离约为 1000m,为 V2X 通信提供高速下行和上行数据传输速率,以便提高车辆之间数据传输的及时性和准确性。为了扩大通信的覆盖范围,需要进行超高密 5G 组网建设工作的同时,还可利用 5G 基站进行信号的中转。即使暂时没有 5G 网络信号,也可利用短距离通信技术进行 V2X 的通信工作,如在隧道内或偏远地段进行驾驶。

智能网联汽车结合了大数据和通信技术,通过 5C 网络可实现车辆本身与外界物体的通信功能。车辆本身在实现智能化的前提下,可自动激活识别和被识别功能,主要包括自动开启环境感知功能、自动开启数据处理的决策功能、自动开启车辆的控制功能。

例如,汽车转弯后,有一辆车停在路上。通过摄像头和雷达等传感器可能会出现无法感知的情况,转弯后,即使立即做出决定和行动,也很难避免事故的发生。V2X 技术可以通过 D2D 通信网络的信息共享,当前车辆停放时,在定范围内被其他车辆感知,从而提前采取更安全的决策控制行为。V2X 技术应用场景如图 3-1-13 所示。

智能网联汽车技术真正的难点是安全问题,5G 技术应用的真正目的其实就是解决车辆安全驾驶问题，以达到最大限度地减少或减免交通事故的发生，保护车辆数据安全，收集数据，集成数据，实现最大化的安全策略。

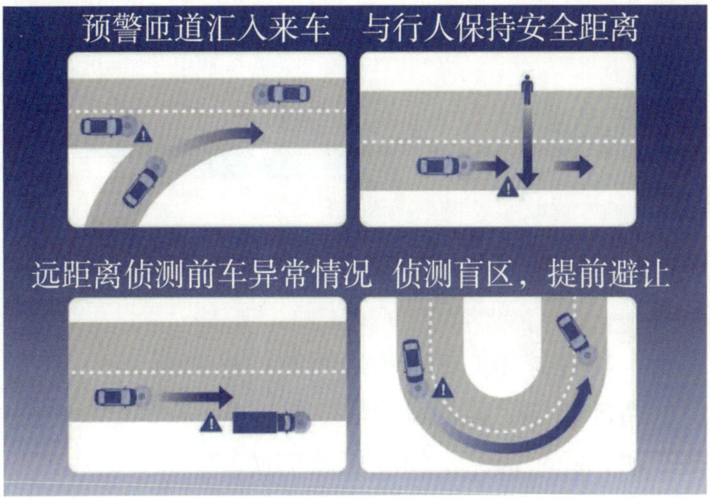

图 3-1-13　V2X 技术应用场景

任务总结

提示：

请预先复习“相关知识”的内容。

一　思考与研讨

（1）观察生活中哪些地方会用到无线通信技术？

记录：______

（2）利用互联网查询智能网联汽车 V2X 通信技术，并分析智能网联汽车是如何实现 V2X 的通信的。

①V2V：______

②V2I：______

③V2P：______

④V2R：______

⑤V2N：______

(3)利用互联网查询5G通信技术,并分析5G技术在智能网联汽车上的应用前景。

记录:______________________________

二 练习与测试

1. 判断题

(1)无线通信是利用电磁波信号在自由空间中传播的特性进行信息交换的一种通信方式。 ( )

(2)V2X是指车辆自身和外界事物之间的信息交换。 ( )

(3)V2P是车辆自身与乘员之间的信息交换。 ( )

(4)V2R是车辆自身与道路之间的信息交换。 ( )

(5)智能网联汽车V2X功能的实现条件是必须首先实现车辆自身的智能化。 ( )

2. 单项选择题

(1)根据传输信号形式的不同,无线通信可以分为( )。

A. 固定无线通信和移动无线通信

B. 模拟无线通信和数字无线通信

C. 长波无线通信、短波无线通信等

D. 红外通信、可见光通信、微波中继通信等

(2)车辆的智能化主要包括( )。

A. 车载传感器的感知功能　　B. 汽车数据通信处理能力

C. 数据分析后的决策功能　　D. 以上都正确

(3)移动网络通信技术系统主要由( )组成。

A. 空间系统　　B. 地面系统　　C. A和B都是　　D. A和B都不是

(4)5G网络架构包含( )。

A. 独立的独立网模式SA

B. 与4G网络相结合的非独立组网模式NSA

C. A和B都是

D. A和B都不是

(5)最适合智能网联汽车应用的移动通信技术是( )。

A. 2G网络　　B. 3G网络　　C. 4G网络　　D. 5G网络

3. 多项选择题

(1)车辆自身与基础设施之间的信息交换内容,主要包括(　　)。

A. 车辆的行驶状态与前方红绿灯的实际状况

B. 车辆的行驶状态与途经公交站台的实际情况

C. 车辆当前行驶的方向和速度与前方交通标志牌所提示的内容

D. 车辆的行驶状态与前方立交桥或隧道的监控情况

E. 车辆的导航目的地与停车场空位情况

(2)车辆自身与外界车辆之间的信息交换内容,主要包括(　　)。

A. 本体车辆的行驶速度与附近范围内车辆的行驶速度

B. 本体车辆的行驶方向与附近范围内车辆的行驶方向

C. 本体车辆紧急状况与附近范围内车辆的行驶状况

D. 本体车辆故障状况与监控中心

E. 以上都不正确

(3)车辆自身与外界行人之间的信息交换内容,主要包括(　　)。

A. 车辆自身的行驶速度与行人当前位置

B. 车辆自身的行驶方向与行人当前位置

C. 车辆自身的行驶方向与行人的方向

D. 车辆自身的行驶速度与行人的速度

E. 以上都正确

(4)车辆自身与道路之间的信息交换内容,主要包括(　　)。

A. 车辆自身的行驶路线与道路当前路况

B. 车辆自身的行驶方向与前方道路发生的事故

C. 车辆行驶的导航信息与前方道路的路标牌

D. 车辆自身的行驶速度与目的地的距离

E. 车辆自身的行驶速度与道路当前路况

(5)车辆自身与互联网之间的信息交换,主要包括(　　)。

A. 车辆自身的行驶信息和传感器数据,与互联网分析的大数据结果

B. 车辆终端系统与互联网上的资源

C. 车辆自身的故障系统与互联网远程求助系统

D. 驾驶人与车辆车载网络系统

E. 驾驶人与手机互联网系统

任务2 物联网无线通信技术的应用

提出任务

物联网是“物物相连”的互联网，当然也包括智能网联汽车。那么，物联网无线通信技术是如何应用到智能网联汽车呢?

任务要求

知识要求

1. 能够描述物联网无线通信技术的类型；
2. 能够描述短距离无线通信技术的应用；
3. 能够描述低功耗广域网络技术的应用；
4. 能够描述物联网无线通信技术在智能网联汽车上的应用。

能力要求

1. 能够利用互联网等资源查询物联网无线通信技术相关的信息；
2. 能够查询并分析物联网无线通信技术在智能网联汽车上的应用。

相关知识

一 物联网无线通信技术的类型

1. 物联网简介

物联网(Internet of Things，IoT)，顾名思义，就是指物物相连的互联网。按照国际电信联盟(ITU)的定义,物联网主要解决物品与物品(Thing to Thing, T2T),人与物品(Human to Thing,H2T),人与人(Human to Human,H2H)之间的互连。与传统互联网不同的是,H2T 是指人利用通用装置与物品之间的连接,从而使得物品连接更加简化,而 H2H 是指人之间不依赖于 PC 而进行的互连。互联网并没有考虑对于任何物品连接的问题,因此我们使用物联网来解决这个传统意义上的问题。

中国物联网校企联盟将物联网定义为当下几乎所有技术与计算机、互联网技术的结合,实现物体与物体之间:环境以及状态信息实时的共享以及智能化的收集、传递、处理、执行。广义上说,当下涉及信息技术的应用,都可以纳入物联网的范畴。

物联网是新一代信息技术的重要组成部分,也是“信息化”时代的重要发展阶段。

图 3-2-1 所示为物联网的应用场景示意图。

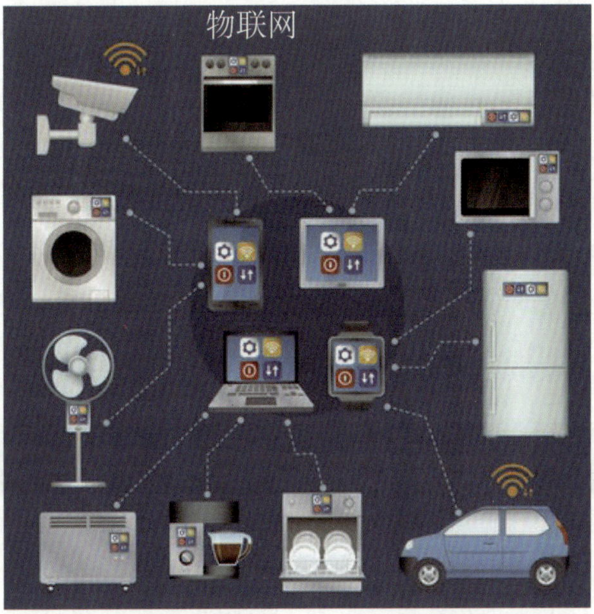

物联网无线通信技术的应用

图 3-2-1 物联网的应用场景示意图

2. 物联网无线通信技术的类型

物联网“物与物”之间的信息交换采用实体导线连接是不现实的,只能依赖于无线通信技术。

物联网无线通信技术可以将车辆、家用电器、公共设施以及各种电子产品、应用软件分别连接到互联网中,并通过无线网络技术及大数据、云计算、人工智能进行信息交换，如图 3-2-2 所示。

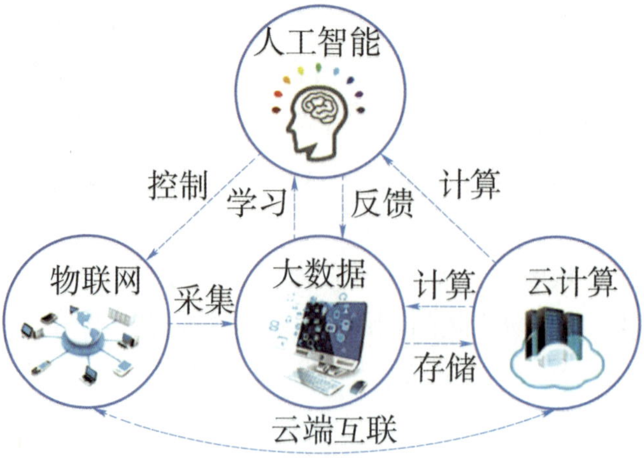

图 3-2-2　物联网与互联网络

物联网的无线通信技术很多，主要分为短距离无线通信技术和低功耗广域网通信技术两类。

1）短距离无线通信技术

应用于物联网的短距离通信技术主要包括 Wi-Fi、蓝牙、射频识别以及 Zigbee 等通信技术。

2）低功耗广域网通信技术

物联网的快速发展对无线通信技术提出了更高的要求，专为低带宽、低功耗、远距离、大量连接的物联网应用而设计的 LPWAN 技术快速兴起。LPWAN（low-power Wide-AreaNetwork）即低功耗广域网通信技术。

二　短距离无线通信技术的应用

1. Wi-Fi 通信技术

Wi-Fi 是 Wirele Fidelity 的英文缩写，是无线局域网络认证标准。Wi-Fi 又称 IEE802. 11 标准，IEE802. 11 标准是全球目前无线局域网的通用标准。最早的 IEE802. 11 标准发表于 1997 年，标准中定义了 WLAN 的 MAC 层和物理地址标准。MAC 是 Medie Access Control 的英文编写，即媒介访问控制。MAC 地址又称局域网地址或以太网地址。MAC 地址是出厂时设定好的，不可以自行进行修改，另外它具有唯性的特点。目前常用的版本为 IEE802. 11n、IEE802. 11p、IEE802. 11ac，而 IEE802. 11p 是车用电子的无线通信标准。

Wi-Fi 通信的必要条件是无线路由器和具有无线网卡的硬件设备。

1) Wi-Fi 通信技术的优点

(1)无线电波覆盖范围较广,在室内最远覆盖距离可达 10m 左右,室外最远覆盖距离为 400m 左右。

(2)传输速率较高。

(3)无线数据传播模式。

2) Wi-Fi 通信技术的缺点

Wi-Fi 通信技术也存在一定的缺点:安全性较低、易受干扰、功耗较高、组网能力低。

图 3-2-3 所示为 Wi-Fi 通信技术的应用场景示意图。

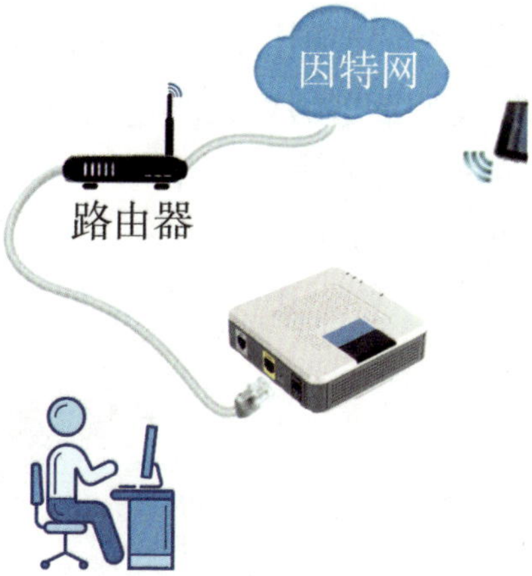

图 3-2-3 Wi-Fi 通信技术的应用场景示意图

2. 蓝牙通信技术

蓝牙是一种适用于短距离范围内的无线通信标准。目前最新版本为蓝牙 5.0 标准,2016 年由蓝牙技术联盟提出。

1) 蓝牙通信技术的优点

蓝牙的优点在于:功耗低、低延时、具有较高的安全性、有效范围内可无视障碍物进行连接。

2) 蓝牙通信技术的缺点

蓝牙的缺点在于:传输距离较短、传输速率不高。

图 3-2-4 所示为蓝牙通信技术的应用场景示意图。

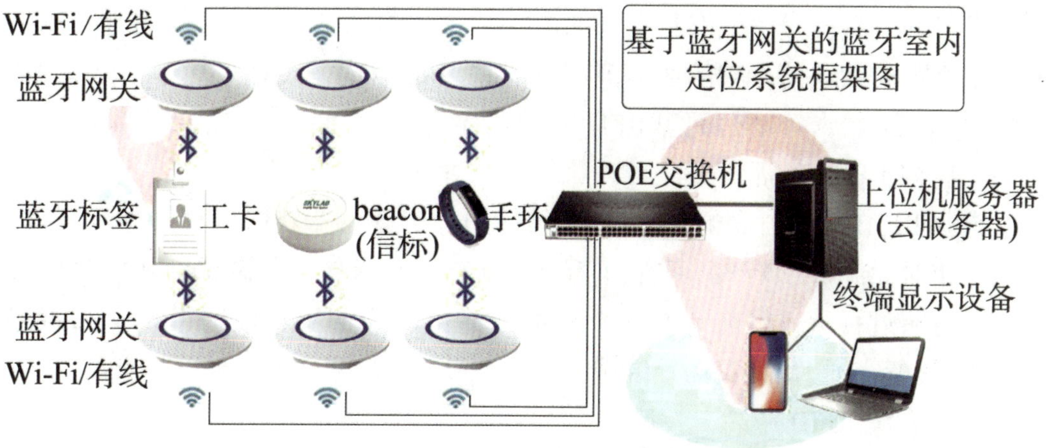

图 3-2-4 蓝牙通信技术的应用场景示意图

3. 射频识别通信技术

射频识别(Radio Frequency Identification,RFID)技术,在物联网应用中是一种较为常用的短距离通信技术,通过无线电信号对目标物体进行自动识别以及数据信息的读取工作。RFID 通信由电子标签、读写器和应用软件三部分构成,如图 3-2-5 所示。

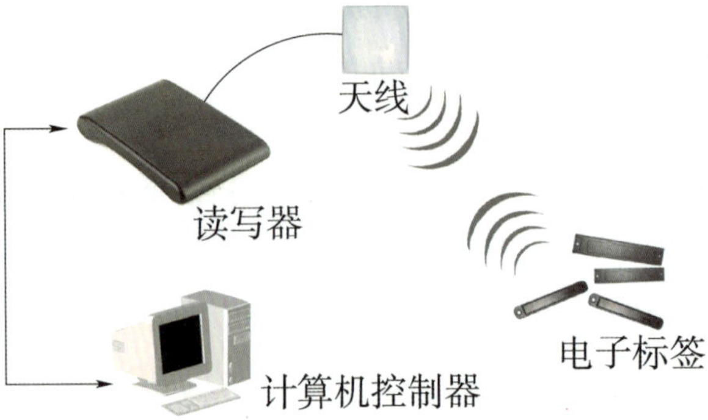

图 3-2-5　RFID 的构成

RFID 通信具有 7 大特性:①RFID 通信具有超强的抗干扰性;②RFID 电子标签具有相对较高的存储空间,最高可扩充至 1MB 以上;③可通过编程技术对 RFID 电子标签的数据信息进行动态修改;④具有较长的使用寿命;⑤对障碍物的穿透能力较强;⑥可对 RFID 产品设置密码,因此 RFID 通信技术具有较高的安全性;⑦可同时对多个 RFID 产品进行快速扫描及数据信息的读取。

根据 RFID 技术的特性,可将 RFID 产品分为三大类:无源 RFID 产品、有源 RFID 产品和半有源 RFID 产品。

1)无源 RFD 产品

无源 RFID 产品本身不携带电池,因而无法自行激活,必须获取到从外部读写器发出的射频信号才能够将自身的电子标签进行激活,所以无源 RFID 产品只适用于近距离的通信。它的通信范围只能在 10m 以内。现在生活中很常见的饭卡、公交卡、门禁卡等都是无源 RFID 产品。

2)有源 RFID 产品

有源 RFID 产品自身配有电池,无须使用外部读写器获取射频信号就可自主激活。相对无源 RFID 产品而言,有源 RFID 产品具有较远距离识别功能,最大识别范围可超过百米。目前有源 RID 产品已经广泛应用于物联网系统中,如智慧停车场、智慧交通、智慧农场等区域。

3)半有源 RFID 产品

半有源 RFID 产品采用低频率激活技术,有效地结合了有源 RFID 和无源

RFID 的工作特点。半有源 RFID 产品的工作方式较为特殊,只有在它进入低频信号激活范围时,才被激活使用,其他时间都将处于休眠状态或数据上传状态,不会主动向外界发出射频信号。常见的应用有违章摄像头、交通监视器等。

相对于其他短距离通信技术而言,RFID 通信技术存在的缺点是通信成本偏高、涉及隐私泄露问题、面对金属物体和有水环境时易受到干扰、没有统一的行业标准规范。

4. Zigbee 通信技术

Zigbee 又称"紫蜂协议",该技术是一种小范围、低功耗、低速率、低成本的无线自组织网络技术。Zigbee 是基于 IEEE 802.15.4 标准的局域网协议,它所应用的领域范围为自动化领域和远程控制领域。

Zigbee 协议框架总体上来说由两部分构成:一部分是 IEEE 802.15.4 定义的底层标准协议;另一部分是由 Zigbee 联盟在 IEEE 802.15.4 的基础上进行扩充的标准协议,如图 3-2-6 所示。IEEE 802.15.4 标准中共两种物理层:第一种是 869/915MHz 的物理层,其传输速率较低,分别为 20kbit/s 和 4ki/s;第二种是 2.4 GHz 的物理层,其传输速率相对较高,为 250kbit/s。

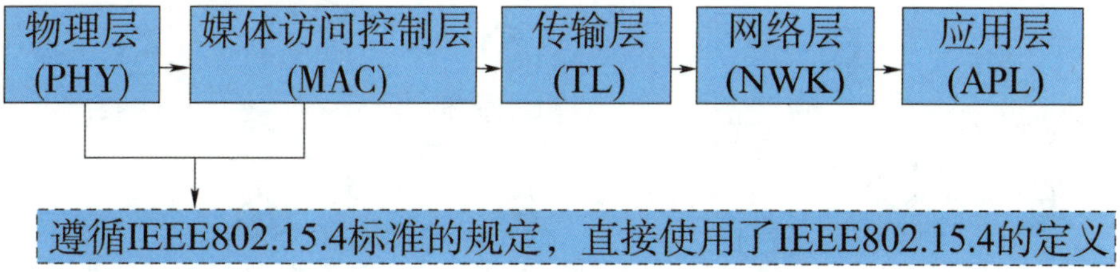

图 3-2-6　Zigbee 协议框架

Zigbee 通信技术中的网络节点按照功能可分为协调器、路由器和终端设备,如图 3-2-7 所示。

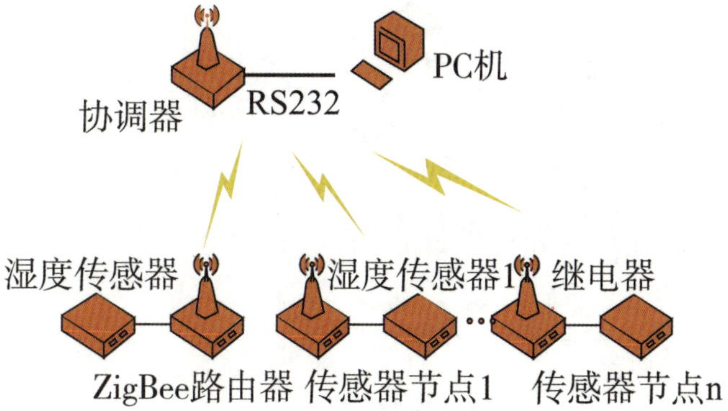

图 3-2-7　Zigbee 网络节点

1）协调器的作用

协调器的作用如下：

（1）为每个设备都分配一个唯一的网络地址。

（2）为整个网络选择一个唯一的 16 位 PAN ID。PAN 是 Personal Area Network 的英文缩写，即个人局域网。个人局域网是电子设备与通信设备之间进行通信的网络。通过个人局域网 ID，就可使网络连接中的各个设备相互间进行通信。

（3）对网络中传输的数据信息进行初始化、转发和终止服务。

2）路由器的作用

路由器的作用如下：

（1）允许新加入设备来扩充网络覆盖范围。

（2）可为休眠状态的终端保存数据信息。

3）终端设备的作用

终端设备的作用主要是对无线网络中的数据信息进行采集。

Zigbee 按照网络拓扑结构，可以划分为星状网络、树状网络和网状网络，如图 3-2-8 所示。

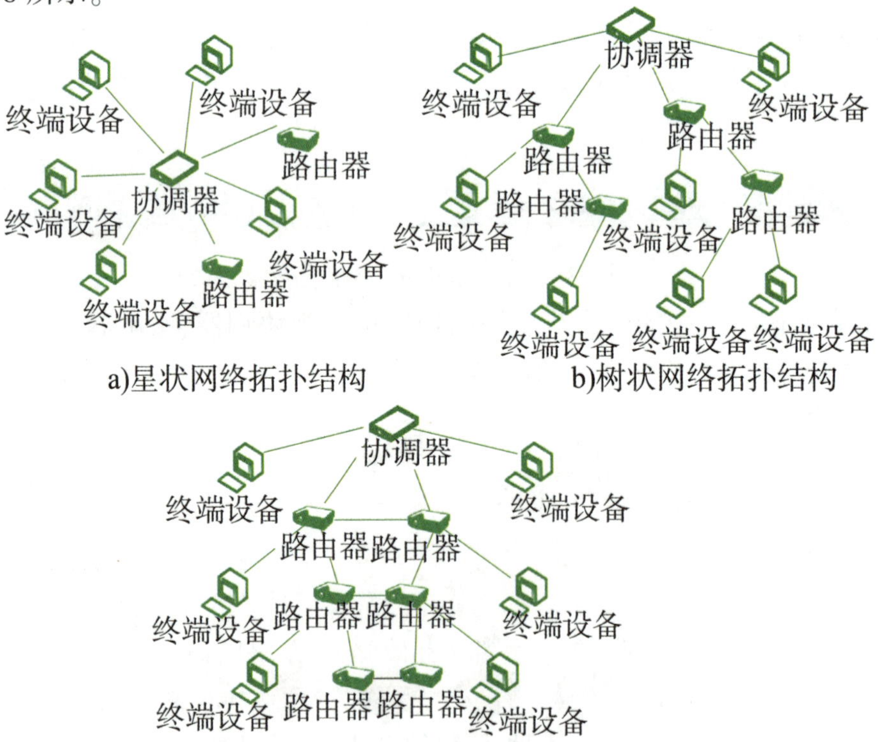

a)星状网络拓扑结构　b)树状网络拓扑结构

c)网状网络拓扑结构

图 3-2-8　Zigbee 的网络拓扑结构

三 低功耗广域网通信技术的应用

低功耗广域网络(LPWAN)技术在物联网应用中可实现大范围网络覆盖。LPWAN技术具有低带宽、低功耗、远距离、海量连接的特点。LPWAN技术可分为两类:一类是在未获得授权频段下使用的技术,如LoRa通信技术;另一类是在授权频段下使用的技术,如NB-IoT通信技术。

1. LoRa通信技术

LoRa是Long Range的英文缩写,即远距离大范围无线通信,又称劳拉技术。LoRa通信技术在物联网行业中被广泛应用。LoRa主要在ISM频段中进行应用。ISM是Industrial Scientific Medical的英文缩写,即工业的、科学的、医学的。ISM中的频段只对工业、科学以及医学机构进行开放,其最大的特点就是无须进行授权或缴纳任何费用。

LoRaWan是Long Range Wide Area Network的英文缩写,即LoRa广域网标准。LoRaWAN属于开放式标准,它规范了LoRa技术在LPWAN中的通信协议。

LoRa网络由LoRa终端设备、基站、应用服务器和云服务器构成,如图3-2-9所示。

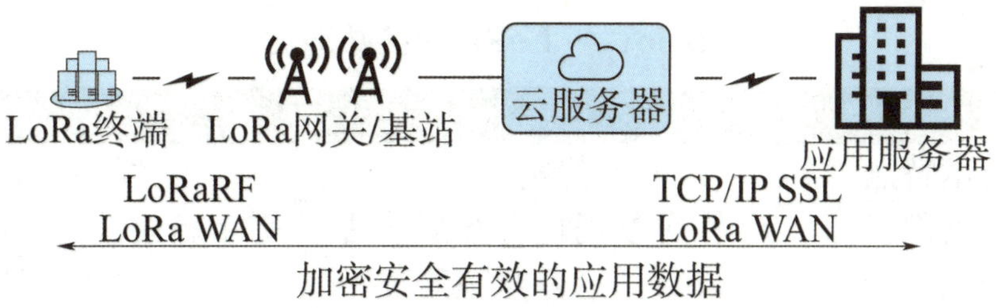

图3-2-9 LoRa网络的构成

1)LoRa通信技术的优点

LoRa通信技术的优点是:

(1)远距离通信,最远可达20km。

(2)低功耗。

(3)多节点,网络节点可达十万级。

2)LoRa通信技术的缺点

LoRa通信技术面临的挑战有:

(1)频段易受到干扰,因此增大网络部署的难度。

(2)需重新建设网络信号塔和基站。

2. NB-IoT 通信技术

NB-IoT 是 Narrow Band Internet of Things 的英文缩写,即窄带物联网技术。NB-IoT 内建于蜂窝网络,只消耗大约 180kHz 的带宽,可直接部署于 CSM 网络、UMTS 网络或 LTE 网络,以降低部署成本、实现平滑升级。NB-IoT 通信技术属于物联网领域的一种新技术,它具有广覆盖、低成本、低功耗、支持海量连接等特点。从应用开发角度,NB-IoT 应用架构由 NB-IoT 终端、NB-IoT 信息邮局、NB-IoT 人机交互系统三部分组成,如图 3-2-10 所示。

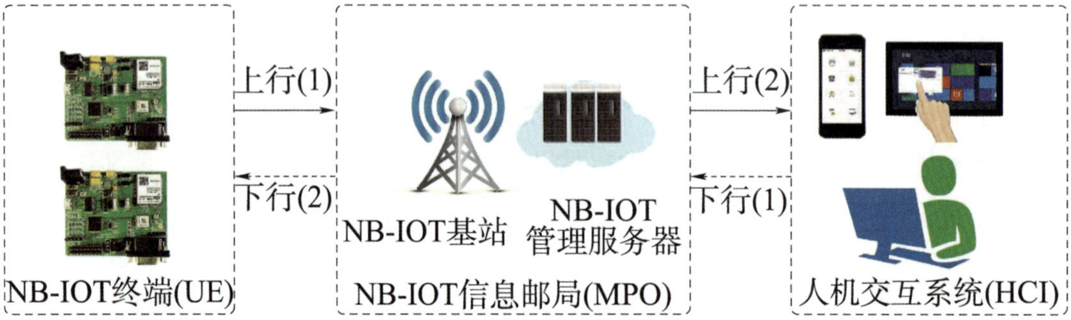

图 3-2-10　NB-IoT 的应用架构

LoRa 通信技术与 NB-IoT 通信技术的重要参数之间的数据对比见表 3-2-1。

NB-IoT 和 LoRa 的参数对比　　　　表 3-2-1

技术参数	NB-IoT	LoRa
技术特点	蜂窝网络	线性扩频
网络部署	可复用现有蜂窝基站	需重新建设信号塔和基站
使用频段	运营商频段	ISM 频段
传输距离	远距离	1～20km
速率	小于 200kbit/s	0.3～50kbit/s
连接数量	每小区 20 万个连接	每基站 20 万～30 万个连接
终端电池持续工作时间	约 10 年	约 10 年
终端设备中模块的成本	40～100 元人民币	10～50 元人民币

四　物联网无线通信技术在智能网联汽车中的应用

智能网联汽车是物联网应用中的一个重要领域。车辆在行驶过程中需要进行快速位移活动,因此智能网联汽车对网络数据信息的实时性有着较高的要求。

建设一个低延迟、覆盖广、多连接的无线通信网络，是实现并普及智能网联汽车的关键环节。

1. 物联网无线通信技术的优势

采用物联网无线通信技术实现智能网联汽车 V2X 功能的优势在于：

(1)继承移动网络的全部优点。

(2)根据硬件设备或需求的不同，可采用多种技术进行组合应用。

(3)低功耗。

(4)覆盖范围广。

2. 物联网无线通信技术在智能网联汽车的应用体现

物联网无线通信技术在智能网联汽车中的应用，可体现在以下几个方面：

(1)智能网联汽车在行驶过程中遇到前方出现了紧急情况时，可通过蓝牙通信技术向驾驶人发出提示信息。

(2)智能网联汽车在行驶过程中突然发生故障时，可以有两种解决办法：

①第一种解决方案是通过 Wi-Fi 通信技术，使用车辆终端系统向服务器平台发送支援请求。

②第二种解决方案是通过 Zigbee 网络技术向附近车辆发出支援请求。

(3)智能网联汽车在自动驾驶中，可通过射频识别技术获取前方道路信息，并对行驶方向进行控制与调整。

(4)可通过 RoLa 和 NB-IoT 通信技术，打造车与车、车与路、车与互联网的低功耗广域网络。

总之，随着移动网络通信技术和物联网无线通信技术在汽车中的应用，智能网联汽车的 V2X 功能将全面实现。

任务总结

提示：

请预先复习“相关知识”的内容。

一 思考与研讨

(1)利用互联网查询“物联网”相关的信息，讨论物联网应用到哪些无线通信技术?

记录:______

(2)根据所学习的内容,举例说明以下物联网的无线通信技术已经在传统汽车或智能网联汽车上的应用。

①Wi-Fi:______

②蓝牙:______

③射频识别:______

④Zigbee:______

⑤LPWAN:______

二 练习与测试

1. 判断题

(1)广义上说,当下涉及信息技术的应用,都可以纳入物联网的范畴。( )

(2)物联网"物与物"之间的信息交换采用实体导线连接和无线通信技术相结合。( )

(3)LPWAN 技术的缺点是高功耗。( )

(4)蓝牙的优点在于传输距离较长、传输速率高。( )

(5)Wi-Fi 通信的必要条件是无线路由器和具有无线网卡的硬件设备。( )

2. 单项选择题

(1)物联网的无线通信技术主要分为两类,包括( )。

A. 短距离无线通信技术　　B. 低功耗广域网通信技术

C. A 和 B 都是　　D. A 和 B 都不是

(2)根据 RFID 技术的特性,可将 RFID 产品可分为( )。

A. 无源 RFID 产品　　B. 有源 RFID 产品

C. 半有源 RFID 产品　　D. 以上都正确

(3)Zigbee 通信技术中的网络节点按照功能可分为( )。

A. 协调器　　B. 路由器　　C. 终端设备　　D. 以上都是

(4)以下 LoRa 网络构成正确的是( )。

A. 终端设备、基站、应用服务器和路由器

B. 终端设备、无线网卡、应用服务器和云服务器

C. 终端设备、基站、应用服务器和云服务器

D. 终端设备、基站、应用服务器和应用软件

(5)智能网联汽车在自动驾驶中,可通过(　　)获取前方道路信息,并对行驶方向进行控制与调整。

A. Wi-Fi 通信技术　　B. 射频识别技术

C. 蓝牙通信技术　　D. LPWAN 技术

3. 多项选择题

(1)应用于物联网的短距离通信技术主要包括(　　)。

A. Wi-Fi　　B. 蓝牙　　C. 射频识别

D. Zigbee　　E. 红外线

(2)以下属于 Wi-Fi 通信技术优势的是(　　)。

A. 无线电波覆盖范围较广

B. 传输速率较高

C. 无线数据传播模式

D. 安全性较高

E. 功耗较低

(3)以下属于射频识别(RFID)技术构成的是(　　)。

A. 电子标签　　B. 读写器　　C. 路由器

D. 应用软件　　E. 发射器

(4)LPWAN 技术可分为两类,包括(　　)。

A. 蓝牙通信技术　　B. LoRa 通信技术　　C. NB-IoT 通信技术

D. 射频通信技术　　E. 红外通信技术

(5)采用物联网无线通信技术实现智能网联汽车 V2X 功能的优势在于(　　)。

A. 继承移动网络的全部优点

B. 根据硬件设备或需求的不同,可采用多种技术进行组合应用

C. 低功耗

D. 覆盖范围广

E. 投资少

项目四

智能网联汽车车载网络系统

本项目主要学习智能网联汽车车载网络系统的知识，以及车载移动互联网、以太网及自组织网络在智能网络汽车上的应用，分为2个任务学习：

任务1　车载总线系统的应用；

任务2　车载移动互联网、以太网与自组织网络的应用。

通过2个任务学习，掌握智能网联汽车车载网络系统各种总线的定义、拓扑结构、总线特性，以及运用节点法查找车辆的总线故障；能描述车载移动互联网、以太网及自组织网络在智能网络汽车上的应用，以及操作车载互联网在车上的各种应用。

任务1 车载总线系统的应用

提出任务

20世纪80年代初,德国博世(Bosch)公司就开始研发CAN总线系统。随着总线技术的引入,汽车跨系统的数据交换成为可能,同时节省了布线成本,使车辆的可靠性大大提升。作为高科技集成物的智能网联汽车,采用了哪些类型的总线呢?这些总线在车辆内是如何协同工作的呢?如果总线系统出现故障,有哪些检测手段呢?

任务要求

知识要求

1. 能够描述车载总线系统的基本知识;
2. 能够描述CAN总线网络的结构原理与应用;
3. 能够描述LIN总线网络的结构原理与应用;
4. 能够描述MOST总线网络的结构原理与应用;
5. 能够描述Flex Ray总线网络的结构原理与应用。

能力要求

1. 能够利用万用表或示波器测量总线系统;
2. 能够诊断并排除总线故障。

相关知识

一 车载总线系统概述

1. 汽车总线技术的产生

随着汽车技术的不断发展,智能化程度也不断提升。与此同时,汽车上电子控制模块的数量以及模块之间的数据交换也随之增加。

传统的数据交换形式是通过模块间专设的导线完成点对点的通信。数据量的增加必然导致车身线束的增加。庞大的车身线束不仅增加了制造成本,而且还占用空间,提高了整车质量。线束的增加还会使因线束老化而引起电气故障的可能性大大提高,降低了系统的可靠性。

解决这个问题的关键就是利用计算机网络技术,将车载控制模块通过车载网络连接起来,实现数据信息的高效传输。车载网络形式多种多样,目前应用最为广泛的是控制器局域网络(Controller Area Network),即所谓的 CAN BUS 总线系统。

图 4-1-1a)所示代表传统布线及信息传递方式。发动机控制单元与自动变速器等控制单元以独立的数据专线传递各种信息,如发动机转速、节气门位置、升降挡的信息等。而图 4-1-1b) 所示则采用 CAN BUS 数据总线进行信息传递,所有信息都通过两根数据线进行传递。各控制单元之间的所有信息都通过两根数据线进行交换,相同的数据只需在数据系统中传递一次。通过该种数据传递形式,所有的信息,不受控制单元的多少和信息容量的大小限制,都可以通过这两条数据线进行传递。如图 4-1-2 所示,类似于公共汽车可以运输大量乘客,CAN 数据总线可以以高效率实现大量的数据信息传输。

因此,与传统数据传输方式相比,CAN 数据总线具有如下优点:

(1) 数据传输速度快。数据传输能以较快的速度进行,最快速度达到 1Mbit/s。

(2) 系统可靠性高。系统能准确识别数据传输故障(不论是由内部还是外部引起的);具有较强的抗干扰和应急运行能力,如能以单线模式工作(出于安全因素,正常情况下双线同时工作)。

(3) 减少线束,降低成本。通过减少车身线束降低了制造成本,同时又节省了空间,降低了整车质量。

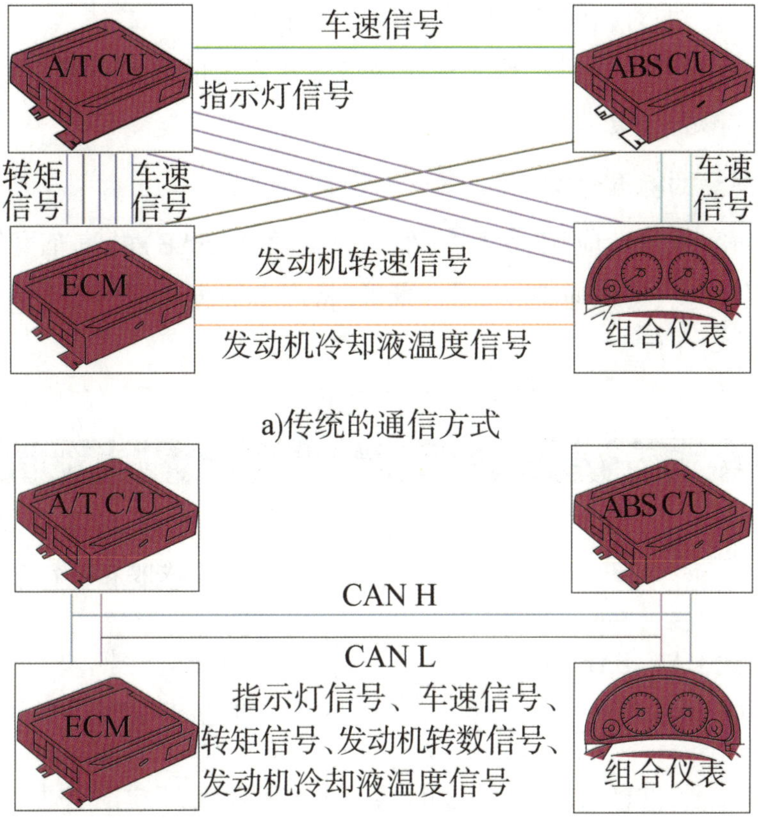

a)传统的通信方式

b)CAN 通信方式

图 4-1-1　传统数据传输系统与 CAN BUS 系统对比

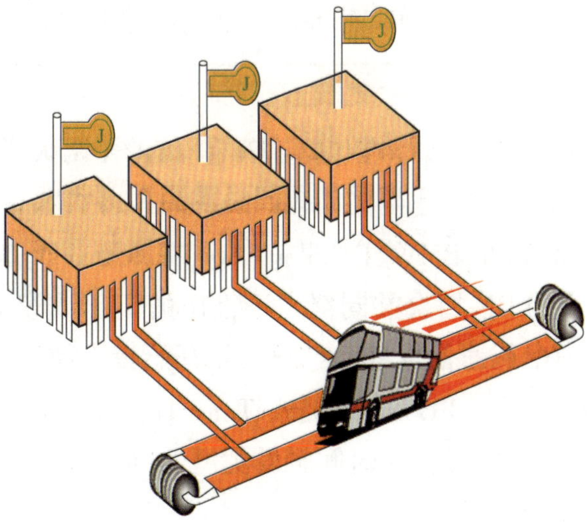

图 4-1-2　CAN BUS 总线系统示意图

(4)系统配置更加灵活便利。若需对系统进行功能增减或配置更改时,只需进行较少的改动,如对相应控制模块进行软件升级等。

(5)高效率诊断。通过网络实现对网络中各系统的高效诊断,大大减少了诊断扫描所需的诊断线束。

2. 汽车总线的标准分类

为方便研究和设计应用,美国汽车工程师学会(SAE)的汽车网络委员会按照系统的复杂程度、传输速率、应用场景等,将汽车数据传输网络划分为 A、B、C、D 四大类(表 4-1-1)。

美国 SAE 对车载网络的分类 表 4-1-1

等级	标　准	传输速率	应　用
Class A	LIN,TTP/A	~10kbit/s	车灯、照明、车窗、门锁、座椅、面向智能传感器和执行器
Class B	低速 CAN,SAE J1850,VAN	10~125kbit/s	车辆舒适性模块、仪表显示等,面向独立模块间数据共享的网络
Class C	高速 CAN,TTP/C,Flex Ray	125kbit/s~10Mbit/s	面向闭环实时控制的多路传输高速网络,如动力传动系统
Class D	Most,D2B,Byteflight	250kbit/s~400Mbit/s	汽车导航、影音系统等多媒体应用;高速实时控制和安全领域

1)A 类网络

汽车控制局域网 A 类总线标准包括 LIN 和 TTP/A 两大类。

(1)LIN 总线标准。LIN 是英文 Local Interconnect Network 的缩写,是 1999 年由欧洲汽车制造商 Audi、BMW、Daimler Chrysler、Volvo、Volkswagen、VCT 公司及 Motorola 公司组成的 UN 协会共同努力下推出的用于汽车分布式电子控制系统的开放式的低成本串行通信标准,从 2003 年开始投入使用。

(2)TTP/A 总线标准。TTP/A 是英文 Time Triggered Protocol/A 的缩写,最初是由维也纳工业大学制定的,为时间触发类型的网络协议,主要应用于集成了智能传感器的实时现场总线。

A 类总线通常面向传感器、执行器控制的低速网络,数据传输速率通常只有

1～10kbit/s。主要应用于对电动门窗、中控锁、电动后视镜、电动座椅调节、灯光照明等进行控制，也用于智能传感器的数据传输。目前的 LIN 总线传输速率可达 19.2kbit/s。

2）B 类网络

汽车控制局域网 B 类总线标准包括低速 CAN、SAE J1850、VAN3 大类。

（1）CAN 总线标准。CAN 是德国 BOSCH 公司从 20 世纪 80 年代初为解决汽车中众多的控制器与测试仪器之间的数据交换而开发的一种串行数据通信协议。低速 CAN 具有许多容错功能，一般用在车身电子控制中，而高速 CAN 则大多用在汽车底盘和发动机的电子控制中。

（2）SAE J1850 总线标准。SAE J1850 作为 B 类网络标准协议。最早 SAE J1850 被用在美国 Ford、GM 以及 Chrysler 公司的汽车中。现在 SAE J1850 协议作为诊断和数据共享被广泛应用在汽车产品中。

（3）VAN 总线标准。VAN 标准是 ISO 在 1994 年 6 月推出的，它基于 ISO 11519-3，主要为法国汽车公司所使用。

B 类总线通常面向独立模块间数据共享的中速网络，传输速率一般在 10～125kbit/s 之间。主要应用于电子车辆信息中心、故障诊断、仪表显示、安全气囊等系统，以减少冗余的传感器和其他电子部件。

3）C 类网络

汽车控制局域网 C 类总线标准包括 TTP/C、Flex Ray 和高速 CAN（ISO 11898-2）3 大类。

（1）TTP/C 总线标准。TTP/C 协议由维也纳工业大学研发，基于 TDMA（Time Division Multiple Access）时分多址的访问方式。

（2）Flex Ray 总线标准。Flex Ray 是 BMW、DaimlerChrysler、Motorola 和 Philips 等公司制定的功能强大的网络通信协议。基于 TDMA 的确定性访问方式，具有容错功能及确定的通信消息传输时间，同时支持事件触发与时间触发通信，具有高速通信能力。

（3）高速 CAN 总线标准。高速 CAN，这是一种在欧洲汽车制造商车型上广泛采用的高速 CAN 总线标准 ISO 11898。

C 类总线通常面向高速、实时闭环控制的多路传输网，最高传输速率可达 10Mbit/s，主要用于发动机和自动变速器的动力控制、防滑控制、悬架控制等系统，以简化分布式控制和进一步减少车身线束。采用最新协议的高速 CAN 可达 5Mbit/s，新型的 Flex Ray 总线可达 10Mbit/s。

4)D 类网络

D 类总线标准通常又称智能数据总线(IDB),通常包括 Safety Bus、Planet、Byteflight 等。主要面向信息、多媒体系统等。

这类网络协议的速率在 250Kbit/s ~ 400Mbit/s。D 类网络使用在信息多媒体系统中,多采用 D2B、MOST 光纤传输和 IDB-Wireless 无线通信技术。

3. 汽车总线的基本概念

1)网络协议

网络由使用的电子语言来通信和识别。控制单元必须“使用和解读”相同的电子语言,这种电子语言称为协议。网络协议包括:

(1)J1850 标准企业协议。J1850 是美国汽车的车内联网标准,包含了两个不兼容的规程。通用汽车公司(GM)和克莱斯勒汽车公司(Chrysler)采用 10.4kbit/s 可变规程的类似版本,在单根线的总线上进行通信;福特汽车公司(FORD)采用 46.1kbit/s 的 PWM(Pulse Width Modulation,脉冲宽度调制),在双线的差分总线上进行通信。

(2)J1939 协议。J1939 是一种以 CAN 2.0 为网络核心、支持闭环控制的在多个 ECU 之间高速通信的网络协议。

2)主总线和子总线

如图 4-1-3 所示,在宝马 X5 E70 车型中,有 CAN 总线、MOST 总线以及 Flex Ray 总线,这些总线又可称为主总线。主总线的特点是可以跨系统交换数据。

除了主总线,还有 LIN、K、BSD 等总线,这些总线是子总线。子总线只能在系统内交换数据,处于从属地位。

3)网关与节点

汽车上通常采用多种类型的总线将控制单元(模块)连接成网络,由于不同类型总线的传输速率和识别代号不同,因此某一信号要从一个总线进入另一个总线区域,必须把此信号的速率和识别代号进行改变,能够让另一个系统接受,这个任务由网关(Gateway)来完成。网关(图 4-1-4)是汽车内部网络通信的核心,通过它可以实现各种总线上控制单元之间信息的共享以及汽车内部的网络管理和故障诊断功能。如图 4-1-5 所示,网络 A 与网络 B 采用不同的协议,两者之间不能直接进行信息交换,因此在两个网络之间需要通过网关 G 进行转换。

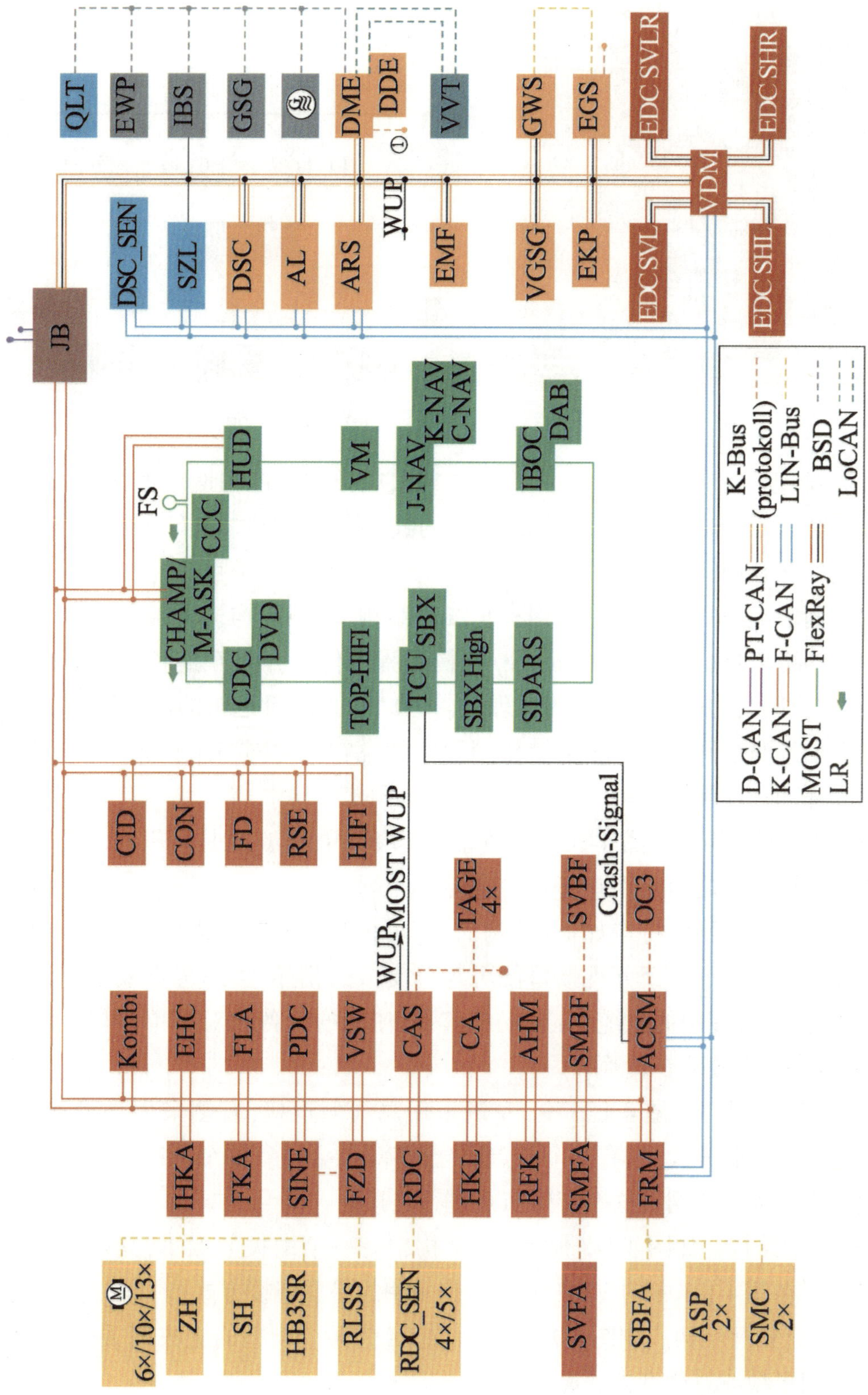

图 4-1-3 宝马 E70 网络拓扑图

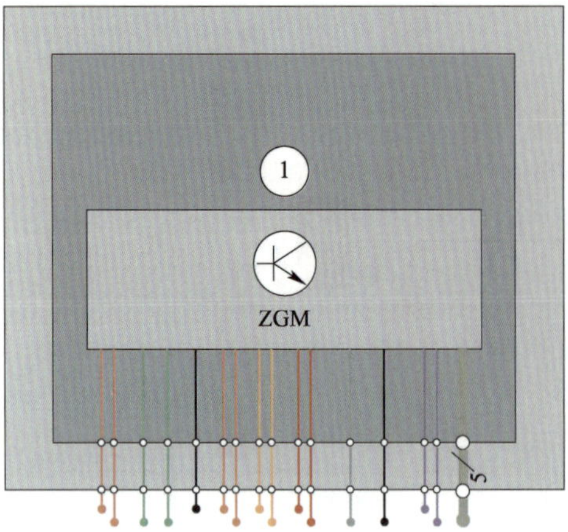

图 4-1-4　网关

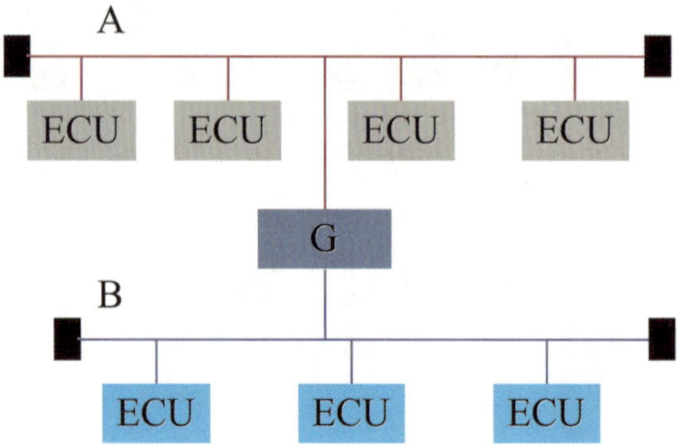

图 4-1-5　网关与节点

所谓节点是指有独立地址和具有传送或接收数据功能的网络连接(Node)。网关本身也是一个节点,它是多个网络之间的数据接口,起到“翻译”的桥梁作用。

4)网络拓扑结构

在车辆中常用的网络拓扑结构有总线型结构、环型结构、星型结构、混合拓扑结构。网络拓扑(Network Topology)结构是指用传输介质互连各种设备的物理布局,构成网络的成员间特定的物理的(即真实的)或者逻辑的(即虚拟的)排列方式。如果两个网络的连接结构相同我们就说它们的网络拓扑相同,尽管它们各自内部的物理接线、节点间距离可能会有不同。

(1)总线型结构。在图 4-1-5 中,网络 A 和 B 中的节点就是采用的总线型连接方法。各个节点之间采用并联方式连接。

总线型结构的网络特点如下:结构简单,可扩充性好。当需要增加节点时,只需要在总线上增加一个分支接口便可与分支节点相连,当总线负载不允许时还可以扩充总线;使用的电缆少,且安装容易;使用的设备相对简单,可靠性高;维护难,分支节点故障查找难。

(2)环形结构。在图 4-1-6 中,左侧采用总线型连接,右侧采用环型连接。环型连接采用串联方式,当有一个节点出现故障时,会导致整个系统瘫痪。不同类型网络之间需采用网关这个特殊节点进行连接。

(3)星型结构。如图 4-1-7 所示,该结构中有一个中央节点①,其余为卫星式节点②。在图 4-1-3 中的 VDM 模块就是采用的星型连接方式。

(4)混合拓扑结构。如图 4-1-8 所示,ZGM 为某个车型的中央网关模块,其余模块采用星型或总线型方式连接。

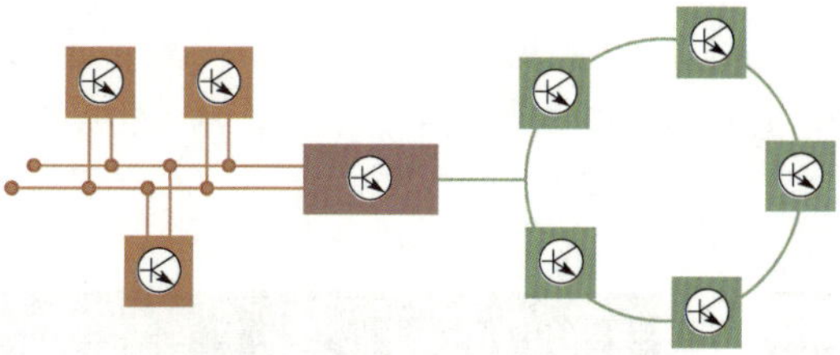

图 4-1-6　总线型与环型结构

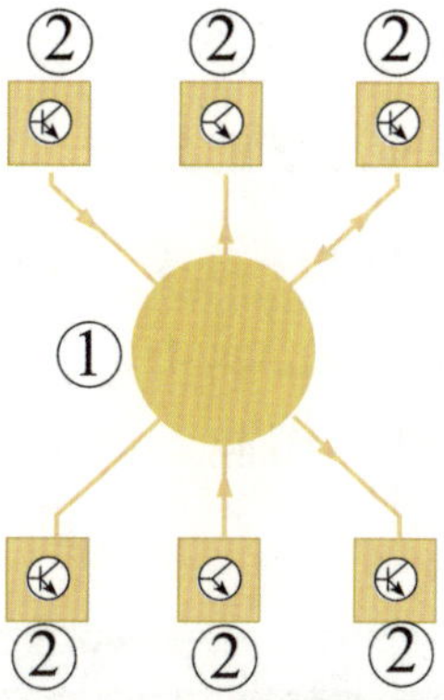

图 4-1-7　星型结构

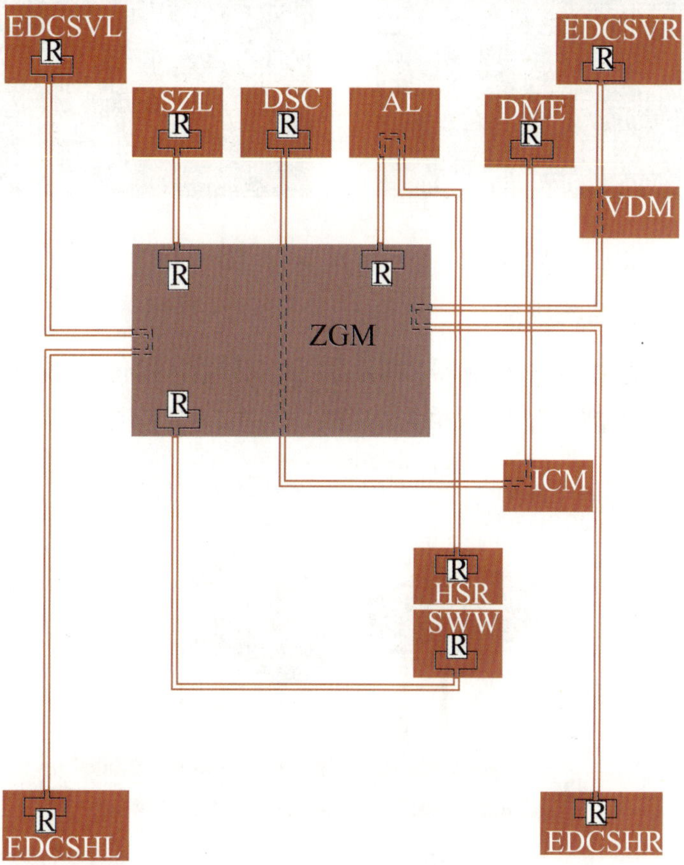

图 4-1-8　混合拓扑结构

二　CAN 总线网络的结构原理与应用

CAN 总线是由以研发和生产汽车电子产品著称的德国 BOSCH 公司开发

的，并最终成为国际标准，是国际上应用最广泛的总线之一。

1. CAN 总线的分类

在车辆中广泛使用两种 CAN 总线，即低速 CAN 和高速 CAN。这两种 CAN 总线通信协议不同，传输速率不同。在实际应用中，如果测量其波形，会发现波形也不相同。图 4-1-9 和图 4-1-10 所示是低速 CAN 波形和高速 CAN 波形。

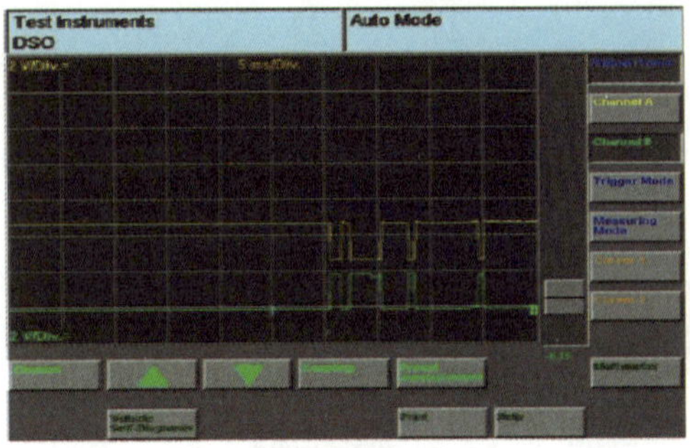

图 4-1-9　低速 CAN 波形

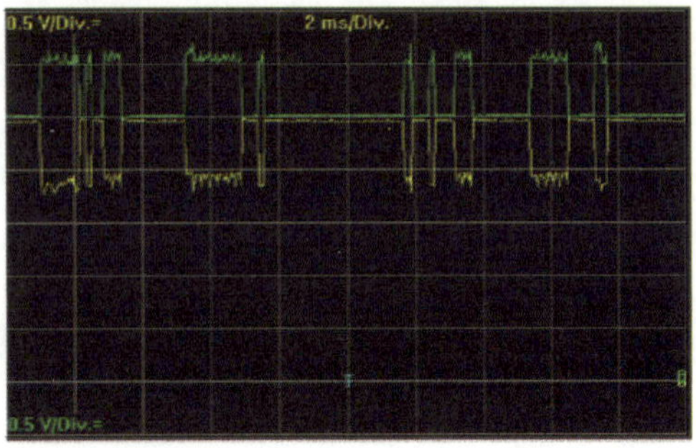

图 4-1-10　高速 CAN 波形

2. CAN 总线的结构组成

CAN 总线系统主要由控制器、收发器、终端电阻和传输线等组成。除数据传输线外，其他元件都置于控制单元内部。如图 4-1-11 和图 4-1-12 所示。

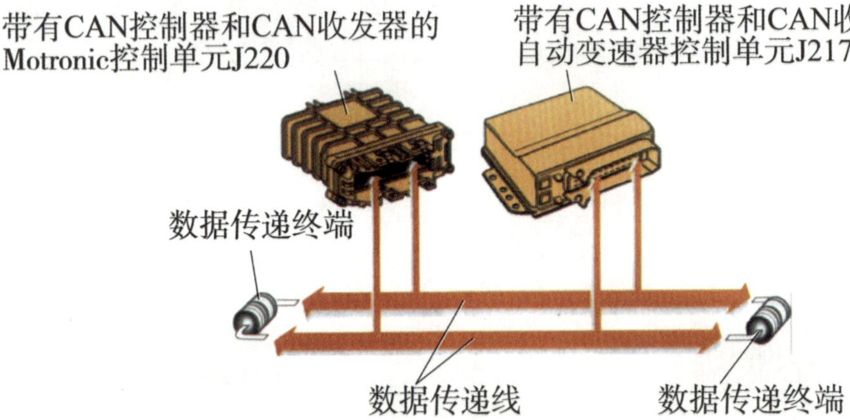

图 4-1-11　CAN 总线系统图（大众车型）

1）传输线及信号传输方式

传输线又称通信传输介质或媒体，常用通信传输介质有电话线、同轴电缆、双绞线、光导纤维电缆、无线与卫星通信信道等。CAN 总线数据没有指定接收器，数据通过数据传输线同时发送给各控制单元，各控制单元接收后进行对数据的分析、判断和计算。

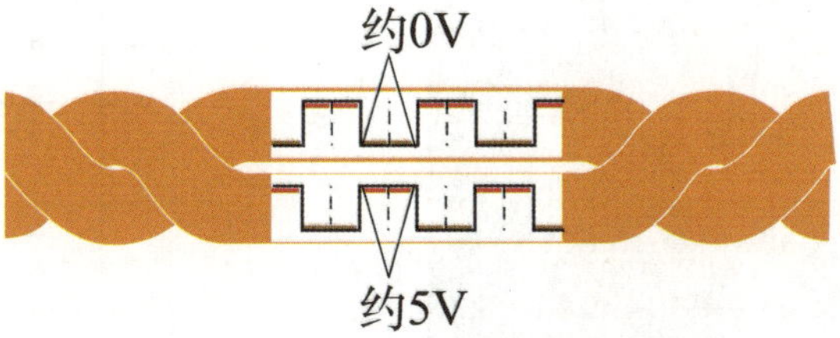

图 4-1-12　CAN 数据传输线

如图 4-1-12 所示,为了防止外界电磁波干扰和向外辐射,两种 CAN 总线都采用两条线缠绕在一起的双绞线作为信号传输介质。双绞线可以屏蔽干扰,当信号有干扰时,总线上的信号同向变大或变小,但两者的差值不变,这样总线仍能不受外界干扰而确保信息正常传输。两条线上的电位是相反的,如果一条线的电压是5V,另一条线就是0V,两条线的电压总和等于常值。因此,CAN 总线得到保护而免受外界电磁场干扰,同时 CAN 总线向外辐射也保持中性,即无辐射。

如图 4-1-13 所示,两根双绞线分别命名为 CAN_H(CAN_HIGH)和 CAN_L(CAN_LOW),它们每相隔 25mm 铰接一次。此双绞线允许的总长度为 30m(25m 连接节点,5m 连接诊断仪)。理论上连接的节点数不受限制,但实际上可连接的控制单元数受总线上的时间延迟及电气负载的限制。降低通信速度,可连接的单元数增加;提高通信速度,则可连接的单元数减少。

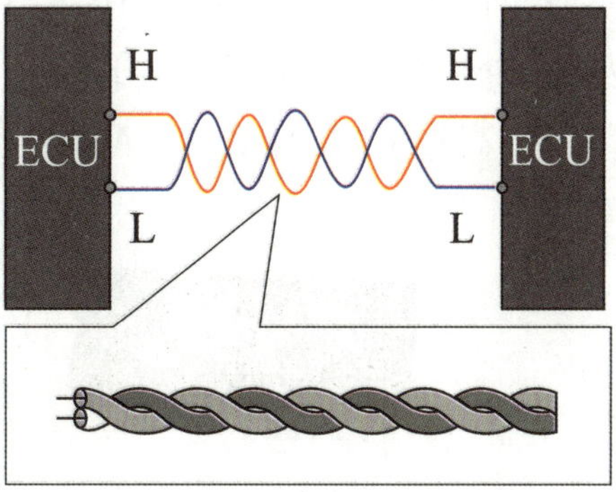

图 4-1-13　CAN_H 和 CAN_L

2)终端电阻

如图 4-1-14 所示,CAN 总线都采用总线型拓扑结构,属于多主控网络。不同之处在于,高速 CAN 在终端处有终端电阻。终端电阻的作用是避免高速信号在终端处产生回波反射造成对信号的叠加,从而使信号产生失真形成干扰。

单个终端电阻为 120Ω,利用万用表测量时,测量 CAN_H 和 CAN_L 之间的电阻约为 60Ω(实际上是两个电阻并联后的阻值)。在实际应用中,利用测量高速 CAN 的终端电阻值,可以判断总线线路有无断路。低速 CAN 一般不测量终端电阻值,因为它没有诊断意义。

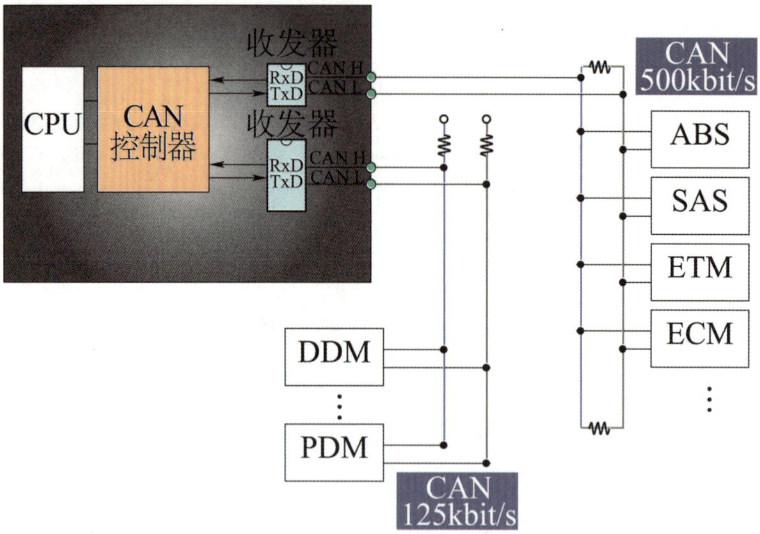

图 4-1-14　CAN 总线节点结构

3）控制器和收发器

CAN 控制器（也称驱动器，图 4-1-15）的作用是用于接收控制单元中微处理器发出的数据、处理数据并传给 CAN 收发器；同时控制器也接收收发器收到的数据、处理数据并传给微处理器。在 CAN 总线上的信号变化实际上由控制器产生的。高速 CAN 与低速 CAN 的控制器不同，这使得总线上的信号有差别。

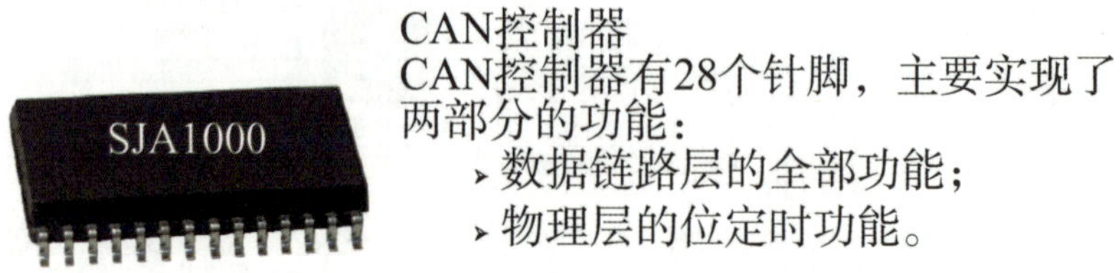

图 4-1-15　高速 CAN 总线控制器

CAN 总线控制器有两个功能：

（1）将“0”或“1”逻辑信号转换为规定的电平，并向总线输出。

（2）将总线电压转换为逻辑信号，并向控制器反馈。

收发器是由一个发射器和一个接收器组合而成，其作用是将从控制器接收的数据转换成能够通过 CAN BUS 传递的电信号，并能双向传递。连接收发器的上级芯片为 CAN 协议控制芯片，再上一层级的芯片就是 CPU。

3. CAN 总线的信息传输与交换

各个控制单元之间进行传输与交换的数据称为信息。信息传输与交换是按照顺序来连续完成的，每个控制单元都能发送和接收数据，但只是有选择性地读取需要的数据信息。

如图 4-1-16 所示,CAN 总线中的所有控制单元都能收到信息,并且判断所收到的信息是否与相应的控制单元有关,如果有关,则采用;否则将被忽略。通常把上述信息交换的原理称为“广播”,类似与一个广播电台发送某一节目一样,每个连接的用户均可接收。这种“广播”形式使系统中所有控制单元都处于相同的信息状态,但用户可以选择听与不听,听的用户也分为“有用”和“没用”。

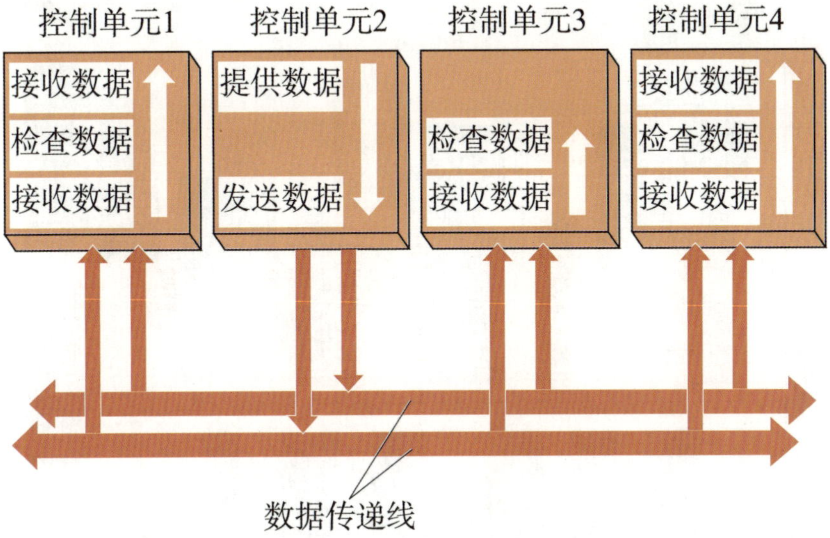

图 4-1-16　信息交换原理图

4. CAN 总线在汽车中的应用

1)CAN 总线在传统汽车中的应用情况

CAN 总线虽然有标准的应用协议,但 CAN 协议对物理层中的驱动器、收发器、连接器、电缆等的形态没有统一规定。这样一来,不同厂家采用的 CAN 总线的速率、波形形态、拓扑结构也就各不相同,每个厂家对 CAN 总线的称谓也不尽相同。因此,我们在分析不同车型 CAN 总线时,应始终抓住 CAN 分两大类,即低速 CAN 和高速 CAN。通过测量波形或总线电压即可区分是高速 CAN 还是低速 CAN。如图 4-1-17 所示的大众车型,从传输速率来看有低速的 100kbit/s 的舒适 CAN 和信息娱乐 CAN,还有高速的 500kbit/s 的扩展 CAN、驱动 CAN、组合仪表 CAN。不同类型的 CAN 通过中央网关 BEM 进行连接。

如图 4-1-18 所示,在宝马车型中,K-CAN(车身)和 F-CAN(底盘)属于低速 CAN,速率为 100kbit/s,PT-CAN(动力传输)为高速 CAN,速率为 500kbit/s。在较新的宝马车型中,低速 CAN 基本上不再使用,都采用带宽是 500kbit/s 或 1Mbit/s 的高速 CAN。

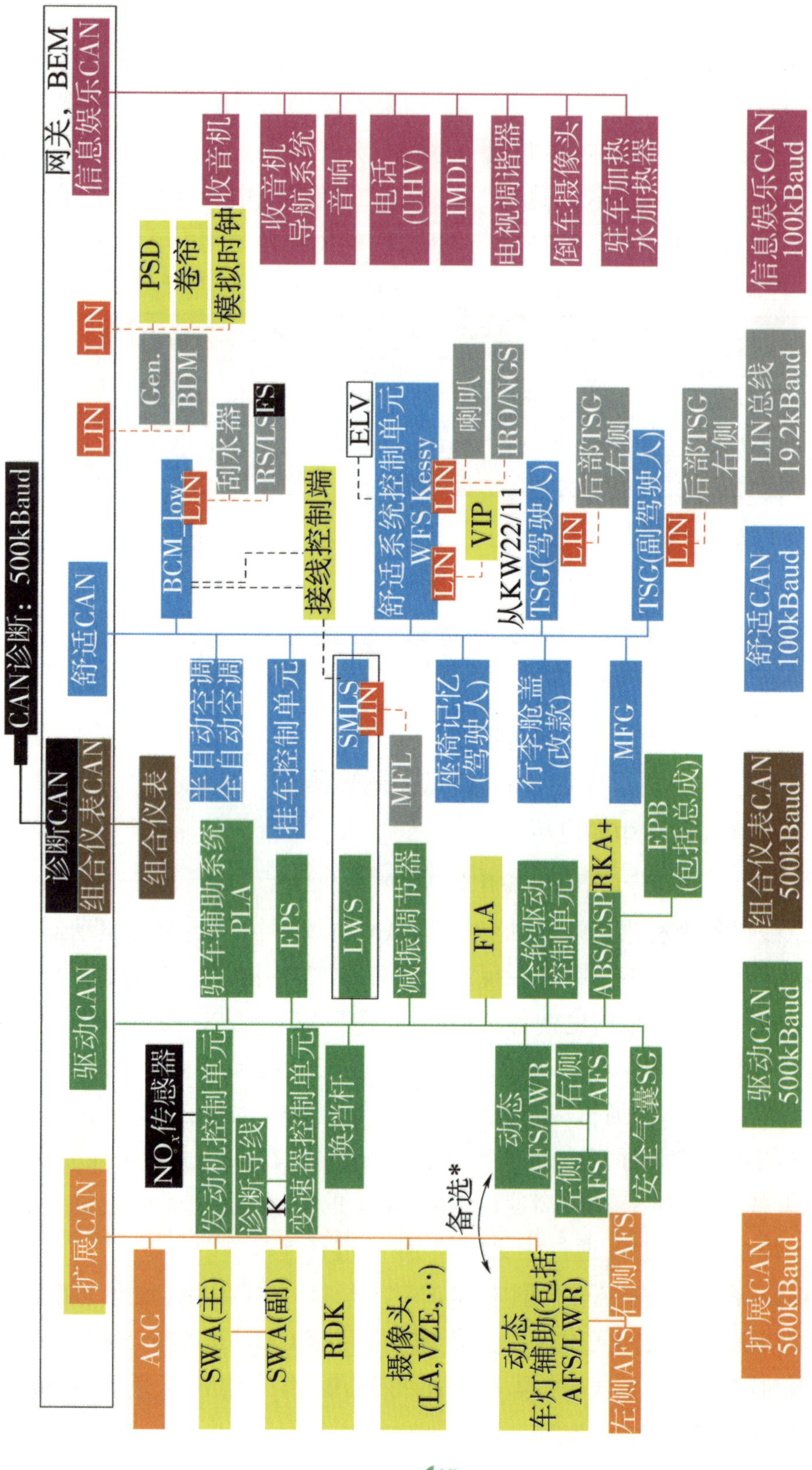

图 4-1-17　大众车型 CAN 总线系统

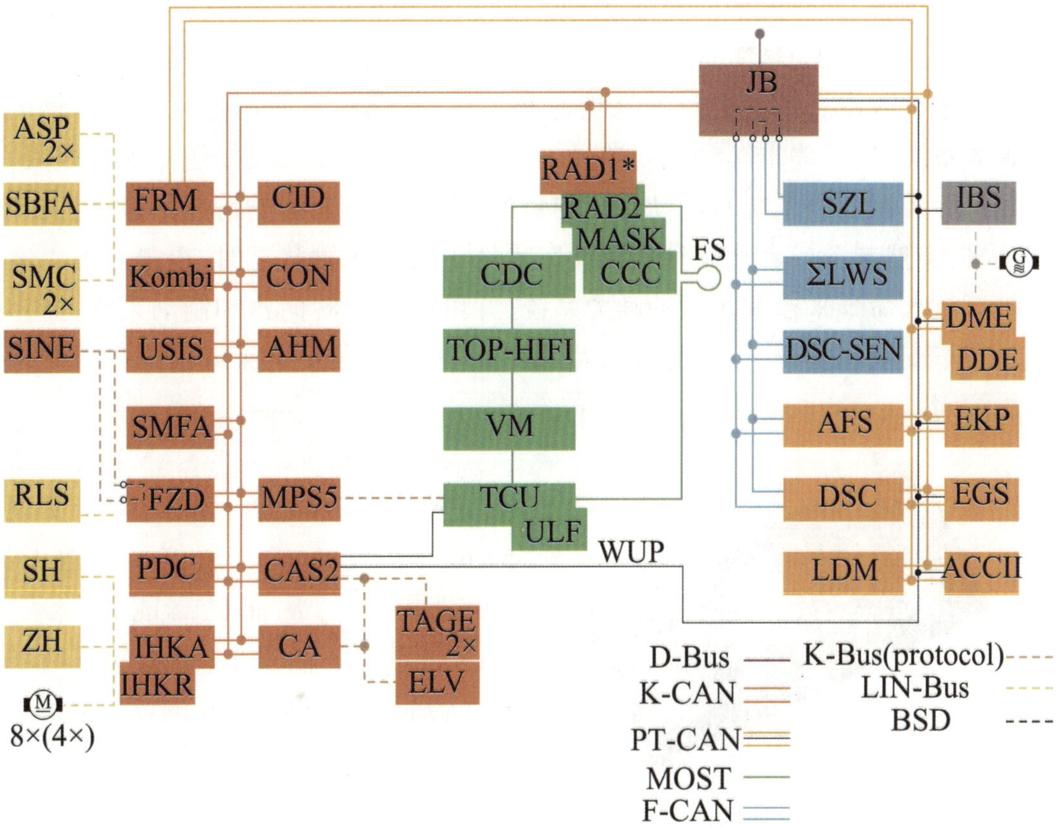

图 4-1-18　宝马车型 CAN 总线系统

2)CAN 总线在智能网联汽车中面临的挑战

在 L0 到 L3 级别汽车的智能辅助系统中,CAN 总线是车联网的重要组成部分,车联网需要解决车辆各个系统之间的信息交换和共享问题。通过对传感器数据和终端数据的处理,实现车辆诊断、提醒、报警等功能。在现阶段,对于车联网,主要依赖于车身有线通信、短距离无线通信和远程移动通信三个方面的通信技术。其中,车身有线通信主要是指车内装置通过 CAN 总线与车身控制单元通信,从而获得车速、挡位、制动减速度、偏航率等车辆状态信息。在汽车智能网联时代,随着汽车传感器和处理器的大量增加,导致通信带宽需求显著增加。在引入了信息娱乐系统和基于视频的先进驾驶辅助系统(ADAS)时,这些应用的数据需要的带宽明显高于传统电控系统。当前的 CAN 总线技术已难以满足需要,急需下一代的车辆网络技术和系统结构。

此外,CAN 总线通信缺乏加密和访问控制机制,缺少认证和消息验证机制,无法识别和警告异常信息。在智能网联汽车的 CAN 总线安全中,CAN 总线用于将汽车的 T-box 与各种 ECU 控制模块连接起来,而 T-box 则作为智能汽车的联网设备,具有更多的外部接入点,数据传输和信息验证的过程极易受到黑客的攻击。鉴于 CAN 的特点,攻击者可以通过物理入侵或远程入侵的方式进行攻击和入侵。例如通过消息伪造和重放,利用系统漏洞远程控制车辆的多媒体系统,然后攻击车辆控制单元,获得远程向 CAN 总线发送命令的权限,达到远程控制动力系统和制动系统的目的,在用户不知情的情况下减速,关掉发动机,突然制动或者让制动失灵。车辆处于物理接触状态时,攻击者可以通过接口注入命令来控制车辆的动力系统,并可以控制转向盘和制动系统,严重威胁行车安全。基于 CAN 总线数据通信的汽车数据安全保障也是一个亟待解决的问题。

图 4-1-19　CAN FD(灵活数据速率)

汽车行业新建立的 CAN FD(灵活数据速率,图 4-1-19)协议,用于实现 5Mbit/s 的高速 CAN 通信和 CAN PN(局部网络),从而提高能耗效率。CAN 技术的不断发展,带宽的不断增大,为后续智能网联汽车的设计提供了新的可能性。但 CAN 总线基于事件触发的机制,已不能满足高速、实时控制的应用场景,需要新的总线类型来替代,如 TT-CAN 或 Flex Ray 总线。

5. 车载局域网络系统检修方法

车载局域网络系统的故障特点和检修方法如下。

1)故障诊断工具

进行车载网络系统的检修,需要以下诊断设备、仪表:

(1)诊断设备:能进行 CAN 数据总线故障检测的诊断仪器(含原厂仪器、通用型仪器)。

(2)检测设备:汽车专用电表、示波器等。

(3)技术资料:相关车型车载网络系统结构图、线路图。

2)车载网络系统的故障种类和故障部位

(1)全部控制单元不能和诊断仪器通信:故障可能部位包括诊断接头、BUS 线、网关等。

(2)部分或某个控制单元不能和诊断仪器通信:故障可能部位包括对应的

BUS 线、控制单元等。

(3)控制单元记忆系统相关的故障码:故障可能部位包括对应的 BUS 线、控制单元、相关元件等。

(4)采用 CAN 系统控制的功能故障:故障可能部位包括对应的 BUS 线、控制单元、相关元件等。

3)车载网络系统的故障现象

(1)断路或短路的故障:

①断路:总线上无电压。

②对正极短路:总线上无电压变化,总线电压 $U=U_{蓄电池}$。

③对地短路:总线上无电压变化,总线电压 $U=0V$。

原因可能为:导线中断;导线局部磨损;线束连接损坏、触头损坏、污垢、锈蚀;控制单元损坏或控制单元供电故障。

(2)控制单元的故障。

①会干扰总线系统的控制单元:该故障原因可能由于软件引起。

②症状:由电码干扰而导致的功能无法执行或功能异常。

③确定干扰总线系统的控制单元的方法:

a. 依次取下每根总线上连接的控制单元熔断丝。

b. 每脱开一个控制单元后,重复总线测试。

c. 如果在脱开某个控制单元后数据传送重新正常,则表明该控制单元干扰了数据交换。

d. 可更换相关的控制单元。

4)总线的维修

如图 4-1-20 所示,拆开在损坏点处的缠绕线,对损坏点处进行维修。在维修时需注意:为了屏蔽干扰,尽可能少拆解缠绕节,并且维修点之间的距离应保持至少 100mm。

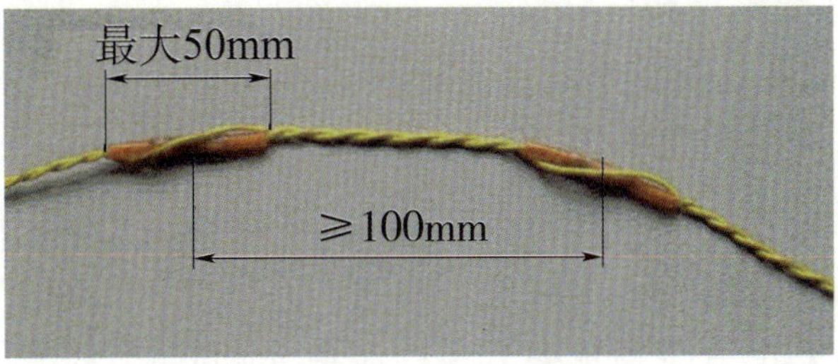

图 4-1-20　总线的维修

三 LIN 总线网络的结构原理与应用

1. LIN 总线系统概述

LIN 是英文 Local Interconnect Network 的缩写，即局部互联网络。LIN 作为一种低成本、高效率的串行通信网络，已经普遍应用于现在的汽车上，它可以为现有的汽车网络(CAN 总线)提供辅助功能。

LIN 和 CAN 之间的不同之处在于 CAN 网络遍布整个车辆(主总线)，而 LIN 通常用于对传送速度和性能要求不那么高的较小的单独网络(如执行器和高级传感器通信)，是一种典型的子总线，也是 A 类网络中主流的总线之一。表 4-1-2 是 LIN 总线与 CAN 总线主要特性对比。

LIN 总线与 CAN 总线主要特性对比 表 4-1-2

特 性	LIN 总线	CAN 总线
工作方式	一主多从式	多主控方式
仲裁机制	无须仲裁	位仲裁
物理层(数据传输线)	单线，12V	双绞线，5V
驱动方式	偏压驱动	差压驱动
总线最远传输距离	40m	10km
信息标识符(ID)位数(bit)	6	11 或 29
总线最大节点数	16	110
每帧信息数据量(byte)	2 或 4 或 8	0 ~ 8
错误检测	8 位累加和校验	15 位循环冗余校验(CRC)
石英/陶瓷振荡器	主节点需要，从节点不需要	每个节点都需要

在车载网络系统中，LIN 总线属于低端网络，与 B 类或 C 类网络比，它成本低廉、结构简单、传输速度低。它与高速网络之间是互补关系。在 LIN 总线应用的领域可以显现其必要性和优越性。

与 CAN 数据总线连接的 LIN 主控制单元具有以下功能：

(1)监控数据传送和数据传送率。

(2)软件中包含有一个传送周期，传送周期规定了何时和以何种频度把信息传送到 LIN 数据总线。

(3)执行本地 LIN 总线系统中 LIN 控制单元和 CAN 数据总线之间的换算功能。因此，它是 LIN 总线系统中唯一与 CAN 数据总线连接的控制单元。

(4)对已连接的 LIN 从属控制单元进行控制。

2. LIN 总线系统结构及特性

1)LIN 总线的结构组成

LIN 总线系统主要由 LIN 主控制单元、LIN 从属控制单元以及数据传输线组成。

如图 4-1-21 所示,在 LIN 数据总线系统中,可以把单个控制单元作为 LIN 从属控制单元使用,如新鲜空气鼓风机、传感器或者执行元件。由此,LIN 主控制单元可以通过接收由 LIN 总线用数字信号的形式传送 LIN 从属控制单元(传感器元件)的测量值来查询 LIN 从属控制单元(执行元件)的实际状态,而 LIN 从属控制单元(执行元件)能够接收 LIN 主控制单元以数字信号的形式传送的任务指令。

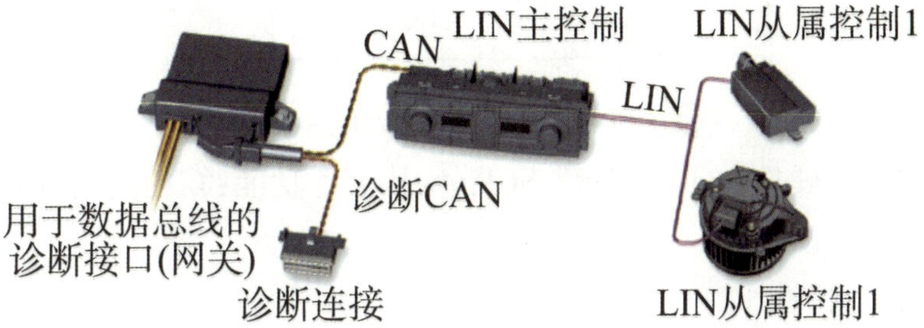

图 4-1-21 LIN 总线系统组成

2)LIN 总线的节点结构

LIN 总线属于"单主多从"结构,即一组网络中,只有一个主节点,从节点可以有多个(或单个)。这些节点均通过单线传输线路连接在 LIN 总线上,如图 4-1-22 所示。

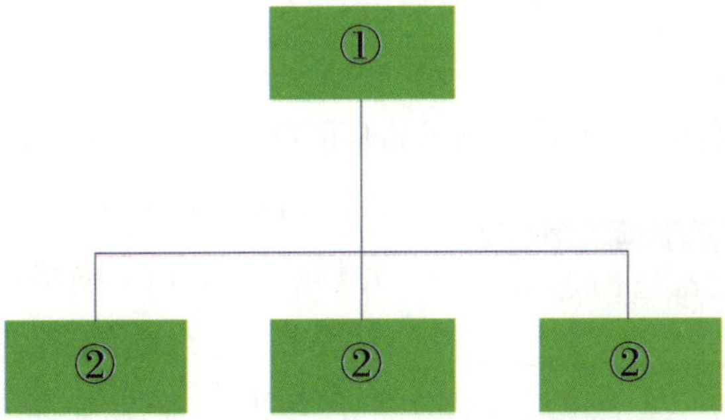

图 4-1-22 LIN 总线主从结构

①-主节点;②-从节点

主从节点之间通过数字信号传输信息。为了实现 LIN 网络的信号传输功能,主节点和从节点必须按照特定的协议规范设计其硬件结构,并按照协议发送和接收数字信号。

主从节点具有类似的硬件结构。图 4-1-23 所示为主节点与从节点的结构，两者的结构类似，区别在于从节点没有主节点的功能。

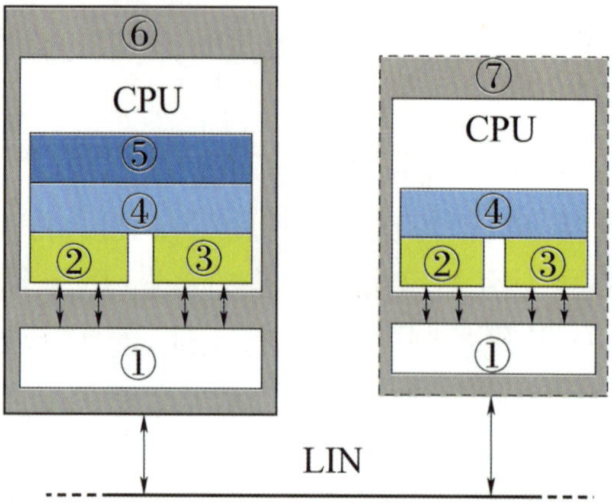

图 4-1-23 LIN 总线节点结构

①-物理接口；②-硬件 SCI；③-软件 SCI；④-从节点功能；⑤-主节点功能；⑥-主节点；⑦-从节点

3）LIN 总线特性

LIN 网络的特点与 CAN 网络有较大的区别，例如，主从结构、单线传输、偏压驱动、低速通信和低容错特性。

主节点能向任一个节点发送信号。从节点仅在主节点的控制下向 LIN 总线发送数据。从节点一旦将数据发布到总线上，任何一个节点都可以接收该数据，但只有一个节点允许回应。

LIN 总线也具有系统柔软性，当系统加入新节点时，不需要其他从节点进行任何软件或硬件的改动。LIN 总线和 CAN 一样，传送的信息带有一个标识符，它给出的是这个信息的意义或特征，而不是这个信息传递的地址。

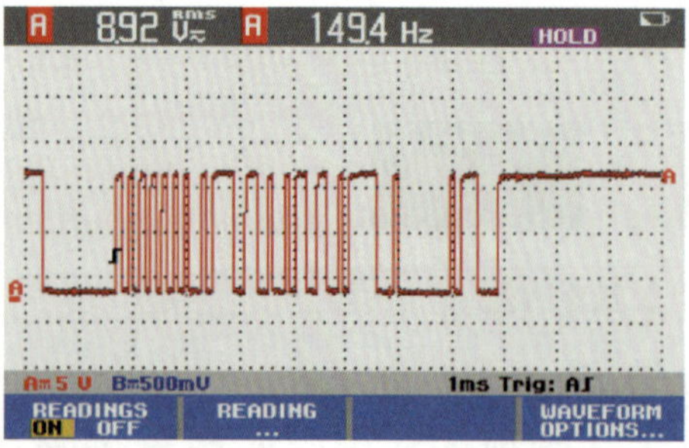

图 4-1-24 LIN 总线实测信号

LIN 总线的电气性能对网络结构有很大影响。在 LIN 网络中，建议不要超过 16 个从节点，否则网络的阻抗降低，在最坏工作情况下会发生通信故障。每增加一个节点大约使网络阻抗降低 3%。

LIN 总线采用偏压驱动，主从节点之间采用电压的高低变化表示数据信息的含义（逻辑数据 0 和 1）。图 4-1-24 所示为 LIN 总线电压波形，波形电压范围为0 ~ 12V，使用万用表实测平均值电压时，电压不超过 10.5V。LIN 总线属于低速总线，一般速率有 4.8kbit/s、9.6kbit/s 或 19.2kbit/s。

LIN 总线出现以下故障时，则无容错能力：总线接地；总线断路；主节点故障。

如果从节点损坏或其支路断路，则其他从节点与主节点的通信不受影响，如图 4-1-25b）所示。

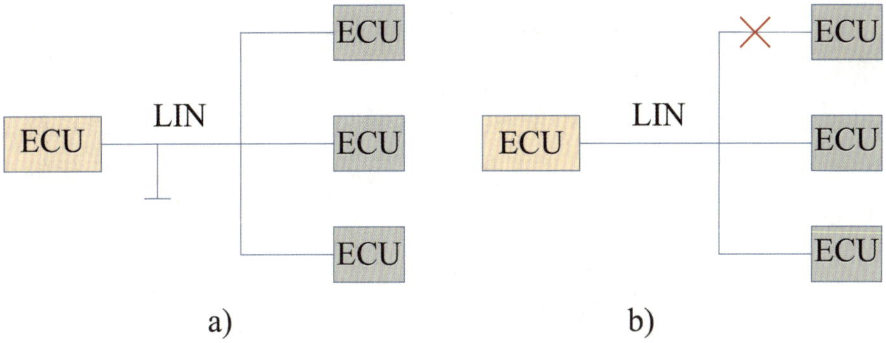

图 4-1-25　LIN 总线容错特性

3. LIN 总线系统网络信号传输

采用主从结构的 LIN 网络，主节点用于控制 LIN 总线，它通过对从节点进行查询，将数据发布到总线上。从节点仅在主节点命令下发送数据，从而在无需仲裁的情况下实现双向通信。

LIN 总线的信息传输模式共有以下三种信息传输方式：

方式一：主节点请求从节点数据（Data from Slave to Master）。

方式二：主节点向从节点发送数据（Data from Master to Slave）。

方式三：从节点之间发送数据（Data from Slave to Slave）。

因为节点物理结构类似，因此主节点和从节点的信号收发原理是一样的，以下站在主节点的角度说明信号的发送和接受过程。

1）信号发送

如图 4-1-26 所示，SCI（串行数据接口）通过 Tx 控制三极管，使 V_{BAT}与 GND 通过上拉电阻接通，LIN 总线形成了接地效果，此时 LIN 总线为低电平（0V），也是显性电平。当 SCI 不控制三极管时，三极管处于截止状态。此时 LIN 总线为高电平（12V），同时也是隐形电平。

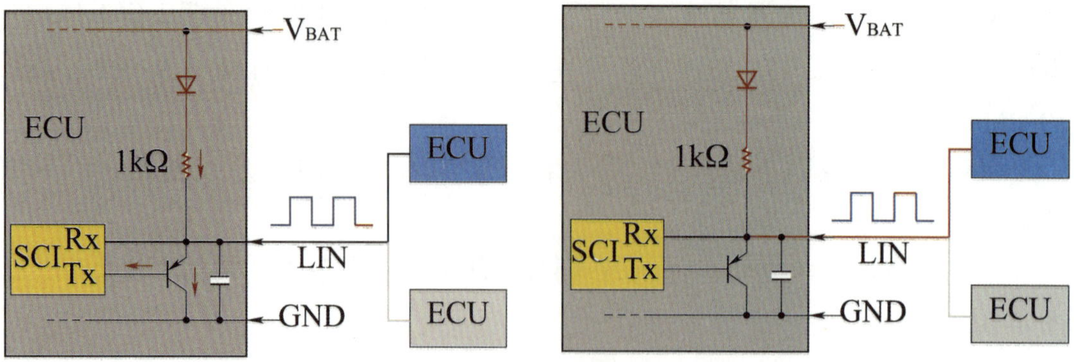

图 4-1-26　LIN 信号发送过程

2)信号接收

如图 4-1-27 所示,从节点中的 SCI 在接通与断开内部三极管的过程中,会在总线上产生高低电平的变化。主节点的 Rx 线可以接收这个高低变化的电压,从而判断其含义。

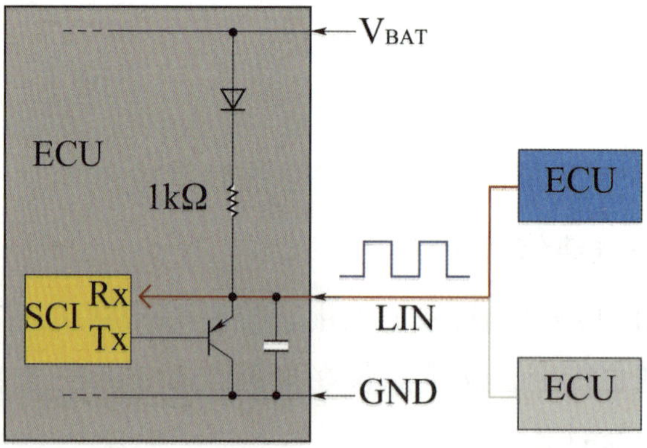

图 4-1-27　LIN 信号接收过程

提示:如果 LIN 总线处于待用状态一定时间,从节点就会转为休眠模式,以便降低功率消耗。

4. LIN 总线在汽车中的应用

图 4-1-28 所示为 2013 款沃尔沃 S60 车型 LIN 总线的局部应用。中央电子模块(CEM)与照明开关模块(LSM)、转向盘模块(SWM)组成了一组 LIN 总线,其中 CEM 为主节点。

信息娱乐控制模块(ICM)与 SWM 组成了另一组 LIN 总线,其中 ICM 为主节点。

在第一组 LIN 总线中,CEM 识别 LSM 的开关信息,从而控制灯光的工作,如前照灯的近光与远光等。也可以识别 SWM 的左侧开关(SWSL)状态,作为巡航控制系统工作的参考信号。

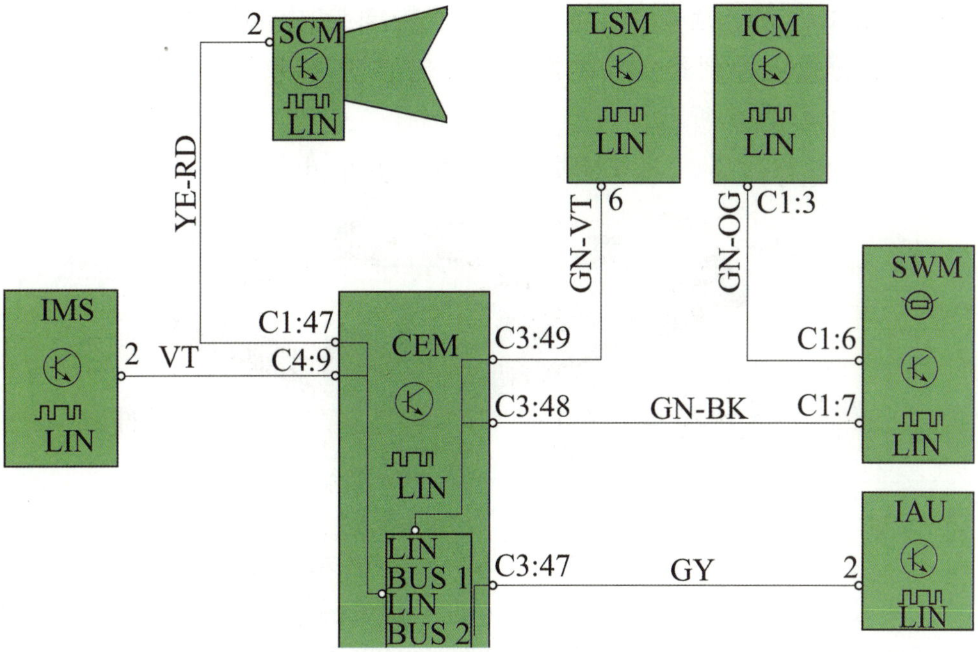

图 4-1-28　沃尔沃 S60 LIN 总线的局部应用

在第二组 LIN 总线中，ICM 识别 SWM 的右侧开关的状态，作为信息娱乐系统工作的参考信号。CEM 与警笛控制模块（SCM）、超声波传感器（IMS）组成了一组 LIN 总线。

当车辆进入防盗起动功能时，CEM 通过 LIN 总线请求 IMS 检测车内的动静；IMS 将检测结果通过 LIN 总线反馈给 CEM。当车辆达到激活警笛工作条件时，CEM 通过 LIN 向 SCM 发送指令，使警笛工作。

四　MOST 总线网络的结构原理与应用

1. MOST 总线系统概述

MOST 是 Media Oriented Systems Transport 的缩写，意为媒体导向系统传输网络。MOST 是一个用于多媒体应用程序的标准化网络通信系统。

随着车辆娱乐系统的发展，车载电子如 DVD、CD 播放器，数字电视及导航系统等需要使用多媒体方式传输。MOST 是面向多媒体系统的网络，由于传输数据量大，采用带宽大的光纤正合适，一般的 MOST 总线速率可达 25Mbit/s。目前在高端车型中采用的光学总线主流是 MOST 总线，D2B 和 Byteflight 总线已经逐渐淘汰。

MOST 总线控制单元主要由光导纤维、光导插头、内部供电装置、电气插头、专用部件、标准微型控制器、MOST 发射接收机、发射接收机、光导纤维发射机等部件构成，如图 4-1-29 所示。

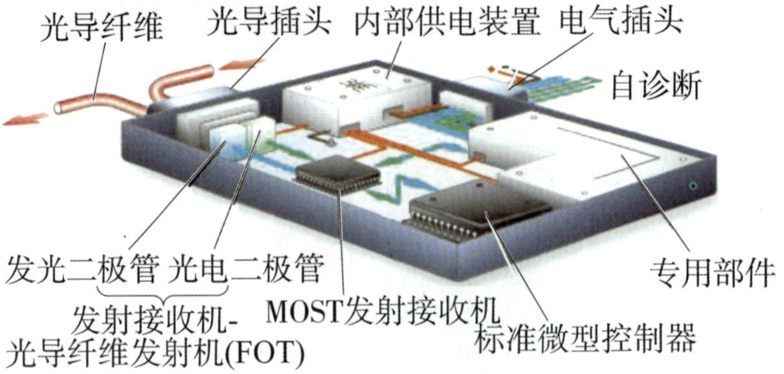

图 4-1-29　MOST 总线控制单元结构

MOST 总线采用环形结构。各通道(同步通道、异步通道和控制通道)在媒介上以同步方式传输。在整个环形总线内都可获得相关数据，即以无损方式读取数据(复制)并能够用于不同组件。

MOST 总线的结构易于扩展组件。环形总线内各组件的安装位置取决于功能。无需为将来的系统预留位置(例如双线圈扬声器)。

如果节点模块存在内部故障，则可以通过旁通模式直接将光波发送至下一个节点，这样保证了环型总线的正常功能。

综上所述，MOST 总线具有以下优点：

(1)MOST 总线不可能出现电流短路的情况，降低了节点损坏的风险。

(2)MOST 网络与电磁兼容性不会有问题。

(3)MOST 线路对于来自其他线路的电流交叉感应不敏感。

(4)MOST 容易实现新增功能，以及安装附件。

2. MOST 总线的基本原理和信号传输方式

MOST 网络的特点主要体现在主从结构、光纤通信、光数据传输、单向传输、高速率通信和无容错能力等方面。

MOST 是光学总线，系统采用光纤传输信号。光导纤维(光纤)是 MOST 系统的传输媒介，由几层材料组合而成。由于光信号在光导纤维内进行的是全反射，要求光纤走向尽量接近直线。但在实际结构中，光纤与车辆线束一起布置，不弯曲是不可能的。所以，光导纤维的特殊结构能保证光信号在一定弯曲度内的全反射，但光纤弯曲部位的弯曲半径必须大于 25mm，否则无法实现信息的正常传递。图4-1-30所示是光信号传输示意图。

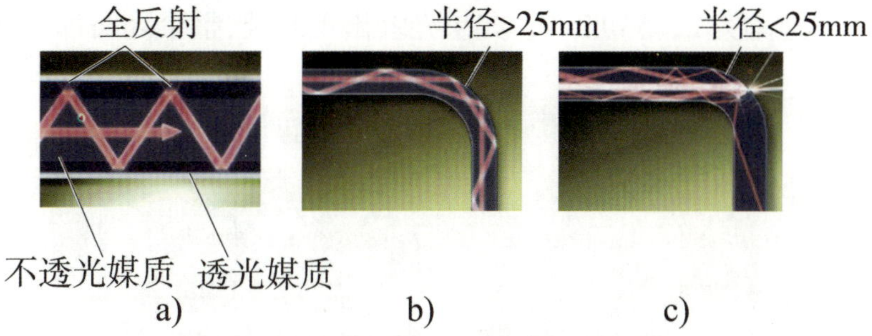

图4-1-30　光信号传输示意图

在图4-1-31中，发光二极管②通电后可以发出光，再经过光纤内芯③传输至光电二极管④，这样发光二极管实现了电信号到光信号的转换，通过光纤实现了光信号的传输，再通过光电二极管实现光信号到电信号的转换。当发光二极管通电发光时，表示逻辑1；无光线时表示逻辑0。

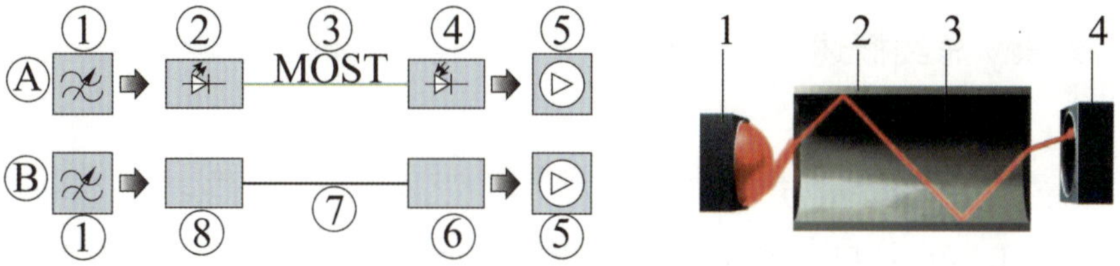

图4-1-31　光学传输的基本原理

发光二极管发出的光是650nm的红光，主要是在这个波长范围内系统的能耗最低。光线在光纤内传输时，传输距离越远光的强度越弱，这个过程称为衰减。

每个MOST控制单元都可以将数据发送到MOST总线上。只有主控控制单元能实现MOST总线与其他总线系统之间的数据交换。

如图4-1-32所示，为了满足数据传输应用方面的各种要求，每条MOST信息都分为以下三个部分：

(1)控制数据：例如调节光强度。

(2)异步数据：例如导航系统，矢量表示。

(3)同步数据：例如音频、TV和视频信号。

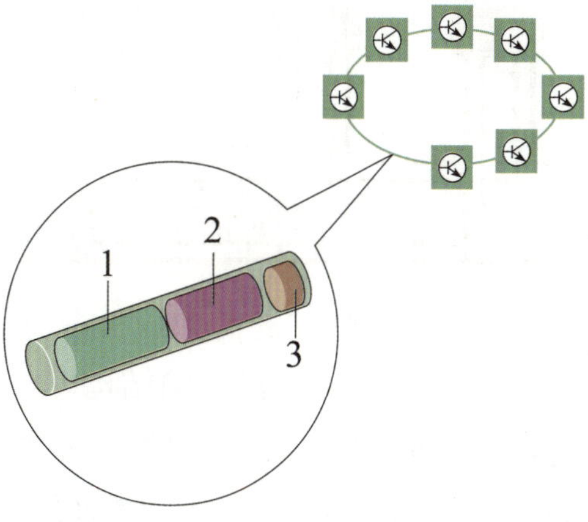

图4-1-32　MOST总线数据传输
1-同步数据；2-异步数据；3-控制数据

如图4-1-33所示，在宝马车型中，

ZGM 中央网关模块是 MOST 总线的主控模块。在整个环型网络中,采用光缆单向传输信号,传输速率为 22.5Mbit/s。如果光纤出现断裂,整个环路都不能通信。

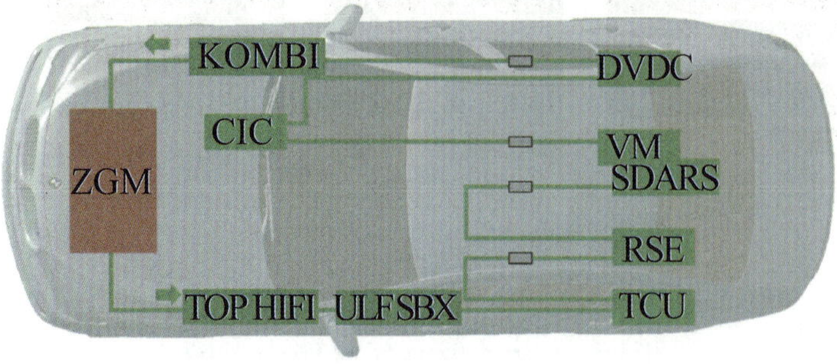

图 4-1-33　宝马 MOST 环型网络

五　Flex Ray 总线网络的结构原理与应用

1. Flex Ray 总线概述

Flex Ray 的含义如下:

(1)Flex = Flexibilität(灵活)。

(2)Ray = Rochen(Flex Ray 联盟标志中的鳐鱼)。

Flex Ray 联盟是一个研发企业联合组织,成立于 2000 年,联盟核心成员包括宝马、大众、奔驰、通用、NXP、BOSCH、飞思卡尔等。

Flex Ray 是一种用于汽车的高速、确定性的、具备故障容错能力的总线技术,它将事件触发和时间触发两种方式结合,具有高效的网络利用率和系统灵活性特点,已经成为新一代汽车内部网络的主干网络。Flex Ray 是汽车工业的事实标准(Fact to Standard),2006 年它首次应用于量产车,作为数据主干网用在了宝马 X5 的悬架系统上,如图 4-1-34 所示。

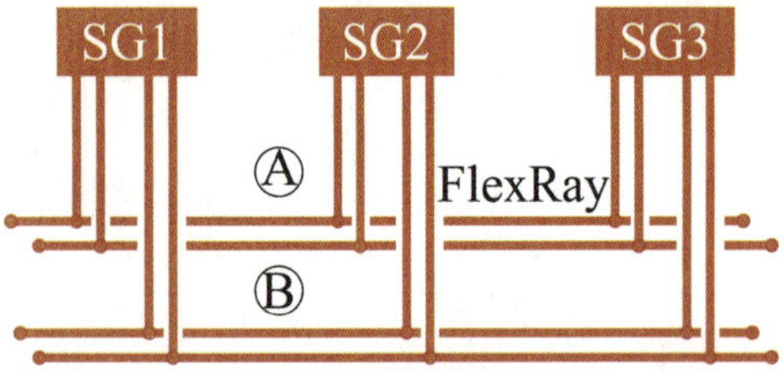

图 4-1-34　BMWX5 的 Flex Ray 总线双通道传输结构

采用 Flex Ray 总线是为了满足将来对汽车控制单元联网结构更高的要求,特别是为了实现更快的数据传输率、更强的实时控制和更高的容错运算。使用 Flex Ray 总线之后才可以实现驾驶动态控制、车距控制 ACC 和图像处理功能。

Flex Ray 总线具有高可靠性特点,特别是具备冗余通信能力,通过硬件实现全网配置复制和进度监控,支持多种拓扑,如总线拓扑、星型拓扑和混合拓扑。

总线拓扑的主要优势在于,采用设计工程师熟悉的汽车网络架构,因而有效控制成本。在需要更高带宽,更短延迟时间或确定性行为,而同时容错功能并非必需的情况下,这种总线拓扑非常有用,典型的应用领域就是直接替换 CAN 以满足带宽需求。而使用星型拓扑可完全解决容错问题,因为如果出现意外情况,星型拓扑的支路可以有选择地切换。如果总线线缆长度超过规定限制,星型拓扑还可以当成复制器使用。

FlexRay 总线的基本特征是:

(1)Flex Ray 与高速 CAN 类似,采用双绞线总线,也有终端电阻。

(2)数据传输率:最快 10Mbit/s。

(3)传输三种信号状态:“空闲”“Data 0”“Data 1”。

(4)“主动”星型拓扑结构。

(5)实时控制。

(6)实现分布式控制和与安全相关的系统的使用。

2. Flex Ray 总线与 CAN 总线的比较

Flex Ray 总线的基本工作方式与使用至今的数据总线系统(CAN 总线、LIN 总线和 MOST 总线)不同。

Flex Ray 总线的基本工作方式可以用索道做比喻:索道的站点就像总线用户,即信息发送和接收器(控制单元)。索道的吊车就像数据帧,而乘客就是信息。

总线用户通过 Flex Ray 总线发送信息的时间点精准地确定;发出信息到达接收器的时间也可以精确地识别。这就与索道既定不变的“时刻表”相同。

即使总线用户不发送任何信息,也为它预留一定的带宽,就像索道上,无论是否有乘客,索道都在运行。所以,不需要像在 CAN 总线上那样设定信息的优先级。

表 4-1-3 是 Flex Ray 总线与 CAN 总线的比较。

Flex Ray 总线与 CAN 总线的比较 表 4-1-3

布　线	双　绞　线	双　绞　线
信号状态	“0”:显式;“1”:隐式	“空闲”;“Data 0”:“Data1”数据
数据传输率	500kbit/s	10Mbit/s
访问方式	事件触发	时间触发

续上表

布　线	双　绞　线	双　绞　线
拓扑结构	总线,被动星型	点对点,主动星型,Daisy Chain①
优先设定	先发送优先级别比较高的信息	无,数据在固定的时间点发送
确认信号	接收器确认接收到有效的数据帧	发送器不会获得数据帧是否正确传输的信息
故障日志	在网络中能用故障日志标记故障和错误	每个接收器自行检测接收到的数据帧是否正确
帧数据长度	有效数据最长8字节	有效数据最长256字节
传输	·按需要传输 ·可以使用CAN总线的时间点由负载决定 ·CAN总线可能超负载	·传输数据帧的时间点确定 ·传输持续时间确定 ·即使不需要,也保留时间槽
到达时间	不可知	可知

注:①Daisy Chain =“串联”控制单元依次串联的总线拓扑结构。

3. Flex Ray 总线的信号状态

如图4-1-35所示,Flex Ray总线的两条导线,分别是“Busplus”和“Busminus”。两条导线上的电平在最低值1.5V和最高值3.5V之间变换。

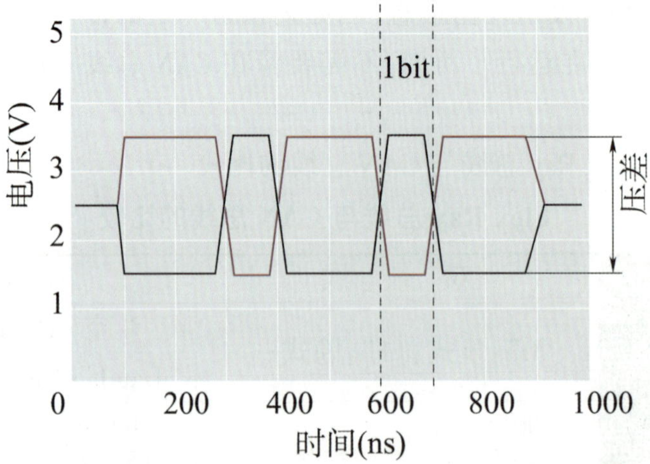

图4-1-35　Flex Ray总线信号状态

Flex Ray 有三种信号状态：

(1)“空闲”：两导线的电平都为2.5V。

(2)“Data 0”：Busplus 上低电平，Busminus 上高电平。

(3)“Data 1”：Busplus 上高电平，Busminus 上低电平。

1bit100ns(纳秒)带宽。传输时间与导线长度以及总线驱动器的传输用时有关。Flex Ray 总线仍然采用差分信号传输，也就是说，需要两条导线。

接收器通过两个信号的差别确定本来的比特状态。典型的数值是1.8～2.0V 的压差。发送器附近必须至少有1200mV 的压差；接收器处的直接最小压差为800mV。如果在640～2660μs 之内总线上没有变化，Flex Ray 总线自动进入休眠模式(空闲)。

任务总结

提示：

请预先复习“相关知识”的内容。

一 思考与研讨

(1)利用智能网联汽车或其他车辆的整车电路图，查找车辆中的LIN、CAN、MOST 和 Flex Ray 总线节点，并讨论分析各个网络的总线拓扑图。

记录：________________

(2)利用智能网联汽车对车载总线进行测量。

利用万用表在智能网联汽车或其他车辆上测量 LIN、CAN、Flex Ray 电气总线的电压及终端电阻。

①LIN 总线测量。

步骤：________________

电压：________________

②CAN 总线测量。

步骤：________________

电压：________________

高速 CAN 终端电阻：____________________

③Flex Ray 总线测量。

步骤：____________________

电压：____________________

终端电阻：____________________

二 练习与测试

1. 判断题

(1) LIN 总线使用双绞线传输信号。 (　　)

(2) 高速 CAN 在终端有 120Ω 的终端电阻。 (　　)

(3) 如果 MOST 的节点模块出现内部故障，则整个 MOST 网络瘫痪。 (　　)

(4) CAN 总线中的所有控制单元都能收到信息。 (　　)

(5) Flex Ray 总线无终端电阻。 (　　)

2. 单项选择题

(1) 以下关于 CAN 总线优点说法正确的是(　　)。

A. 传输速度快　　B. 减少线束数量

C. 高效率诊断　　D. 以上都正确

(2) LIN 总线采用(　　)作为传输介质。

A. 单线　　B. 双绞线　　C. 同轴电缆　　D. 塑料光纤

(3) CAN 总线采用(　　)作为传输介质。

A. 单线　　B. 双绞线　　C. 同轴电缆　　D. 塑料光纤

(4) Flex Ray 总线采用(　　)作为传输介质。

A. 单线　　B. 双绞线　　C. 同轴电缆　　D. 塑料光纤

(5) CAN 总线的拓扑结构属于(　　)。

A. 总线型　　B. 环型　　C. 星型　　D. 混合型

3. 多项选择题

(1) 以下可以作为主总线的是(　　)

A. LIN 总线　　B. CAN 总线　　C. MOST 总线

D. Flex Ray 总线　　E. 以上都可以

(2) 在诊断 CAN 总线故障时，某个控制单元不能和诊断仪器通信，故障部位可能是(　　)。

A. 诊断接头　　B. BUS 线　　C. 网关

D. 控制单元　　E. 检测仪器

(3)以下关于光纤说法正确的是(　　)。

A. 总线采用环形结构

B. 总线的结构易于扩展组件

C. 光信号在光导纤维内进行的是全反射

D. 光纤弯曲后不能传输信号

E. 发出的光不可见

(4)以下关于 Flex Ray 总线说法正确的是(　　)。

A. 将事件触发和时间触发两种方式结合

B. 不具备故障容错能力

C. “主动”星型拓扑结构

D. 支持多种拓扑,如总线拓扑、星型拓扑和混合拓扑

E. 单线传输技术

(5)以下关于 CAN 总线说法正确的是(　　)。

A. 使用两种 CAN 总线,即低速 CAN 总线和高速 CAN 总线

B. 所有的 CAN 总线波形都一样

C. 所有的 CAN 总线电压都一样

D. CAN 总线向外辐射也保持中性,即无辐射

E. 总线折断后不可维修

任务 2 车载移动互联网、以太网与自组织网络的应用

提出任务

移动互联网是以移动网络作为接入网络的互联网服务,包括移动终端、移动

网络和应用服务3个要素。用户主要接触应用服务层面。针对不同的应用场景，有基于车载移动互联网的不同应用及其使用方法。你的客户需要你向他介绍车载互联网系统的功能和使用方法，你能完成这个任务吗?

任务要求

知识要求

1. 能够描述车载移动互联网的应用；
2. 能够描述车载以太网的应用；
3. 能够描述车载自组织网络的应用。

能力要求

1. 能够正确介绍车载移动互联网、以太网与自组织网络的应用；
2. 能够进行车载移动互联网应用程序的操作。

相关知识

一 车载移动互联网的应用

1. 移动互联网与车载移动互联网的定义和组成

1）移动互联网

移动互联网是以移动网络作为接入网络的互联网服务，包括移动终端、移动网络和应用服务3个要素。移动互联网包含两方面的含义：

（1）移动互联网是移动通信网络与互联网的融合，用户以移动终端接入无线移动通信网络、无线城域网、无线局域网等方式访问互联网。

（2）移动互联网还产生了大量新的应用场景，这些应用与终端的可移动性、可定位和随时携带等特性相结合，为用户提供个性化的、位置相关的服务。

如图4-2-1所示为移动互联网的网络结构。其中：

（1）IP over OTN/WDM，即光因特网或IP优化光互联网，是指直接在光网上运行的因特网。

(2)OTN(Optical Transport Network),即光传送网,是以波分复用技术为基础、在光层组织网络的传送网,是下一代的骨干传送网。

(3)WDM(Wavelength Division Multiplexing),即波分复用,是一种在光域上的复用技术,形成一个光层的网络既"全光网",是光通信的最高阶段。

(4)WiMAX(Worldwide Interoperability for Microwave Access),即全球微波互联接入,WiMAX 是一项新兴的宽带无线接入技术,能提供面向互联网的高速连接,数据传输距离最远可达 50km。

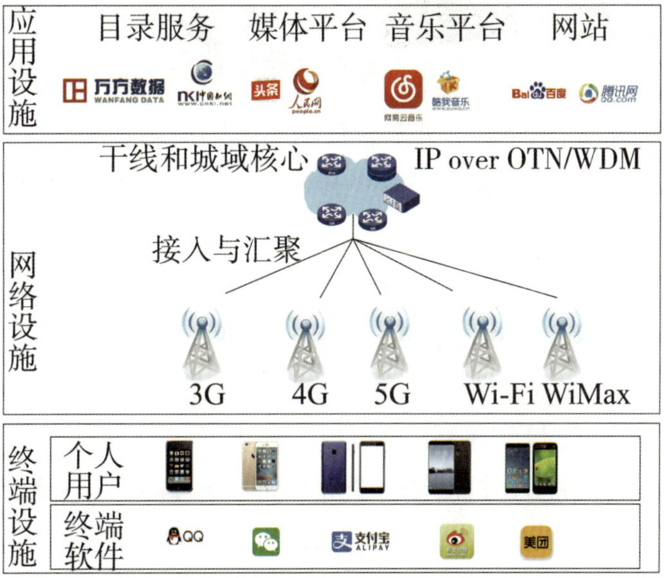

图 4-2-1　移动互联网的网络结构

2)车载移动互联网

车载移动互联网是以车为移动终端,通过远距离无线通信技术构建的车与互联网之间的网络。实现车辆与服务信息在车载移动互联网上的传输。

车载移动互联网的组成如图 4-2-2 所示,它先通过短距离通信技术在车内建立无线个域网或无线局域网,再通过 4G/5G 网络与互联网连接。

2. 车载移动互联网的特点

车载移动互联网具有以下特点:

车载移动互联网的应用

(1)终端移动性。移动互联网业务使得用户可以在移动状态下接入和使用互联网服务,移动的终端便于用户随时携带和随时使用。这些终端一般安装在车辆上,以车辆供电系统为电源,使用方便。

(2)业务及时性。用户使用移动互联网能够随时随地获取自身或其他终端的信息,及时获取所需的服务和数据。

图 4-2-2　车载移动互联网的组成

(3)服务便利性。由于移动终端的限制,移动互联网服务要求操作简便,响应时间短。

(4)业务/终端/网络的强关联性。实现移动互联网服务需要同时具备移动终端、接入网络和运营商提供的业务三项基本条件。

(5)终端和网络的局限性。移动互联网业务在便携的同时也受到了来自网络能力和终端能力的限制。在网络能力方面,受到无线网络传输环境、技术能力等因素限制;车载终端能力方面,受到终端大小、处理能力、电池容量等的限制。

随着物联网技术的发展,以及 5G 技术的到来,网络带宽、终端处理能力等已经完全可以支持车载移动互联服务了。

3. 车载移动互联网的接入方式

车载移动互联网的接入方式主要有卫星通信网络、无线城域网(WMAN)、无线局域网(WLAN)、无线个域网(WPAN)和蜂窝网络(4G/5G 网络)等。

1)卫星通信网络

卫星通信网络如图 4-2-3 所示。它的优点是通信区域大、距离远、频段宽、容量大;可靠性高、质量好、噪声小、可移动性强、不容易受自然灾害影响。缺点是存在传输时延大、回声大、费用高等问题。

2)无线城域网

无线城域网如图 4-2-4 所示,它是以微波等无线传输为介质,提供同城数据高速传输、多媒体通信业务和互联网接入服务等,具有传输距离远、覆盖面积大、接入速度快、高效、灵活、经济、较为完备的 QoS 机制等优点。缺点是暂不支持用户在移动过程中实现无缝切换,性能与 4G 的主流标准存在差距。

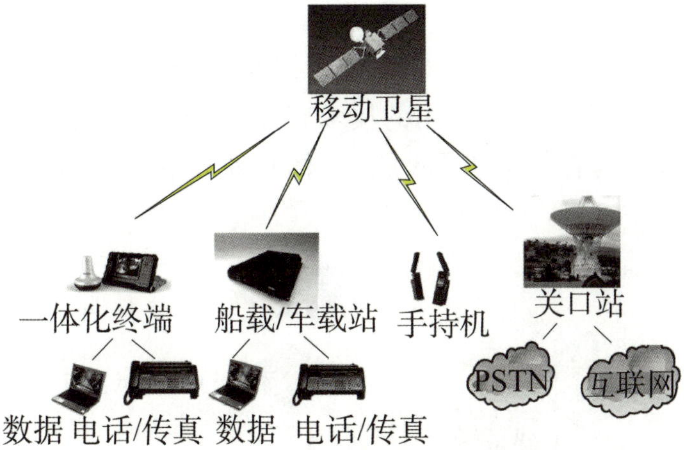

图 4-2-3　卫星通信网络示意图

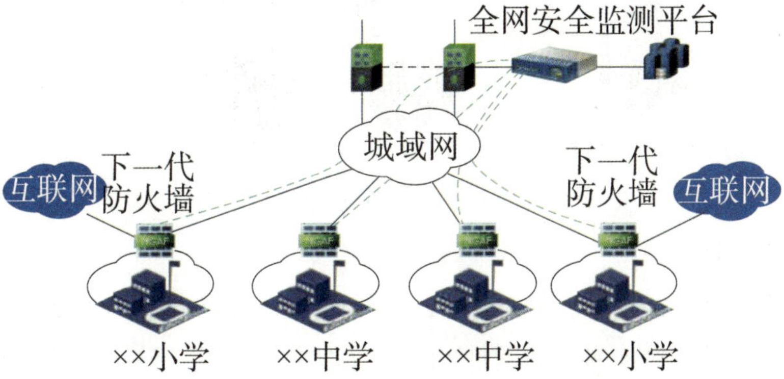

图 4-2-4　无线城域网示意图

3）无线局域网

无线局域网如图 4-2-5 所示，它是指以无线或无线与有线相结合的方式构成的局域网，如 Wi-Fi。无线局域网具有布网便捷、可操作性强、网络易于扩展等优点。缺点是性能、速率和安全性存在不足。

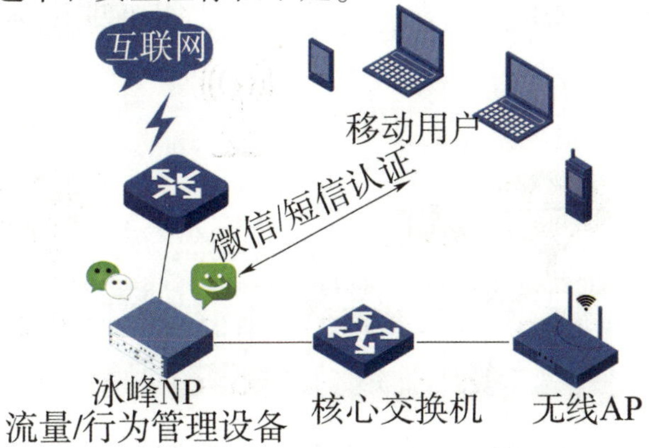

图 4-2-5　无线局域网示意图

4)无线个域网

无线个域网如图 4-2-6 所示,它是采用红外、蓝牙等技术构成的覆盖范围更小的局域网。目前无线个域网采用的技术有红外、蓝牙、ZigBee、UWB、60GHz、IrDA、RFID、NFC 等,具有功耗低、低成本、体积小等优点。缺点主要是覆盖范围小。

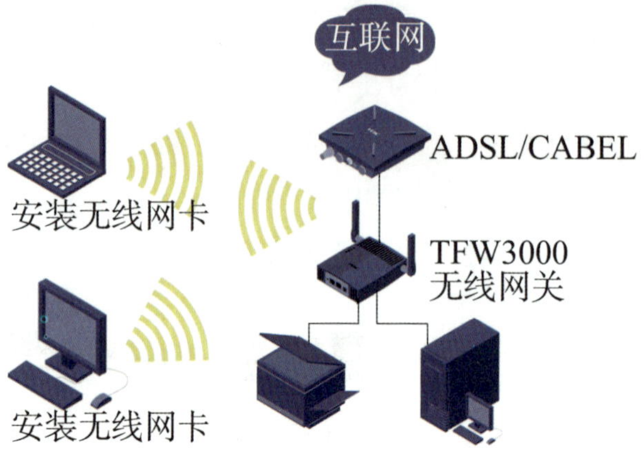

图 4-2-6　无线个域网示意图

5)蜂窝网络

蜂窝网络也称移动网络,如图 4-2-7 所示。蜂窝移动通信系统由移动站、基站子系统、网络子系统组成,采用蜂窝网络(4G/5G 网络)作为无线组网方式,通过无线信道将移动终端和网络设备进行连接。其中,宏蜂窝、微蜂窝是蜂窝移动通信系统运用较多的蜂窝技术。蜂窝移动通信的主要缺点是成本高、带宽低。随着 5G 移动通信时代的到来,带宽问题将不再是限制车载移动互联网发展的技术瓶颈。

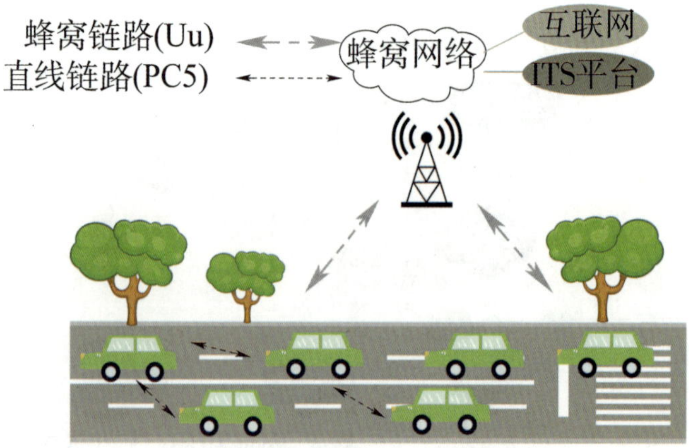

图 4-2-7　蜂窝网络示意图

4. 车载移动互联网的应用

车载移动互联网的典型应用就是车联网。

车联网是指利用物联网、无线通信、卫星定位、云计算、语音识别等技术，建立的一张全面覆盖市民、车辆、交通基础设施、交通管理者、交通服务商等的快速通信网络，可实现智能信号控制、实时交通诱导、交通秩序管理、交通信息服务等一系列交通管理与服务应用，最终达到交通安全、行车高效、驾驶舒适、节能环保等目标，如图 4-2-8 所示。

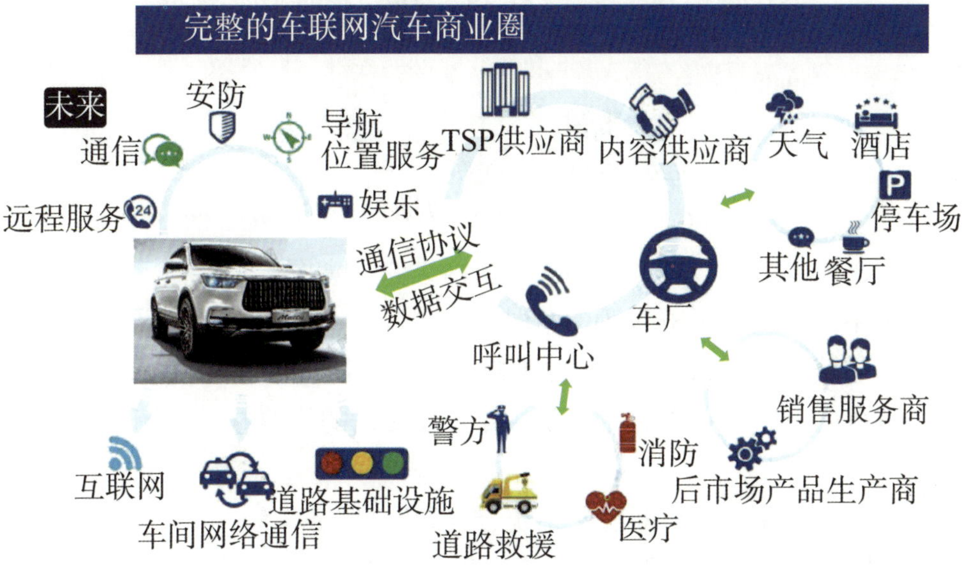

图 4-2-8　车联网组成示意图

车载互联网系统在实际中有以下的应用。

1) 应用一：车辆数据采集分析终端

图 4-2-9 所示是车辆数据采集终端示意图。

图 4-2-9　车辆数据采集终端示意图

根据车型不同，可以通过车辆的数据传输接口(OBD 接口)采集车辆控制系统的数千项数据，并经过系统分析共享应用。

2)应用二:新型的维修系统

图 4-2-10 所示是车联网维修示意图。

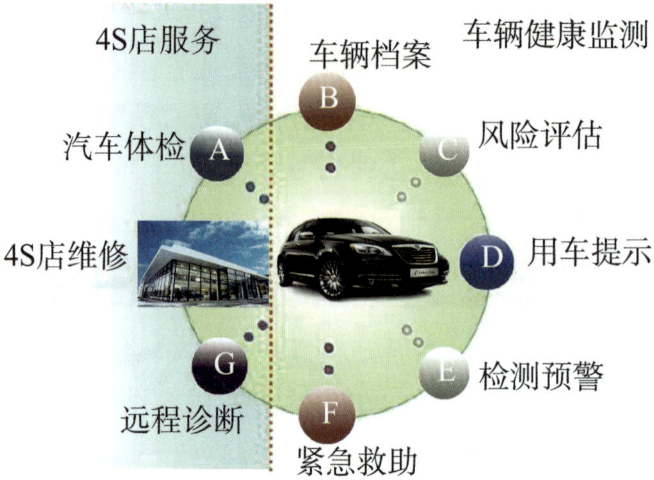

图 4-2-10　车联网维修示意图

(1)车主能够实时了解车辆的车况。

(2)通过信息共享,4S 店及其他维修企业可将服务由被动变主动。

(3)良好、方便、高效的沟通平台,实现自助化的维修模式,使得各方利益最大化。

3)应用三:远程监控诊断控制系统、新型救援服务系统

图 4-2-11 所示是车联网远程监控诊断、救援系统示意图。

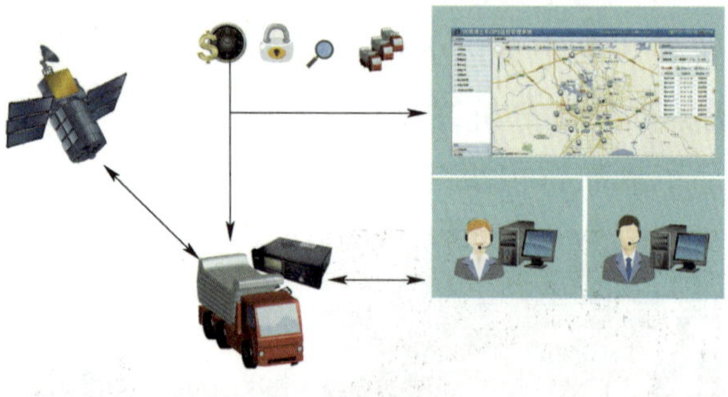

图 4-2-11　车联网远程监控诊断、救援系统示意图

(1)借助卫星定位,与紧急救援实现高效对接。

(2)实时的故障信息可保障及时的各种服务请求,如爆胎、加油等。

(3)服务中心的个性化服务将给车主带来全方位的汽车生活体验。

4)应用四:道路事故处理系统

图 4-2-12 所示是车联网道路事故处理系统示意图。

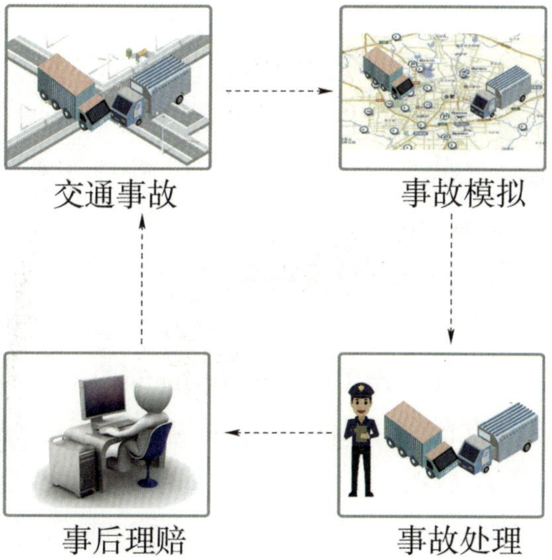

图 4-2-12　车联网道路事故处理系统示意图

实时及全面的行车数据使事故现场轻松地在计算机上得以重现，将对交通管理、保险等传统行业带来革命性的创新模式。

5）应用五：用户的其他便捷功能

图 4-2-13 所示是用户便捷功能示意图。用户可以便捷查询保险、路况、位置以及车辆油耗等需求的信息。

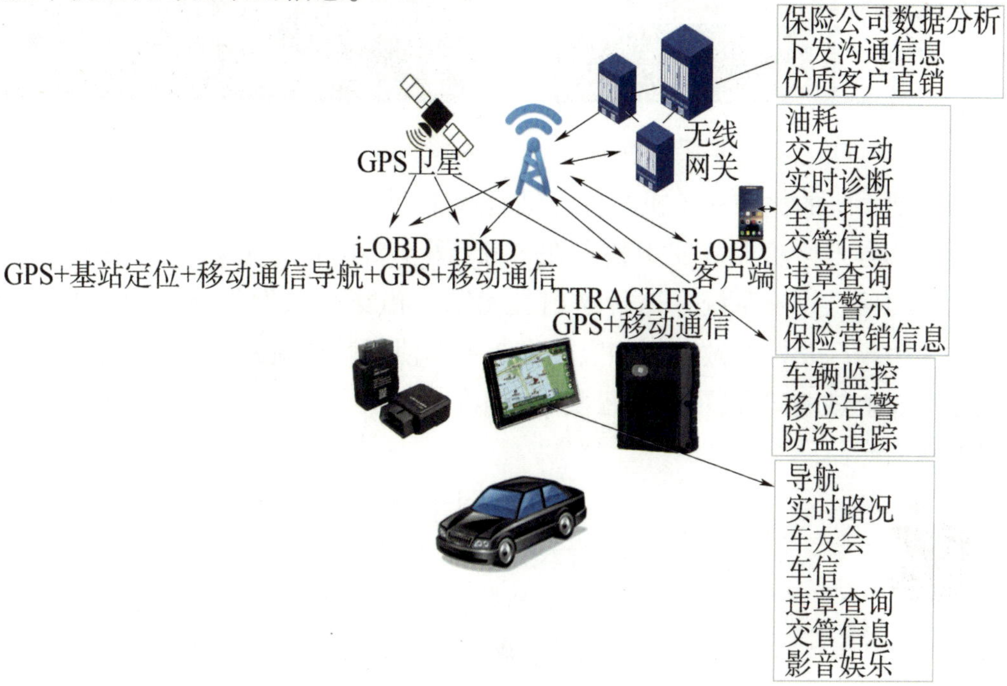

图 4-2-13　用户便捷功能示意图

6)应用案例

智能车载互联技术,即利用互联网技术,使得汽车可以与手机、平板计算机等移动终端设备,实现驾驶人对汽车更加便捷、智能化的控制,如通过智能手机来控制汽车,用语音来给汽车下达指令等。目前,智能车载互联技术主要的应用在车载娱乐系统、导航、车载 App 以及无人驾驶。

如搭载在通用汽车上的 Onstar(图 4-2-14),主要是为以通用汽车为主的车型提供安全信息服务,包括自动撞车报警、道路援助、远程解锁服务、免提电话、远程车辆诊断和逐向道路导航(Turn-By-Turn Navigation)等服务。

还有,如苹果公司开发的 CarPlay 系统(图 4-2-15),已陆续应用在传统汽车和新能源汽车上。CarPlay 是将用户的 iOS 设备,以及 iOS 使用体验与仪表板系统无缝结合。如果用户汽车配备 CarPlay,就能连接 iPhone 等设备,并使用汽车的内置显示屏和控制键,或 Siri 免视功能与之互动。用户可以轻松、安全地拨打电话、听音乐、收发信息、使用导航等。

图 4-2-14　Onstar 主要操作按钮

图 4-2-15　使用 Carplay 后的操作界面

为了把手机的优点和车机的优点结合起来,满足消费者的需求,越来越多汽车厂商把汽车与移动 App 完美整合在一起(图 4-2-16),形成新一代基于驾车者移动设备的信息娱乐系统。这种映射技术随着市场需求发展成长得非常快,目前已有几个车厂开始在做。例如宝马在 3 系车使用其最新的 iDrive 系统,通过一个按钮和 8 个热键配合,可以轻松实现和 iPhone 的无缝连接,这是目前映射做得最好的代表产品。

图 4-2-16　手机 App 移动终端

通过手机无线获取汽车实时数据,并传送给云服务器,把汽车 OBD 数据与 GPS 地理定位数据结合,基于手机平台操作系统,开发远程控制、车辆代驾、网上商城、爱车常识、地图升级等手机 App 应用功能。

二 车载以太网的应用

1. 车载以太网的技术特点

以太网(Ethernet)是由美国施乐(Xerox)公司创建,并由施乐、英特尔和数字装备(DEC)公司联合开发的基带局域网规范,是当今现有局域网采用的最通用的通信协议标准。以太网包括标准以太网(10Mbit/s)、快速以太网(100Mbit/s)、千兆以太网(1000Mbit/s)和万兆以太网(10Gbit/s)。

以太网具有以下特点。

1)数据传输速率高

现在以太网的最大传输速率能达到10Gbit/s,并且还在提高,比任何一种现场总线都快。

2)应用广泛

基于TCP/IP协议的以太网是一种标准的开放式网络,不同厂商的设备很容易互联。这种特性非常适合于解决不同厂商设备的兼容和互操作的问题。以太网是目前应用最广泛的局域网技术,遵循国际标准规范IEEE802.3,受到广泛的技术支持。几乎所有的编程语言都支持以太网的应用开发,如Java、C++、VB等。

3)容易与信息网络集成,有利于资源共享

由于具有相同的通信协议,以太网能实现与互联网的无缝连接,方便车辆网络与地面网络的通信。车辆网络与互联网的接入极大地解除了为获得车辆信息而带来的地理位置上的束缚。这一性能是目前其他任何一种现场总线都无法比拟的。

4)支持多种物理介质和拓扑结构

以太网支持多种传输介质,包括同轴电缆、双绞线、光缆、无线通信等。这使用户可根据带宽、距离、价格等因素作多种选择。以太网支持总线型和星型等拓扑结构,可扩展性强,同时可采用多种冗余连接方式,提高网络的性能。

5)软硬件资源丰富

由于以太网应用多年,人们对以太网的设计应用等方面有很多的经验,对其技术已十分熟悉,大量的软件资源和设计经验可以显著降低系统的开发成本,从而可以显著降低系统的整体成本,并大大加快系统的开发和推广速度。

6)可持续发展潜力大

由于以太网的广泛应用,它的发展一直受到广泛的重视和大量技术投入。

车载网络采用以太网，可以避免其发展游离于计算机网络技术的发展主流之外，从而使车载网络与信息网络技术相互促进，共同发展。

车载以太网一般采用快速以太网，用于诊断与编程数据的传输。大部分车型都支持 OBDⅡ的诊断协议，有的车型还支持基于 Ethernet 的诊断协议，包括诊断和对车辆编程。

2. 车载以太网的应用

以太网在汽车上的应用刚刚开始，但它优越的性能得到汽车业界的重视，有望成为重要的车载网络。随着先进传感器、高分辨率显示器、车载摄像头、先进驾驶辅助系统及其数据传输和控件的加入，汽车电子产品正变得更加复杂。采用标准的以太网协议将这些设备连接起来，可以帮助简化布线、节约成本、减少线束质量和增加行驶里程。图 4-2-17 所示为以太网在智能网联汽车上的应用。

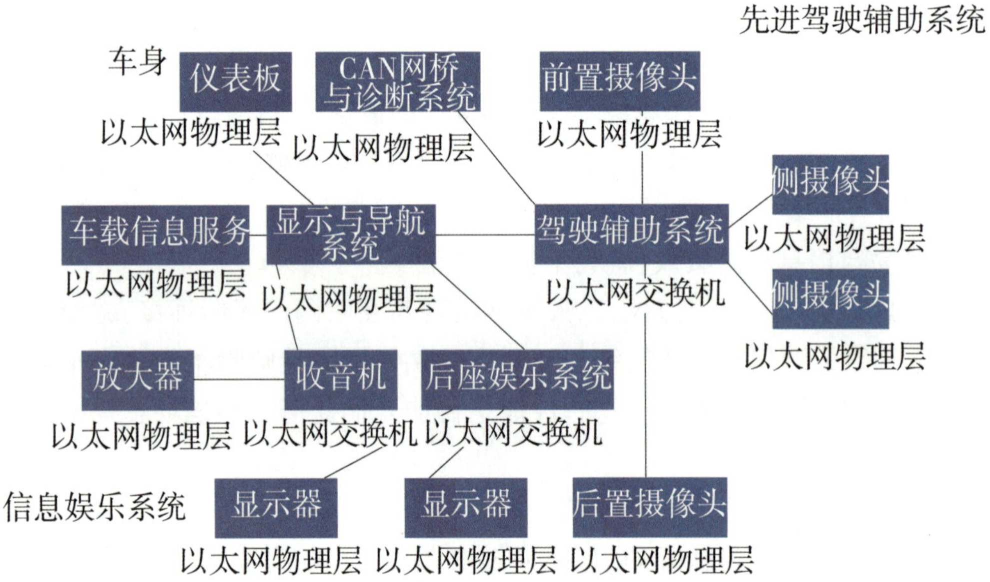

图 4-2-17　以太网在智能网联汽车上的应用

随着汽车向智能化、网联化和数字化的发展，汽车中的智能手机连接系统、车载信息娱乐系统、导航系统、车载诊断系统（OBD）、高级驾驶辅助系统（ADAS）等各种软件变得越来越复杂，而它们之间的联系也越来越紧密。上述所有软件致使带宽的需求迅速增加，对时延同步的精度要求更高。对自动驾驶系统来说，可靠的高速通信网络是一项基本要求。因此车载以太网需求越来越多，为汽车提供大带宽、高可靠、低时延、高精度时钟同步的成熟和标准化解决方案。

三 车载自组织网络的应用

无线自组织网络是一种不同于传统无线通信网络的技术，由一组具有无线通信能力移动终端节点组成的、具有任意和临时性网络拓扑的动态自组织网络系统。其中每个终端节点既可作为主机，也可作为路由器使用。作为主机，终端具有运行各种面向用户的应用程序的能力；作为路由器，终端可以运行相应的路由协议，根据路由策略和路由表完成数据的分组转发和路由维护工作。

1. 车载自组织网络的定义

车载自组织网络是一种自组织、结构开放的车辆间通信网络，能够提供车辆之间以及车辆与路边基础设施之间的通信。通过结合全球定位系统及无线通信技术，如无线局域网、蜂窝网络等，可为处于高速移动状态的车辆提供高速率的数据接入服务，并支持车辆之间的信息交互，已成为保障车辆行驶安全，提供高速数据通信、智能交通管理及车载娱乐的有效技术，如图 4-2-18 所示。车载自组织网络是智能交通系统未来发展的通信基础，也是智能网联汽车安全行驶的保障。

图 4-2-18 车载自组织网络

2. 车载自组织网络的类型

车载自组织网络结构主要分为三种，即 V2V 通信、V2I 通信、V2P 通信，如图 4-2-19 所示。

(1) V2V 通信是通过 GPS 定位辅助建立无线多跳连接，从而能够进行暂时的数据通信，提供行车信息、行车安全等服务。

(2) V2I 通信能够通过接入互联网获得更丰富的信息与服务。

(3) V2P 通信的研究刚刚起步，目前主要通过智能手机中的特种芯片提供行人和交通状况，以后会有更多的通信方式。

3. 车载自组织网络的路由协议类型

根据节点间通信是否需要借助路侧单元，可以将车载自组织网络的结构分为车间自组织型、无线局域网/蜂窝网络型和混合型。

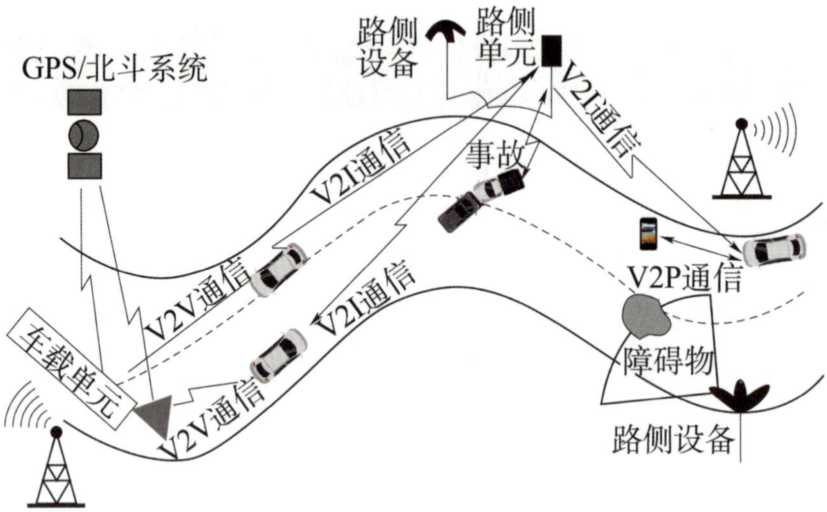

图 4-2-19　车载自组织网络结构

1)车间自组织型

车辆之间形成自组织网络,不需借助路侧单元,这种通信模式又称 V2V 通信模式,也是传统移动自组织网络的通信模式。

2)无线局域网/蜂窝网络型

在这种通信模式下,车辆节点间不能直接通信,必须通过接入路侧单元互相通信,这种通信模式又称 V2I 通信模式,相比车间自组织型,路侧单元建设成本较高。

3)混合型

混合型是前两种通信模式的混合模式,车辆可以根据实际情况选择不同的通信方式。

4. 车载自组织网络的特点

车载自组织网络特点主要包括节点速度、运动模式、节点密度、节点异构性和可预测的运动性等。

1)节点速度

在移动的车载自组织网络中,最重要的特征就是节点的速度。

车辆和道路两侧的路侧单元都可能成为节点。节点的可能速度为 0 ~ 200km/h。对于静态的路侧单元或车辆处于堵车路段时,其车速为零。在高速公路上,车辆的最高速度可能会达到 200km/h 左右。这两种极端情况对于车载自组织网络中的通信系统构成了特殊的挑战。当节点速度非常高时,由于几百米的通信半径相对较小,会造成共同的无线通信窗口非常短暂。例如,如果两辆车以 90km/h 的速度朝相反的方向行驶，假定理论上无线通信范围为 300m，通信只能持续 12s。不过，同方向行驶的车辆如果相对速度较小或中等，则这些同向车辆间的拓扑变化相对较少。如果同向行驶车辆的相对速度很大，那么接收发机就得考虑诸如多普勒效应等物理现象。链路层难以预测连接的中断，容易导致频繁的链路故障。对于路由或多跳信息传播，车辆间短暂的相遇以及一般的车辆运动导致拓扑高度不稳定，使得基于拓扑的路由在实际中毫无用处。节点速度很大时，对应用程序的影响也很大，比如由于速度太快导致及时环境变化太快，使得对环境感知的应用也变得困难。在另外一些极端情况下，即节点几乎不移动，网络拓扑相对稳定。然而，车辆的缓慢移动意味着车辆密度很大，则会导致高干扰、介质接入等诸多问题。

2）运动模式

车辆是在预定义的道路上行驶的，一般情况下有两个行驶方向。只有在十字路口时，车辆的行驶方向才具有不确定性。将道路分为高密度城市道路、高速公路和乡村道路三种类型。

（1）高密度城市道路。在城市中，道路密度相对较高，有大街也有小巷，许多十字路口将道路分割成段，道路两侧的建筑物也会影响无线通信，测量的运动速度较慢。

（2）高速公路。高速公路一般是多车道的，路段也很长，并且存在出口和匝道。车辆的运动速度较快，行驶方向能够较长时间保持不变。

（3）乡村道路。乡村道路通常很长，十字路口比城市环境要少得多。在这种环境下，由于路面车辆过少，一般很难形成连通的网络。道路的方向变化频率明显高于高速公路。

这些运动场景造成了很多挑战，尤其是路由问题。城市场景下，交通流非常的无序，与此相反，高速公路上的车流却形成了另外一个极端，几乎整个运动都处于一维情况。

3）节点密度

除了速度和运动模式外，节点密度是车载自组织网络节点移动性的第三个关键属性。在共同的无线通信范围内，可能存在零到几十甚至上百辆的车辆。假设在某四车道的高速公路上遇到交通阻塞，并且每 20m 存在一辆装备车辆，通信半径假定为 300m，则在理论上其通信范围内有 120 辆车辆。当节点密度非常小时，几乎不可能完成瞬时信息转发。在这种情况下，需要更复杂的消息传播机制，可以先存储信息，并在车辆相遇时转发信息。这样可能导致一些信息被同一车辆重复多次。当节点密度很大时,情况则不同。消息只可能被选定的节点重复,否则会导致重载信道。

节点密度与时间也相关。在白天,高速公路和城市中节点密度较高,足以实现瞬时转发,有足够的时间使路由处理分段网络。但在夜间,无论哪种类型的道路,车辆都很少。

4)节点异构性

在车载自组织网络中,节点有许多不同种类。首先是车辆和路侧单元的区别。而车辆可以进一步分为城市公交、私家车、出租车、救护车、道路建设和维修车辆等,并不是每辆车都要安装所有的应用。例如救护车需要安装能够在其行驶路线上发出警告的应用。对于路侧单元也类似,基于自身的能力,路侧单元节点可以简单地向网络发送数据,或拥有自组织网络的完整功能。此外,路侧单元节点可以提供对背景网络的访问,如向交通管理中心报告道路状况。路侧单元与车辆节点不同,其性能较强。对于各种应用,它们不像车辆节点拥有相同的传感器,也不处理传递给驾驶人的信息,或对车辆采取措施。路侧单元节点是静态的,与个人或公司无关,不需要太多的信息保护。

5)可预测的运动性

尽管车辆节点的运动规律比较复杂,但车辆的运动趋势在一定程度上仍然是可以预测的。在高速公路场景,根据车辆所处的车道、实时的道路状况以及汽车自身的速度和方向,就可以推测汽车在随后短时间内的运动趋势。在城市场景中,不同类型的车辆具有不同的运动趋势。公交车的行驶平均速度缓慢,且具有间隔性静止状态。因此,根据公交节点的速度大小和道路特点就可以推断出短时间内的运动趋势。

5. 车载自组织网络的应用

车载自组织网络的应用场景主要包括碰撞预警、避免交通拥堵、紧急制动警告、并线警告和交叉路口违章警告等。

1)碰撞预警

如图 4-2-20 所示,车辆 0 与车辆 4 相撞,车辆 0 因此发送一个协作转发碰撞预警信息。车辆 1 能够通过直接连接,接收到碰撞预警信息,从而车辆 1 可以及时地制动,避免碰撞。但是,如果没有间接连接,即不能多跳转发信息,若车辆 2、3 与它们前面车辆的距离小于安全距离时,则车辆 2 和 3 不可避免地要发生碰撞。如果有间接连接,车辆 2 和 3 也能收到碰撞预警信息,则可以避免碰撞。

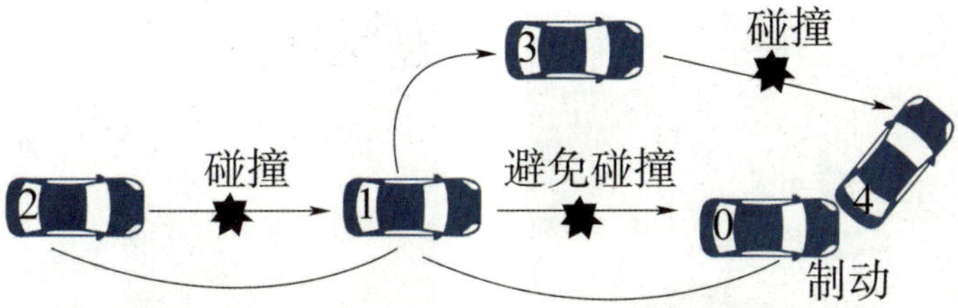

图 4-2-20　协作转发碰撞预警应用场景

2）避免交通拥堵

如图 4-2-21 所示，车辆 1 收到了车辆 0 发送节点发送出的前方交通拥堵信息，然后车辆 1 存储该信息，直到车辆 2～5 能够与车辆 1 通信时，车辆 1 将信息转发给车辆 2～5，这样，车辆 2～5 也同样知道了前方拥堵的情况，这些车辆可以选择辅助道路行驶，从而避免交通堵塞，节省了时间。

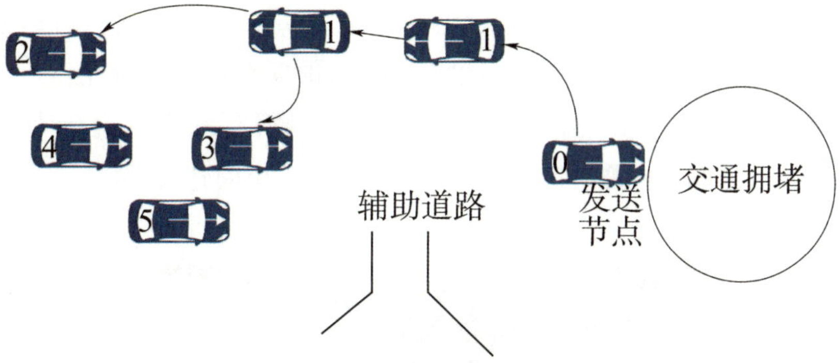

图 4-2-21　避免交通拥堵应用场景

3）紧急制动警告

如图 4-2-22 所示，当前方车辆紧急制动时，紧急制动警告（EBW）将会提醒驾驶人。当制动车辆被其他车辆遮挡而不能被本车辆察觉时，EBW 将会起到关键作用。通过系统开启车辆的后制动灯，EBW 利用车载自组织网络系统的非视距特点来防止追尾事故。

4）并线警告

如图 4-2-23 所示，当车辆换道可能存在危险时，并线警告（LCW）将提醒有意换道的驾驶人。LCW 使用 V2V 通信和周边车辆的路径预测，利用链路的通信范围来预测驾驶人完成换道可能产生的碰撞。路径预测用于确定 3～5s 的时间内，驾驶人要到达的车道区域是否被占用。如果该车道已被占用，则 LCW 将会提醒驾驶人潜在的危险。

图 4-2-22　紧急制动警告应用场景

图 4-2-23　并线警告应用场景

5)交叉路口违规警告

如图 4-2-24 所示,当驾驶人即将闯红灯时,交叉路口违章警告(IVW)系统对其发出警告。IVW 系统使用 V2I 通信方式,主车辆进行预测,其通信链路的主要优势是获取动态信息,如红绿灯阶段和红绿灯时间。部署了交通信号灯控制器的路侧单元会广播交通信号灯信息,包括位置、红绿灯阶段、红绿灯时间、交叉路口几何形状等。靠近交叉路口的车辆将车辆的预期路径与交通信号灯信息进行比较,以确定是否会发生交通信号违规。如果车辆将要发生违规行为,则 IVW 系统将提醒驾驶人,同时车辆也会发送消息至红绿灯和周边车辆,已表明警告已经发出。

图 4-2-24　交叉路口违规警告应用场景

随着车载自组织网络技术的发展,其应用范围越来越广泛,主要涉及安全、驾驶、公共服务、商用、娱乐等。

任务总结

提示:

请预先复习“相关知识”的内容。

一 思考与研讨

(1)根据所学习的内容,举例说明以下网络技术已经在传统汽车或智能网联汽车上的应用。

①车载移动互联网:________________

②车载以太网:________________

③自组织网络:________________

(2)操作车载互联网系统。

根据整车或示教版,参考车主手册,进行车载互联网系统的操作,并记录车载互联网的功能。

操作的功能:________________

二 练习与测试

1. 判断题

(1)移动互联网是移动通信网络与互联网的融合。 ( )

(2)车载移动互联网通过短距离无线通信技术构建的车与互联网之间的网络。 ( )

(3)车载移动互联网的典型应用就是车联网。 ( )

(4)以太网的最大传输速率比任何一种现场总线都快。 ( )

(5)无线自组织网络与传统无线通信网络技术结构组成相同。 ( )

2. 单项选择题

(1)移动互联网3个要素包括( )。

A. 移动终端 B. 移动网络 C. 应用服务 D. 以上都是

(2)解决限制车载移动互联网发展的技术瓶颈(带宽问题)的技术是( )。

A. 蓝牙技术 B. 红外技术 C. 基站建设 D. 5G技术

(3)以太网支持多种传输介质,包括( )。

A. 同轴电缆 B. 双绞线 C. 光缆 D. 以上都是

(4)以下不属于车载自组织网络的结构的是( )。

A. 车间自组织型 B. 移动型

C. 混合型　　　　　　　　D. 无线局域网/蜂窝网络型

(5)在移动的车载自组织网络中,最重要的特征就是(　　)。

A. 运动模式　　　　　　　B. 节点密度

C. 节点的速度　　　　　　D. 节点异构性和可预测的运动性

3. 多项选择题

(1)以下属于车载移动互联网具有特点的是(　　)。

A. 终端移动性

B. 业务及时性

C. 服务便利性

D. 业务/终端/网络强关联性

E. 终端和网络的局限性

(2)车载移动互联网的接入方式主要有(　　)等。

A. 卫星通信网络　　　B. 无线城域网　　　C. 无线局域网

D. 无线个域网　　　　E. 蜂窝网络

(3)车载互联网系统在实际中的应用包括(　　)。

A. 车辆数据采集终端

B. 车联网维修

C. 车联网远程监控诊断、救援系统

D. 道路事故处理系统

E. 用户便捷功能

(4)车载自组织网络结构主要分为(　　)。

A. V2V 通信　　　B. V2I 通信　　　C. V2P

D. V2N　　　　　 E. V2R

(5)车载自组织网络的应用场景主要包括(　　)等。

A. 碰撞预警　　　B. 避免交通拥堵　　　C. 紧急制动警告

D. 并线警告　　　E. 交叉路口违章警告

项目五

智能网联汽车高精度定位与导航系统

本项目主要学习高精度定位与导航系统、高精度地图及其在智能网联汽车的应用，分为2个任务学习。

任务1　导航定位系统的应用；

任务2　高精度地图的应用。

通过2个任务学习，掌握智能网联汽车的定位、导航系统及高精度地图的应用。

任务1 导航定位系统的应用

提出任务

要实现智能网联汽车的自动(无人)驾驶功能,必须采用高精度的定位与导航系统。你知道智能网联汽车采用的导航定位系统与我们手机上用的一样吗?

任务要求

知识要求

1. 能够描述智能网联汽车定位的方式和要求;
2. 能够描述导航定位系统的类型;
3. 能够描述典型导航定位系统的特点;
4. 能够描述智能网联汽车导航定位系统的应用。

能力要求

1. 能够利用互联网等资源查询智能网联汽车导航定位系统的应用技术;
2. 能够查询并分析目前智能网联汽车典型导航定位系统的优缺点。

相关知识

一 智能网联汽车定位的方式和要求

智能网联汽车的自动(无人)驾驶系统通过定位系统准确感知自身在全局环境中的位置,并与环境有机结合起来;再通过导航系统准确感知汽车所要行驶的方向和路径等信息。

在实际应用中,智能网联汽车通过信息融合技术实现定位与导航技术的组合,使环境信息与车辆信息融合成为一个系统性的整体。图 5-1-1 所示为智能网联汽车的导航定位应用场景。

图 5-1-1 智能网联汽车的导航定位应用场景

1. 智能网联汽车定位的方式

按照定位的方式,智能网联汽车定位可分为绝对定位、相对定位和组合定位。

1)绝对定位

绝对定位是指通过全球定位系统(GPS)、北斗卫星导航定位系统(BDS),采用双天线,通过卫星获得车辆在地球上的绝对位置和航向信息。

2)相对定位

相对定位是指根据车辆的初始位姿,通过惯性导航获得车辆的加速度和角加速度信息,将其对时间进行积分,得到相对初始位姿的当前位姿信息。

3)组合定位

组合定位是将绝对定位和相对定位进行结合,以弥补单一定位方式的不足。

2. 智能网联汽车定位的要求

目前大多数智能网联汽车处于 L1 和 L2 级别,仅需要实现普通的先进驾驶辅助系统(ADAS)辅助功能便已足够,这一阶段对于卫星定位的精度只需要导航级别精度即可。

当智能网联汽车步入 L3 级别甚至以上时,就要求在高速公路、停车场泊车等特殊场景实现全自动驾驶甚至全程无人驾驶,这需要高精度定位技术实现"厘米级"的定位,才能真正做到在高速公路上变道超车、上下匝道以及定点泊车等功能。

二 导航定位系统的类型

1. 全球导航卫星系统的类型

全球导航卫星系统(GNSS)包括美国的全球定位系统(GPS)、俄罗斯的格洛纳斯(GLONASS)卫星定位系统、欧洲空间局的伽利略(GALILEO)卫星定位系统以及中国的北斗卫星导航定位系统(BDS)。

图 5-1-2 所示是全球四大卫星定位系统。

图 5-1-2　全球四大卫星定位系统

(1)美国的全球定位系统(GPS)。由 24 颗以上卫星组成,军民两用。

(2)俄罗斯的格洛纳斯卫星定位系统(GLONASS)。由 24 颗以上卫星组成,军民两用。

(3)欧洲的伽利略卫星定位系统(GALILEO)。由 30 颗以上卫星组成,主要为民用。

(4)中国的北斗卫星导航定位系统。由 5 颗静止轨道卫星和 30 颗非静止轨道卫星组成;"北斗一号"精确度在 10m 之内,而"北斗二号"可以精确到厘米之内。

全球四大卫星定位系统参数比较见表 5-1-1。

全球四大卫星定位系统参数比较　　表 5-1-1

导航系统	卫星数量(颗)	轨道高度(km)	位置精度(m)	授时精度(ns)	速度精度(m/s)
GPS	24 以上	20200	6	20	0.1
GLONASS	24 以上	19100	12	25	0.1
BDS	30 以上	21500	10	50	0.2
GALILEO	30 以上	24126	1	20	0.1

2. 智能网联汽车导航定位技术的类型

目前,智能网联汽车应用的定位技术主要有全球定位系统(GPS)、差分全球定位系统(DGPS)、北斗卫星导航定位系统(BDS)、惯性导航系统(INS)以及激光雷达定位等。

高精度定位是无人驾驶汽车的核心关键技术,但究竟哪种类型定位技术是最佳的方案,以下介绍几种类型的定位系统技术特点。

三 典型导航定位系统的特点

1. 全球定位系统(GPS)

全球定位系统(GPS)是由美国国防部建设的基于卫星的无线电导航定位系统,它能连续为世界各地的陆海空用户提供精确地位置、速度和时间信息,最大优势是覆盖全球,全天候工作,可以为高动态、高精度平台服务,目前得到普遍应用。

1)GPS 的组成

GPS 由卫星、控制站和接收机(用户部分)组成,如图 5-1-3 所示。

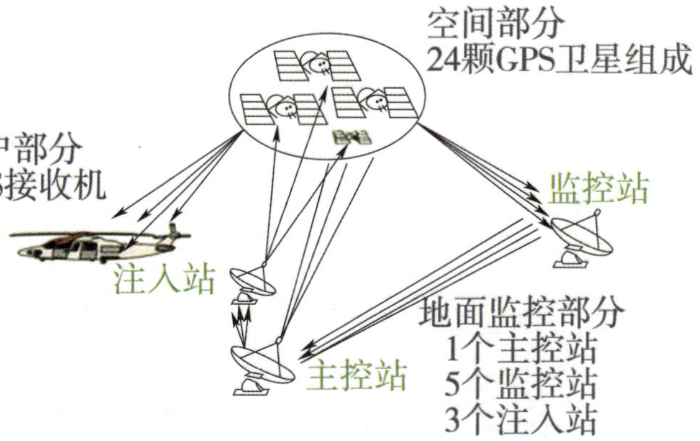

图 5-1-3 GPS 的组成示意图

(1)卫星:在任何特定时间,大约有 30 颗 GPS 卫星在太空运行(确保 24 颗),它们各自距离地球表面约 2 万 km。

(2)控制站:控制站分散在世界各地,用于监视和控制卫星,其主要目的是让系统保持运行,并验证 GPS 广播信号的精确度。

(3)接收机:GPS 的接收机存在于手机、计算机、汽车、船舶以及许多其他设备中,如果周围没有高楼等障碍物并且天气良好,GPS 接收机应每次至少检测到 4 颗 GPS 卫星。

2)GPS 的工作原理

GPS 卫星不断地传送轨道信息和卫星上的原子钟产生的精确时间信息,用户的 GPS 接收机上有一个专门接收无线电信号的接收器,同时也有自己的时钟。

过程一:当GPS接收机收到一颗卫星传来的信号时,接收机可以测定该卫星离用户的空间距离,用户就位于以观测卫星为球心、以观测距离为半径的球面与地球表面相交的圆弧的某一点。

过程二:当GPS接收机接收到第二颗卫星的信号时,以第二颗卫星为球心,以第二个观测距离为半径的球面也与地球表面相交为一个圆弧,上述两个圆弧在地球表面会有两个交会点,但是还不能确定出用户唯一的位置。

过程三:当GPS接收机接收到第三颗卫星的信号时,以第三颗卫星为球心,以第三个观测距离为半径的球面也与地球表面相交为一个圆弧,上述3个圆弧在地球表面相交于一点,该点即为GPS用户所在的位置。

如果没有时钟误差,用户GPS接收机只要利用接收观测到的3颗卫星的距离观测值,就可以确定出用户所在的唯一位置。但由于GPS接收机的时钟有误差,从而会使测得的距离含有误差,所以定位时要求GPS接收机至少观测到4颗卫星的距离观测值才能同时确定出用户所在空间位置及接收机时钟差。当GPS接收机观测到4颗以上的卫星信号时,就可以得到更为精确和可靠的位置、速度和时间信息。

3)GPS的特点

GPS具有以下特点:

(1)能够全球全天候定位。因为GPS卫星的数目较多,且分布均匀,保证了地球上任何地方、任何时间至少可以同时观测到4颗GPS卫星,确保实现全球全天候连续的导航定位服务。

(2)覆盖范围广。能够覆盖全球98%的范围,可满足位于全球各地或近地空间的军事用户连续精确地确定三维位置、三维运动状态和时间的需要。

(3)定位精度高。GPS相对定位精度在50km以内可达6~10m,100~500km可达7~10m,1000km可达9~10m。

(4)观测时间短。20km以内的相对静态定位仅需15~20min;快速静态相对定位测量时,当每个流动站与基准站相距15km以内时,流动站观测时间只需1~2min;采取实时动态定位模式时,每站观测仅需几秒。

(5)可提供全球统一的三维地心坐标,可同时精确测定测站平面位置和大地高程。

(6)测站之间无须通视,只要求测站上空开阔,这既可大大减少测量工作所需的经费和时间,也使选点工作更灵活,可省去经典测量中的传算点、过渡点等的测量工作。

4）GPS 在汽车上的应用

GPS 定位的方法是一种绝对位姿估计方法，已经在汽车导航系统上广泛应用。图 5-1-4 所示为汽车 GPS 组成与原理示意图。

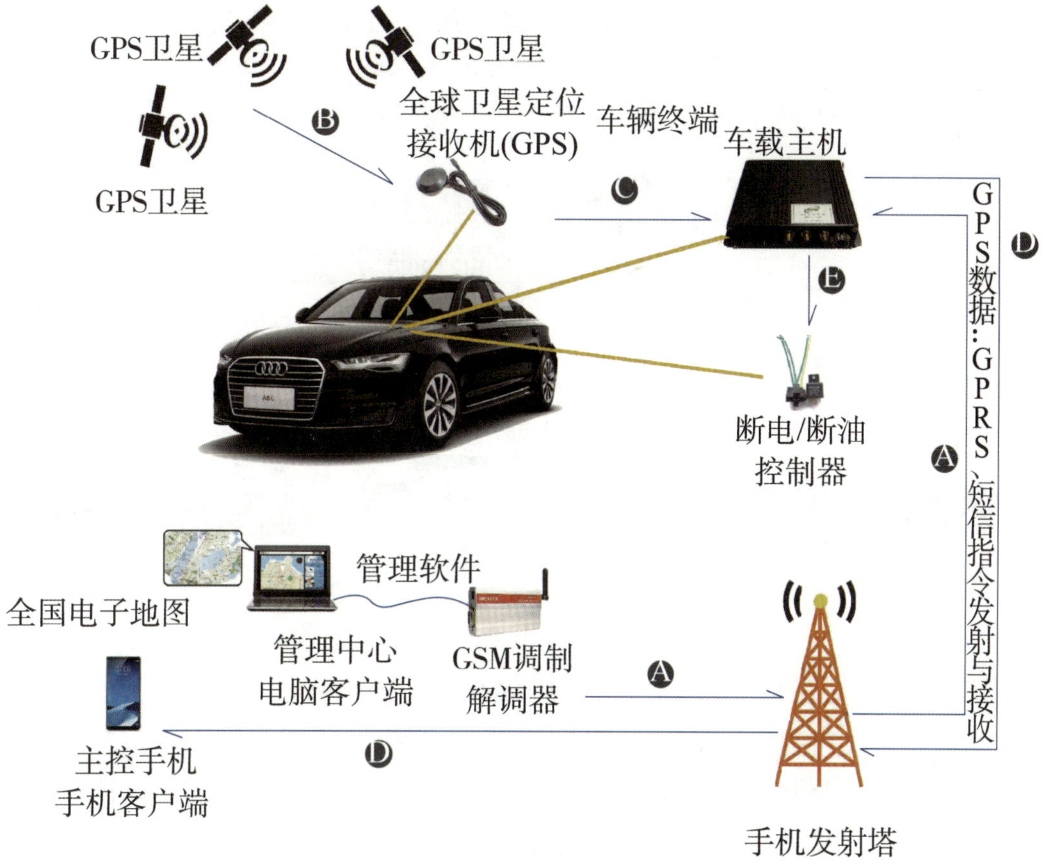

图 5-1-4 汽车 GPS 组成与原理示意图

GPS 的定位方法优点在于可全天候连续定位，且适合于全局定位。但 GPS 缺点在于受环境影响较大，高楼、树木、隧道等都会屏蔽 GPS 信号，而且 GPS 定位精度低，更新周期长，远远不能满足智能网联汽车自动驾驶的需求。

2. 差分全球定位系统（DGPS）

美国出于自身利益方面的考虑，在未经美国政府授权的广大用户所使用的标准定位服务（SPS）中人为地引入误差，即在所有的 GPS 工作卫星上实施选择可用性（SA）政策，使水平定位精度降低至 100m，垂直定位精度为 156m，时间精度为 175ns。尽管 SA 政策已于 2000 年 5 月 1 日停止使用，但是单点定位的精度也只有 20～40m，这样的精度难以满足飞机导航、工程测量、智能网联汽车自动驾驶等方面的定位需求。差分全球定位系统技术解决了这种问题，提高了单点定位的精度。

差分全球定位系统(Differential Global Position System,DGPS),是在GPS的基础上利用差分技术使用户能够从GPS中获得更高的精度。

DGPS由基准站、数据传输设备和移动站组成,如图5-1-5所示。

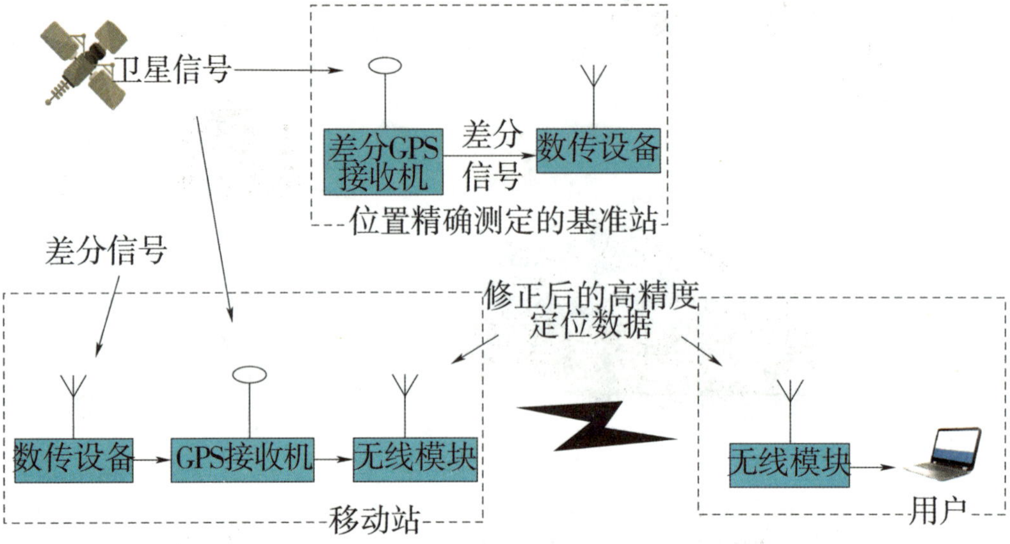

图5-1-5 DGPS组成与原理示意图

DGPS实际上是把一台GPS接收机放在位置已精确测定的点上,组成基准站。基准站接收机通过接收GPS卫星信号,将测得的位置与该固定位置的真实位置的差值作为公共误差校正量,通过无线数据传输设备将该校正量传送给移动站的接收机。移动站的接收机用该校正量对本地位置进行校正,最后得到"厘米级"的定位精度。附近的DGPS用户接收到修正后的高精度定位信息,从而大大提高其定位精度。

3. 北斗卫星导航定位系统

北斗卫星导航定位系统(BDS)是由中国自行研制开发的区域性有源三维卫星定位与通信系统,是继美国、俄罗斯、欧洲之后第三个成熟的卫星导航定位系统。北斗卫星导航定位系统致力于向全球提供高质量的定位、导航和授时服务,其建设与发展则遵循开放性、自主性、兼容性、渐进性这4项原则。

北斗卫星导航定位如图5-1-6所示。

1)北斗卫星导航定位系统的组成

北斗卫星导航定位系统由空间段,地面段和用户段三部分组成,如图5-1-7所示。

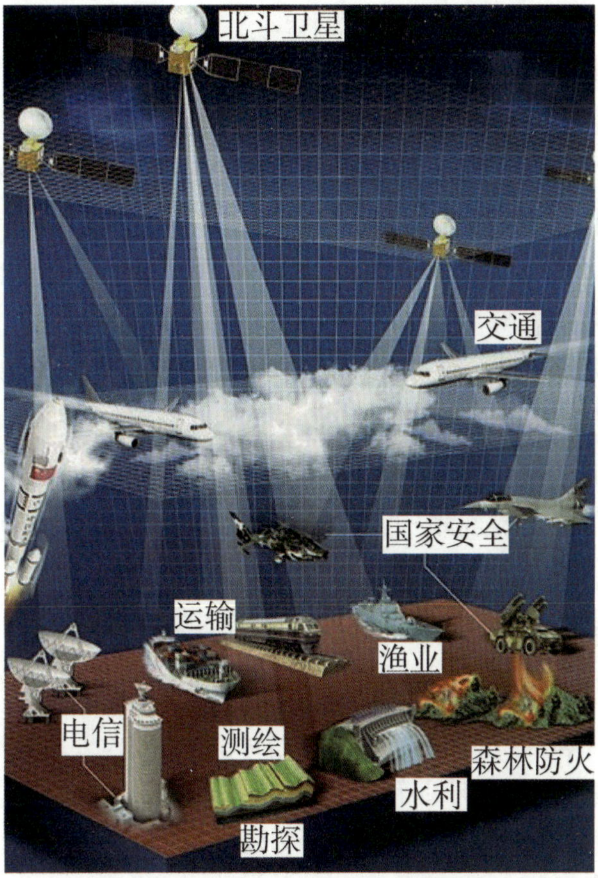

图 5-1-6　北斗卫星导航定位

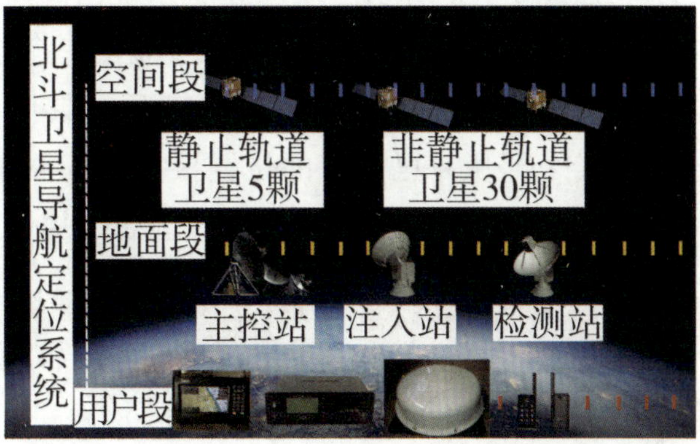

图 5-1-7　北斗卫星导航定位系统的组成

（1）空间段：空间段包括 5 颗静止轨道卫星和 30 颗非静止轨道卫星。

（2）地面段：地面段包括主控站、注入站和监测站等若干个地面站。

（3）用户段：用户段由北斗用户终端以及与美国 GPS、俄罗斯的 GLONASS、欧洲的 GALILEO 等其他卫星导航系统兼容的终端组成。

2)北斗卫星导航定位系统的特点

北斗卫星导航定位系统具有以下特点:

(1)北斗卫星导航定位系统同时具备定位与通信功能,不需要其他通信系统支持(GPS 只能定位)。

(2)覆盖范围大,没有通信盲区。

(3)特别适合于集团用户大范围监控管理和数据采集用户的数据传输应用。

(4)融合北斗导航定位系统和卫星增强系统两大资源,因此也可利用 GPS,使应用更加丰富。

(5)自主系统,安全、可靠、稳定,保密性强,适合关键部门应用。

北斗卫星导航定位系统目前在汽车领域还没有大面积推广应用,但在国家制定的智能网联汽车发展规划中,已明确提出要大力推广北斗卫星导航系统在智能网联汽车和自动(无人)驾驶汽车中的应用。

4. 惯性导航系统

1)惯性导航系统的定义

惯性导航系统(Inertial Navigation System,INS),又称惯性参考系统,是一种不依赖于外部信息、也不向外部辐射能量(如无线电导航那样)的自主式导航系统。其工作环境不仅包括空中、地面,还可以在水下。

2)惯性导航系统的工作原理

惯性导航系统原理如图 5-1-8 所示。惯性导航系统由陀螺仪、加速度传感器及软件构成,通过测量运动载体的角速度和加速度数据,并将这些数据对时间进行积分运算,从而得到运动载体的速度、位置和姿态角。具体来说,惯性导航系统属于一种推算导航方式。即从一已知点的位置根据连续测得的运动载体航向角和速度推算出其下一点的位置,因而可连续测出运动体的当前位置。

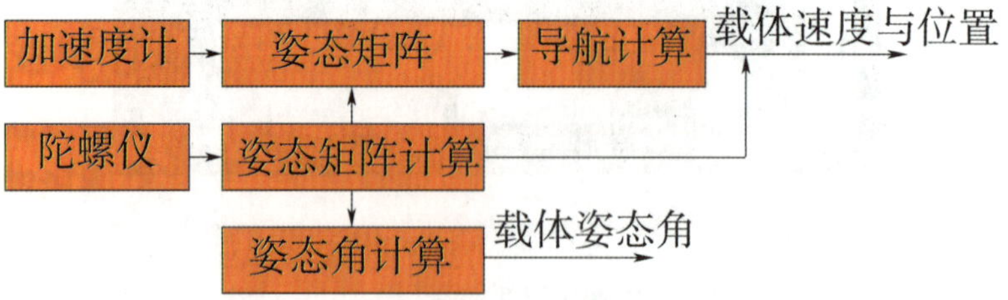

图 5-1-8 惯性导航系统原理

如图 5-1-9 所示,假设一辆汽车正以恒定速度直线行驶,如果知道了汽车的初始位置(S_0)、速度(V)及行驶时长(t),则可以算出汽车的当前位置(S)。但汽车实际上不会一直以恒定的速度直线行驶，因此再进一步，可以使用加速度、初始速度和初始位置计算汽车在任何时间点的车速和位置。在这个计算过程中，需要解决一个问题：如何测量加速度。

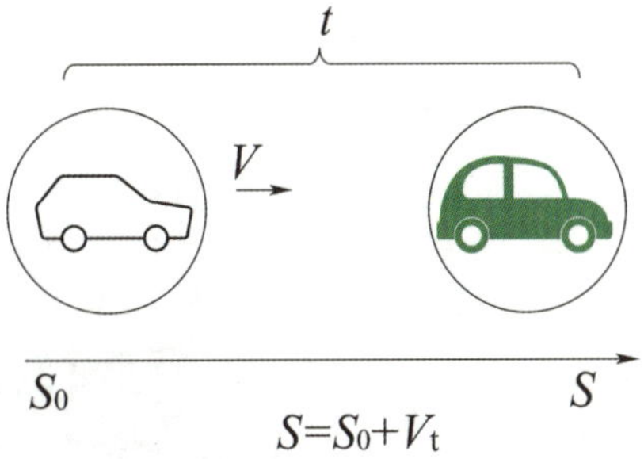

图 5-1-9　汽车行驶位置计算

加速度传感器和陀螺仪结合就是惯性测量单元（IMU），加速度传感器解决速度问题，陀螺仪解决方向问题。

三轴陀螺仪的三个外部平衡环一直在旋转，但在三轴陀螺仪中的旋转轴始终固定在世界坐标系中，车辆通过测量旋转轴和三个外部平衡环的相对位置来计算其在坐标系中的位置，如图 5-1-10 所示。

图 5-1-11 所示为 IMU 产品，通过内置的微处理器，能够以最高 200Hz 的频率输出实时的高精度三维位置、速度、姿态信息。

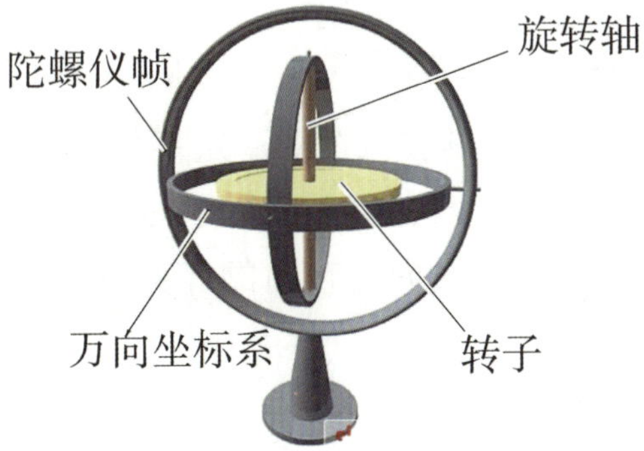

图 5-1-10　三轴陀螺仪

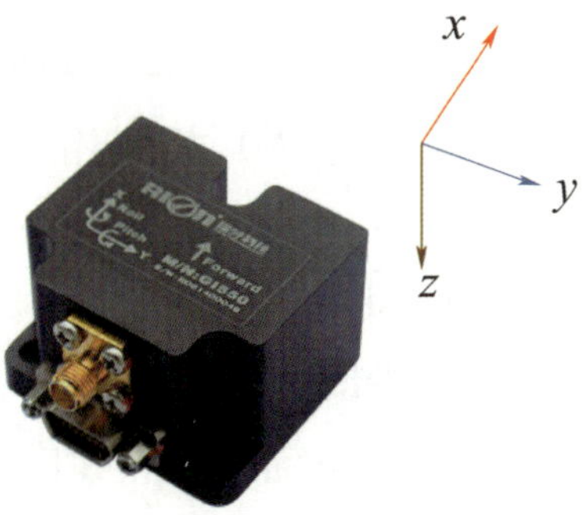

图 5-1-11　IMU 产品

IMU 的原理和人在黑暗中走小碎步确定位置的情景很相似。

当人们晚上回到家，发现家里停电时，眼睛在黑暗中什么都看不见的情况下，只能根据已有的经验，极为谨慎地走小碎步，并不断用手触摸周围的东西（比如冰箱），用以确定自己所在的位置。

但在黑暗中，由于自己对步长的估计和实际走的距离存在误差，走的步数越来越多时，自己估计的位置与实际的位置相差会越来越远。基于 GPS 或 BDS 和 IMU 的融合是自动（无人）驾驶汽车一种重要的定位技术。结合上述人在黑暗中走小碎步的过程，GPS 的作用就类似于手摸到东西之后对自己的位置进行的修正，IMU 的作用就类似于小碎步，不断地对自己的位置进行推算。不断地修正和不断地推算，就能保证自己的定位相对稳定。

在自动驾驶应用中，GPS 的更新频率一般为 10Hz，IMU 的更新频率一般为

100Hz。两个传感器共同工作时,可以给出频率 100Hz 的定位输出。两个传感器数据融合的原理如图 5-1-12 所示。

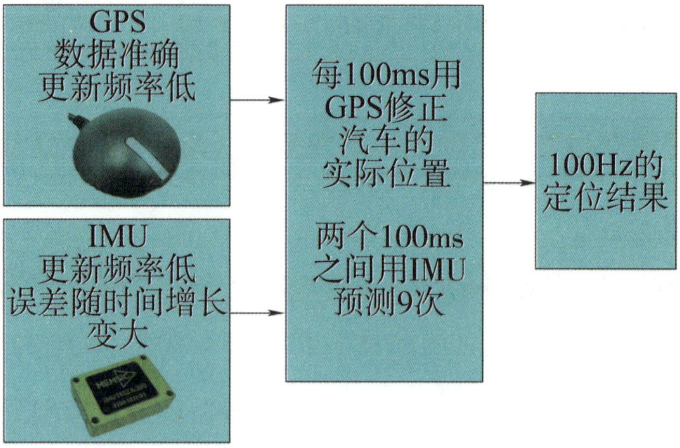

图 5-1-12 GPS 和 IMU 数据融合的原理

控制器上的软件对信息的处理,在 0 ~ 100ms 的周期中,使用 IMU 进行 9 次位置的估计,待新的 GPS 定位数据进来时,则进行修正,以此实现高频率的定位结果输出。GPS 与 IMU 相辅相成地实现了自动驾驶汽车的稳定定位。

有了 100Hz 的稳定定位,自动驾驶汽车在处理路径跟随问题时,就能保持极高频率的定位和控制。每走一小步,便重新进行转向盘转角的计算,进而控制自动驾驶汽车沿着既定的轨道行驶。

3)惯性导航系统的特点和应用

惯性导航系统具有以下主要优点:

(1)是不依赖于任何外部信息、也不向外部辐射能量的自主式导航系统,故隐蔽性好,也不受外界电磁干扰的影响。

(2)可全天候在全球任何地点工作。

(3)能提供位置、速度、航向和姿态角数据,所产生的导航信息连续性好而且噪声低。

(4)数据更新率高,短期精度和稳定性好。

惯性导航系统具有以下主要缺点:

(1)由于导航信息经过积分而产生,定位误差随时间而增大,长期精度差。

(2)每次使用之前需要较长的初始对准时间。

(3)设备的价格较昂贵。

(4)不能给出时间信息。

即便是北斗加 GPS 和 GLONASS,卫星导航信号还是有很多无法覆盖的地方,所以智能网联汽车(无人驾驶汽车)必须配备惯性导航系统。在 GPS 信号丢失或很弱的情况下,例如汽车驶入深山或隧道时,GPS 信号丢失,汽车上安装的惯性导航系统的作用会非常显著,如图 5-1-13 所示。

5. 激光雷达定位

通过激光雷达的地图信息进行匹配的方法也是一种绝对位置估计方法。该方法通过事先建立的地图信息,在自动(无人)驾驶过程中,不断将检测到的数据特征与地图信息进行对比匹配,从而得到车辆在地图中的绝对位置。基于地图信息匹配定位方法的优点在于无累积误差,不需要对道路进行改造,其缺点在于包含地图生成和地图匹配两个步骤,而地图生成需要提前采集制作,在室外场景中,绘制地图的数据量十分巨大,而且对地图匹配中的实时性带来很大挑战。

激光雷达定位的场景如图 5-1-14 所示。

图 5-1-13　汽车在隧道时惯性导航系统工作

图 5-1-14　激光雷达定位的场景

GPS + IMU(惯性测量单元)为激光雷达的空间位置和脉冲发射姿态提供高精度定位,建立激光雷达云点的三维坐标系。惯性导航系统可用于定位,与其他传感器融合时,也需要统一到一个坐标系下。定位是最常用的,通过 IMU、惯性导航系统和 GPS 等,得到一个预测的全局位置。当激光雷达实时扫描单次的点云数据后,结合单次的点云数据进行匹配,并进行特征提取。这些特征包括路沿、车道线、高度等周围点线面的特征。对于高精度地图,提取过的特征与实时提取的特征进行匹配,最终得到精准的车辆位置,这就是激光雷达的定位过程。

百度公司的 Apollo 系统使用了激光雷达、RTK(载波相位差分)技术与 IMU

(惯性测量单元)融合的方案,多种传感器融合加上一个误差状态卡尔曼滤波器,使定位精度可以达到5 ~ 10cm,市区允许最高时速超过60km/h,而且性能非常可靠和稳定。

四 智能网联汽车导航系统的应用

1. 传统汽车导航系统的特点

传统的汽车导航系统的作用是对汽车进行导航定位,根据车辆的位置,选择合适的行驶路线,辅助驾驶人驾驶车辆前往目的地。汽车的导航系统涉及卫星技术、图像采集技术、电子地图技术、数据库技术、显示技术、接口技术和应用软件技术等领域,是通信与信息技术、传感器技术、车辆自动定位技术和计算机技术的综合应用。

图5-1-15 传统汽车导航的场景

图5-1-15所示为传统汽车导航的场景。

2. 智能网联汽车导航系统的要求

智能网联汽车导航系统在高精度地图、高精度定位的基础上,充分利用高精度地图提供的静态、准静态及动态道路信息,以及利用车载传感器获取的动态信息,通过更加智能、精确、丰富信息的路径规划算法,为汽车自动驾驶的实现提供道路指引。随着智能网联汽车的不断发展,对导航系统也不断提出更高的要求,主要有以下几个方面。

1)定位系统

根据智能网联汽车具体的功能要求,需要提供“车道级”甚至是“厘米级”的高精度定位。

2)地图信息

智能网联汽车需要更加丰富、精确的道路环境信息,例如道路中交通元素的形状、位置特征等,以实现辅助环境感知、精确的路径规划等功能。

3)路径规划算法

智能网联汽车需要规划出高精度、连续的轨迹。相比于传统的导航系统全局路径规划算法,需要增加车道级的路径规划、路口轨迹的连接、辅助环境感知信息的提取等,同时还要考虑驾乘人员意图、个性等因素,作出更加智能的决策。

未来的智能网联汽车导航系统，将能够充分利用日益完善和持续发展的车载传感器、智能交通设施、卫星定位系统、云技术等，对由自车感知、无线通信等方式获取的信息进行融合和分析，充分地理解道路环境、车辆状态和驾驶人意图，实现更加安全、智能、舒适的全局路径规划，并能有效协作自动驾驶系统理解和认识环境，辅助驾驶人或协调自动驾驶系统完成车辆预订的行驶任务。

图 5-1-16 所示为自动驾驶汽车导航的场景。

图 5-1-16　自动驾驶汽车导航的场景

任务总结

提示：

请预先复习“相关知识”的内容。

一　思考与研讨

(1)利用互联网等资源查询智能网联汽车导航定位系统的应用技术。

记录：________________________________

____

(2)讨论智能网联汽车最理想的导航定位系统是什么？并说明原因。

记录：________________________________

____

二　练习与测试

1. 判断题

(1)智能网联汽车通过信息融合技术实现定位与导航技术的组合，从而使环

境信息与车辆信息融合成为一个系统性的整体。 ( )

(2)智能网联汽车 L4 级别以上的自动驾驶系统,只需要导航级别精度即可。 ( )

(3)绝对定位是指通过卫星定位系统获得车辆在地球上的绝对位置和航向信息。 ( )

(4)GPS 能满足智能网联汽车自动驾驶的需求。 ( )

(5)北斗卫星导航定位系统同时具备定位与通信功能。 ( )

2. 单项选择题

(1)智能网联汽车定位方式可分为( )。

A. 绝对定位　　B. 相对定位

C. 组合定位　　D. 以上都是

(2)目前得到普遍应用的卫星导航定位系统是( )。

A. 美国的 GPS　　B. 俄罗斯的 GLONASS

C. 欧洲空间局的 GALILEO　　D. 中国的 BDS

(3)为确保实现全球全天候连续的导航定位服务,GPS 至少可以同时观测到( )卫星。

A. 2 颗　　B. 3 颗　　C. 4 颗　　D. 5 颗

(4)差分全球定位系统(DGPS),是在( )的基础上利用差分技术使用户能够获得更高的精度。

A. 美国的 GPS　　B. 俄罗斯的 GLONASS

C. 欧洲空间局的 GALILEO　　D. 中国的 BDS

(5)惯性导航系统(INS)的工作环境包括( )。

A. 空中　　B. 地面　　C. 水下　　D. 以上都是

3. 多项选择题

(1)全球四大卫星定位系统包括( )。

A. 美国的 GPS　　B. 俄罗斯的 GLONASS

C. 欧洲空间局的 GALILEO　　D. 中国的 BDS

E. 惯性导航系统(INS)

(2)美国全球定位系统(GPS)由( )组成。

A. 卫星　　B. 控制站　　C. 路由器　　D. 接收器　　E. 基站

(3)北斗卫星导航定位系统由( )组成。

A. 空间段　　B. 地面段　　C. 用户段　　D. 主控站　　E. 监测站

(4)惯性导航系统主要优点包括(　　)等。

A. 隐蔽性好,也不受外界电磁干扰的影响

B. 可全天候在全球任何地点工作

C. 产生的导航信息连续性好而且噪声低

D. 数据更新率高,短期精度和稳定性好

E. 设备的价格便宜

(5)智能网联汽车的发展,对导航系统提出更高的要求,主要包括(　　)等。

A. 需要提供"车道级"甚至是"厘米级"的高精度定位

B. 更加丰富、精确的道路环境信息

C. 需要规划出高精度、连续的轨迹

D. 更加智能

E. 更加安全

任务2 高精度地图的应用

提出任务

你知道什么是高精度地图吗?智能网联汽车在自动驾驶过程中如何应用高精度地图?

任务要求

知识要求

1. 能够描述高精度地图与导航地图的区别;
2. 能够描述高精度地图的作用;
3. 能够描述高精度地图的采集方法与生产过程;
4. 能够描述高精度地图的应用。

能力要求

1. 能够利用互联网等资源查询高精度地图的特点；
2. 能够查询并分析高精度地图在智能网联汽车上的应用。

相关知识

一　高精度地图与导航地图的区别

1. 高精度地图的定义

所谓的高精度地图，实际上是相对于我们现在已经普及的普通导航电子地图（如手机上的各种 App 地图）来比较的。高精度地图是指高精度、精细化定义的地图。通俗来讲就是精度更高、数据维度更多的电子地图。

图 5-2-1　高精度地图的样例

图 5-2-1 所示是高精度地图的样例。

高精度地图的“高精度”指两个方面：一方面是指高精度电子地图的绝对坐标精度更高，绝对坐标精度指的是地图上某个目标和真实的环境之间的精度；另一方面是指高精度地图所含有的道路交通信息元素更丰富和精细。

高精度地图将大量的行车辅助信息存储为结构化数据，这些信息可以分为两类：第一类是道路数据，比如车道线的位置、类型、宽度、坡度和曲率等车道信息；第二类是车道周边的固定对象信息，比如交通标志、交通信号灯等信息、车道限高、下水道口、障碍物及其他道路细节，还包括高架物体、防护栏、数目、道路边缘类型、路边地标等基础设施信息。

2. 高精度地图的精度

高精度地图最重要的特征是精度。

普通的导航电子地图的绝对坐标精度在 10m 左右，加上 GPS 设备的定位精度也在 10m 左右，也就是说我们现在手机上的导航地图只能达到“米级”精度。这对于人类驾驶者来说，电子地图的主要作用是导航，包括从 A 地到 B 地的路径规划、车辆和道路的匹配等,这样的精度已经足够了。但对于汽车的自动驾驶,需要的是高精度地图才能满足要求。自动驾驶汽车需要精确地知道自己在路上的位置,往往车辆离路肩(即"马路牙子")和旁边的车道也就几十厘米,所以高精度地图的绝对坐标精度一般都会在亚米级,也就是1m以内的精度,而且横向的相对精度(比如车道与车道、车道与车道线的相对位置精度)还要更高,需要达到"厘米级"精度,这对自动驾驶汽车至关重要。

3. 高精度地图包含的信息

普通的导航电子地图会描绘出道路,而高精度地图不仅会描绘道路,还会描绘出一条道路上有多少条车道,会真实地反映出道路的实际样式。比如真实道路在某些地方变宽了,那么高精度地图中的道路数据也是变宽了,而某些地方因为汇合了而变窄了,高精度地图也是一样反映出真实的数据。

在高精度地图中,每条车道和车道之间的车道线,是虚线、实线还是双黄线,线的颜色,道路的隔离带,隔离带的材质甚至道路上的箭头、文字的内容,所在位置都会有描述。为了自动驾驶的考虑,每条车道的限速,推荐速度也需要提供。而像人行横道、道路沿线的标识牌、隔离带、限速标志、红绿灯、路边的电话亭等,这类我们通常统称为交通参与物的绝对地理坐标,物理尺寸以及它们的特质特性等也都会出现在高精度数据中。

高精度地图还包括大量的驾驶辅助信息,最重要的信息是道路网的精确三维特征,例如交叉路口的布局和路标位置,如图5-2-2所示。高精度地图还可能会报告交通灯上不同颜色的含义,也可能指示道路的限速,以及左转车道的位置。

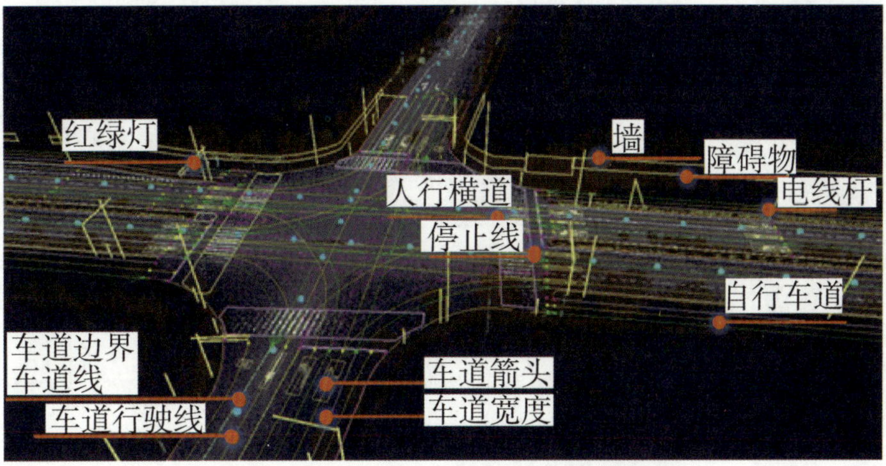

图5-2-2　高精度地图包含的信息

综上,高精度地图包含的道路交通信息很丰富,总的来说可分为基础信息层、道路信息层、周围环境信息层和其他信息层，各层所包含的信息见表 5-2-1。

高精度地图包含的信息　　　　表 5-2-1

分　层	各层包含信息
基础信息层	车道坡度、倾斜角、航向；车道个数、方向、宽度；车道线位置、类型
道路信息层	车道可通行高度；红绿灯、人行道；限速等标志牌，隔离带等信息
周围环境信息层	周围建筑物信息
其他信息层	天气信息；道路施工信息；道路拥堵、意外事故等信息

4. 高精度地图与导航地图的区别

高精度地图与普通导航地图的区别如下：

（1）导航地图是面向驾驶人，供驾驶人使用的地图数据，而高精度地图是面向机器（自动驾驶系统）的供自动驾驶汽车使用的地图数据。

（2）导航地图会描绘出道路，部分道路会区分车道；高精度地图不仅会描绘道路，对一条道路上有多少条车道也会精确描绘，能够真实地反映出道路的实际样式。

（3）导航地图不能把道路形状的细节完全展现；高精度地图为了让自动驾驶系统更好地识别交通情况，从而提前做出行驶方案，会把道路形状的细节进行详细、精确展示，哪些地方变宽、变窄，会和真实道路完全一致。

图 5-2-3 所示为导航地图与高精度地图对比示意图。

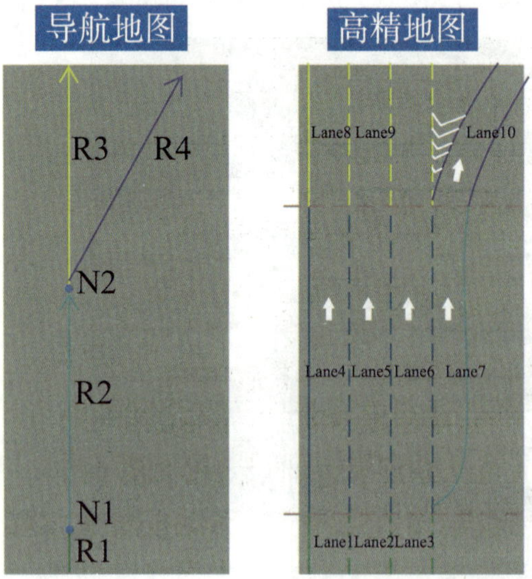

关联关系

导航道路	高精地图车道线
R1	Lane1,Lane2,Lane3
R2	Lane4,Lane5,Lane6,Lane7
R3	Lane8,Lane9
R4	Lane10

图 5-2-3　导航地图与高精度地图对比示意图

二 高精度地图的作用

1. 自动驾驶与人类驾驶过程对比

跟人类的驾驶过程一样，自动驾驶也需要经过感知、高精定位、决策与控制的步骤。

1）感知

驾驶人的感知通过眼睛、耳朵；自动驾驶则通过激光雷达、毫米波雷达、摄像头、惯性导航系统等传感器。

2）高精定位

驾驶人通过看到和听到的环境信息与记忆中的信息进行对比，判断出自己的位置和方向；自动驾驶则需要将传感器搜集的信息跟储存的高精度地图进行对比，判断位置和方向。

3）决策与控制

驾驶人思考判断后操控汽车驶向目的地；自动驾驶通过人工智能算法决策做出车道及路径规划，给制动、转向、加速等控制器下达指令，控制车辆驶向目的地。

2. 高精度地图的作用

目前来看，摄像头、毫米波雷达、激光雷达等传感器，在进行环境感知时还存在一些缺陷，尤其在沙尘、雨雪、浓雾等极端天气下，容易发生误判，甚至失效，即使将多个传感器进行融合，也不能完全避免。而高精度地图，不仅在极端天气情况下依然能发挥作用，且视野范围还不会受到遮挡、距离与视觉限制，可以与上述传感器在感知层形成很好的互补，为自动驾驶汽车提供更加可靠的感知能力。

就感知信息而言，高精度地图除了可以为自动驾驶汽车提供高精度的静态信息，如路网、路形、车道、建筑、路标等，还包含动态的实时交通信息，通过对这两类信息进行融合，形成一个虚拟的驾驶环境，供车辆进行环境感知、认知和理解，并开展路径规划、躲避拥堵和交通障碍。从这一点上来讲，高精度地图其实相当于一个超级感知容器，一方面可对现有传感器进行辅助，另一方面作为平台对接车道级规划的需求，最终实现感知和决策的双增强。

值得一提的是，基于对3D道路环境的重建，高精度地图可以帮助自动驾驶汽车减轻对昂贵传感器的依赖,大幅降低系统成本,并减轻车内计算压力。

综上所述,在自动驾驶过程中,高精度地图起到了高精度定位、辅助环境感知、规划与决策等作用,如图 5-2-4 所示。

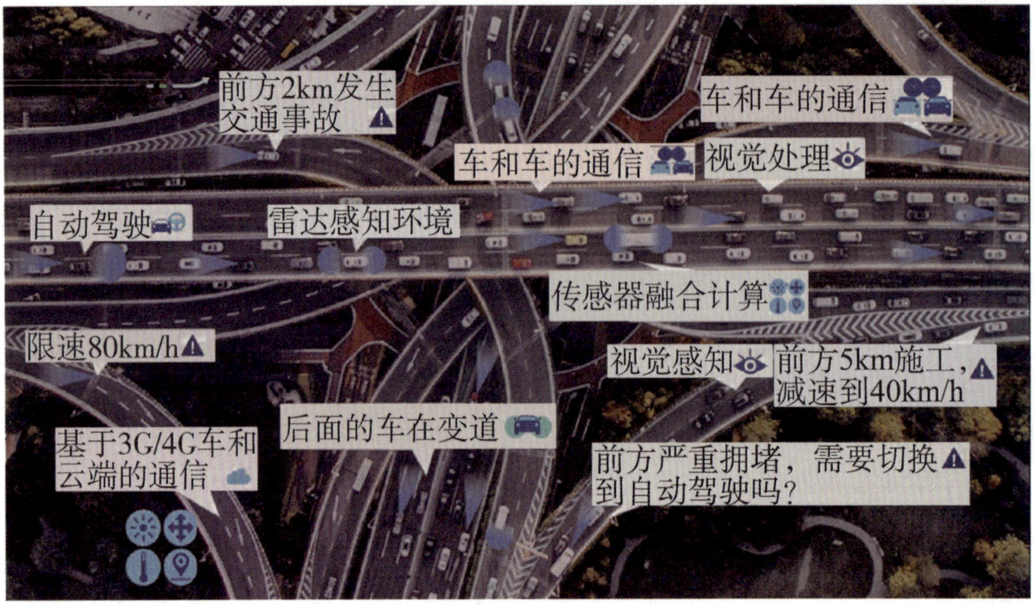

图 5-2-4　自动驾驶过程中高精度地图的作用

1)高精度定位

把自动驾驶汽车上传感器感知到的环境信息与高精度地图进行对比,得到车辆在地图中的精确位置,这是路径规划与决策的前提。

2)辅助环境感知

在高精度地图上标注详细道路信息,辅助汽车在感知过程中进行验证。比如车辆传感器感知到前方道路上的坑洼,可以跟高精度地图中的数据进行对比,如果地图中也标记了同样的坑洼,就能起到验证判断的作用。

3)规划与决策

利用云平台了解传感器感知不到区域(如几千米外)的路况信息,以提前避让。

三　高精度地图的采集方法与生产过程

1. 高精度地图的采集方法

地图的信息采集是靠地图采集车(图 5-2-5)上的激光雷达、高清摄像头、惯性导航系统及 GPS 定位系统,可以把地图数据的相对误差控制在 10cm 以内甚至更精确。

图 5-2-5　高精度地图采集车

高精度地图与传统地图相比,具有不同的采集原理和数据存储结构。传统地图依赖于拓扑结构和传统的数据库,将各种元素作为对象堆放在地图上,将道路存储为路径。

高精度地图的采集方法如下。

1)实地采集

通常称为"外业",实地采集是制作高精度地图的第一步,主要通过采集车的现场采集来完成。采集的核心设备是激光雷达、高精度差分—惯导—卫星定位系统,它通过激光反射形成点云,完成对环境中各种物体的采集,并通过高精度定位系统记录行驶轨迹和环境中物体的高精度位置信息。

2)加工

通常称为"内业",加工是指通过对采集到的数据进行加工,提取高精度地图所需要表达的信息,并形成高精度地图数据库。加工的过程包括人工处理、深度学习的感知算法等。

采集的设备越精密,采集的数据越完整,就可以降低算法的不确定性;收集到的数据不完整,就需要更复杂的算法来补偿数据缺陷,且容易产生更大的误差。因此,实地采集所用到的设备成本高昂,目的是保证获取数据的精确性,以及提高采集数据的利用率。

3)后续更新

通常随着时间的变化,道路会由于破损、翻修、规划等种种原因发生变化。为保证高精度地图中信息的可靠性和有效性,需要对地图进行周期性或者由一定原因触发的更新。可以采取的高精度地图更新方式有:众包方式或与政府实时交通处理部门合作等。

2. 高精度地图的生产过程

高精度地图中，为了提高存储效率和机器可读性，地图在存储时分为矢量层和对象层。在高精度地图生产过程中，通过提取车辆上传感器采集的原始数据，获取高精度地图特征值，构成特征地图。在此基础上，进一步提取、处理和标注矢量图形，包括道路网络信息、道路属性信息，道路几何信息和道路上主要标志的抽象信息。

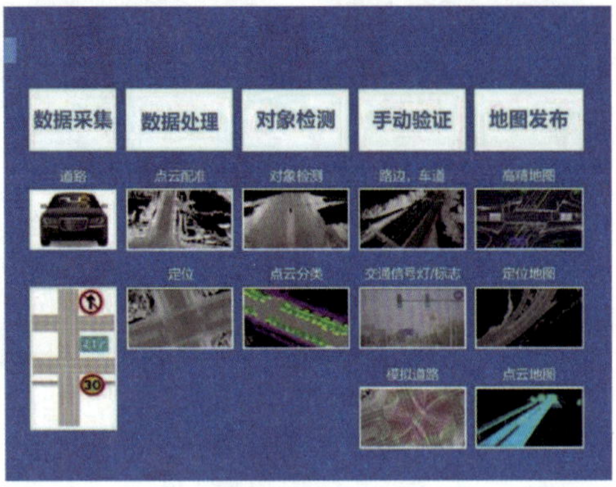

图 5-2-6　高精度地图的生产(构建)过程示意图

图 5-2-6 所示为高精度地图的生产(构建)过程示意图。

四　高精度地图的应用

1. 高精度地图的标准化

规模化、市场化的高精度地图，由于其生产和维护的复杂性、高成本，需要通过标准化实现高精度地图行业的持续发展和有效应用。目前，涉及高精度地图的标准有 ADASIS、Open Drive 等，它们都提供了标准的格式和数据内容，保证不同地图企业生产的高精度地图在应用方面的一致性。ADASIS 是 ADAS Interface Specification 的缩写，通过称为电子地平线的地图信息片形式提供车辆周围的高精度地图信息；Open Drive 初衷是建立统一的路网逻辑，以 XML 格式提供车道级地图信息，并提供各编程语言的解析接口，方便开发者快速整合到自有环境，后来由于智能网联汽车发展的需求，也被作为高精度地图的标准格式。

2. 高精度地图的应用现状

与传统的电子地图相比，高精度地图由于精度更高，涵盖的信息更广，可以为车辆提供比传感器更详细的环境信息，成为自动驾驶汽车核心的技术之一。然而由于高精度地图提供的数据过于详细，涉及了空间信息安全，现行的法律以及政策在数据采集、传输、储存、使用以及表达上都存在着很多的限制，这在一定程度上制约了高精度地图的发展。

现阶段高精度地图面临的难点主要有以下几个方面。

1)数据的采集和使用以及表达受限制

这主要是针对汽车厂商和自动驾驶方案解决商而言的。由于现行法规限制,他们没有测绘资质就没办法采集、使用以及储存这些空间位置信息,只能够跟有资质的地图供应商进行合作。另外还包括众包采集,以及道路的里程、坡度、曲率,桥梁隧道的限高、限重等信息,按照现行政策,其实也有明确的限制。而汽车厂商对于这些数据又有很强的需求,这也就间接影响了自动驾驶的发展。

2)国内没有专门针对自动驾驶地图的统一标准

目前在国际上通行的标准基本上都是基于欧美道路设计的,跟国内场景有很大的区别。

3)保密技术需要改进

按照现行法规,自动驾驶地图仍属于导航电子地图的一种,在公开使用前,需要进行处理,而自动驾驶对定位的要求又很高,这明显与法规要求相矛盾。

4)现行审图方式可能存在一定的问题

目前导航电子地图实行的是许可制,在出版和发行之前需要经过地理信息主管部门的审核,然而自动驾驶地图采用的是数字串的形式来表达相关信息,且有很高的更新频率和周期,现行的审图模式难以满足这些需求。

5)没有划定专门的测试区

目前国内的自动驾驶测试场主要集中在对自动驾驶技术的测试上面,对地图相关的测试验证还没有,由此导致对地理信息安全方面的评估较为缺乏。

6)缺少统一的数据管理平台

自动驾驶地图不仅包含很高精度的道路静态信息,未来可能还会包含交通事件以及道路施工等动态信息,基于这样一个特性,其数据采集和更新成本未来会很高。如果有了统一的数据管理平台,用于自动驾驶的数据采集、诊断、评估,可以实现更加高效的数据共享。

由此可见,高精度地图的产业化之路还很长。但尽管如此,近几年该领域还是吸引了大批企业布局。放眼市场,除了传统的地图供应商,像 BAT 等科技巨头,以及传统车企,都在纷纷借助收购、投资或者合作等手段进入高精度地图领域,甚至还诞生了一大批初创型企业。

在多方势力角逐之下,高精度地图的市场进程节奏已经加快。据有关汽车研究机构预测,随着自动驾驶汽车的不断发展,特别是从 2020 年开始 L3 车型的密集上市,高精度地图产业有望迎来黄金发展期,预计到 2025 年国内高精地图市场规模将达到 80 亿元,2026 年将出现快速增长,突破 100 亿元。

任务总结

提示：

请预先复习“相关知识”的内容。

一 思考与研讨

(1)利用互联网等资源查询高精度地图的特点，包括精度、包含信息等。

记录：____

(2)讨论高精度地图的应用对自动驾驶汽车的重要性。

记录：____

二 练习与测试

1. 判断题

(1)高精度地图是指高精度、精细化定义的地图。　　(　)

(2)自动驾驶汽车使用的电子地图精度必须达到“米级”。　　(　)

(3)导航地图不会描绘出道路，也不会区分车道。　　(　)

(4)极端天气情况下，高精度地图辅助传感器为自动驾驶汽车提供更加可靠的感知能力。　　(　)

(5)高精度地图行业需要通过标准化来保证持续发展和有效应用。　　(　)

2. 单项选择题

(1)以下属于高精度地图道路信息层的信息的是(　　)。

A. 车道坡度　　B. 周围建筑物信息

C. 红绿灯、人行道　　D. 道路施工信息

(2)一般来说，自动驾驶高精度地图的绝对坐标精度要达到(　　)。

A. 米　　B. 分米　　C. 厘米　　D. 毫米

(3)高精度地图的采集方法主要有(　　)。

A. 实地采集　　B. 加工　　C. 后续更新　　D. 以上都是

(4)自动驾驶地图采用的是(　　)的形式来表达相关信息。

A. 图片　　B. 数字串　　C. 文字　　D. 字母

(5)以下属于现阶段高精度地图面临的难点的是(　　)。

A. 采集、审核、保密、发布相关的法规

B. 统一的标准

C. 统一的数据管理平台

D. 以上都是

3. 多项选择题

(1)高精度地图包含的道路交通信息很丰富,总的来说可分为(　　)。

A. 基础信息层　　B. 道路信息层　　C. 周围环境信息层

D. 其他信息层　　E. 综合信息层

(2)高精度地图的基础信息层包括(　　)。

A. 车道坡度、倾斜角、航向

B. 车道个数、方向、宽度

C. 车道线位置、类型

D. 车道可通行高度

E. 拥堵、意外事故等信息

(3)在汽车自动驾驶过程中,高精度地图起到了(　　)作用。

A. 高精度定位　　B. 辅助环境感知　　C. 规划与决策

D. 环境感知　　E. 信息传输

(4)地图采集车上装备有(　　)等。

A. 激光雷达　　B. 高清摄像头　　C. 惯性导航系统

D. GPS 定位系统　　E. 红外线夜视仪

(5)高精度地图的生产过程包括(　　)等。

A. 数据采集　　B. 数据处理　　C. 对象检测

D. 手动验证　　E. 地图发布

项目六

智能网联汽车先进驾驶辅助系统

本项目主要学习智能网联汽车先进驾驶辅助系统的结构原理及功能应用，分为2个任务学习。

任务1　驾驶辅助系统功能的应用；

任务2　智能网联汽车路径规划与决策控制。

通过2个任务学习，掌握智能网联汽车先进驾驶辅助系统的类型、结构组成、工作原理及实际应用。

任务1 驾驶辅助系统功能的应用

提出任务

智能网联汽车要实现“自动驾驶”甚至“无人驾驶”，需要很多驾驶辅助系统支持，这些系统大部分在目前的车型上已经得到广泛应用。你知道这些驾驶辅助系统的结构原理和实际应用吗?

任务要求

知识要求

1. 能够描述先进驾驶辅助系统的定义和类型;
2. 能够描述前向碰撞预警系统的结构原理与应用;
3. 能够描述车道偏离预警系统的结构原理与应用;
4. 能够描述盲区监测系统的结构原理与应用;
5. 能够描述驾驶疲劳预警系统的结构原理与应用;
6. 能够描述车道保持辅助系统的结构原理与应用;
7. 能够描述自动紧急制动系统的结构原理与应用;
8. 能够描述自适应巡航控制系统的结构原理与应用;
9. 能够描述自动泊车辅助系统的结构原理与应用。

能力要求

能够利用互联网等资源查询、分析驾驶辅助系统的应用。

相关知识

一　先进驾驶辅助系统的定义和类型

1. 先进驾驶辅助系统的定义

先进驾驶辅助系统(Advanced Driver Assistance System,ADAS),也称“高级驾驶辅助系统”,是利用环境感知技术采集汽车、驾驶人和周围环境的动态数据并进行分析处理,通过提醒驾驶人或执行器介入汽车操作,以实现驾驶安全性和舒适性的一系列技术的总称。

智能网联汽车采用的 ADAS 技术遵循“感知预警—主动控制—无人驾驶”的发展路线。早期车辆的 ADAS 技术主要以被动式报警为主,当车辆检测到潜在危险时,会发出警报提醒驾驶人注意异常的车辆或道路情况。对于最新的 ADAS 技术来说,直接主动式干预车辆行驶,可以实现“无人驾驶”。

图 6-1-1 所示是 ADAS 的功能示意图。

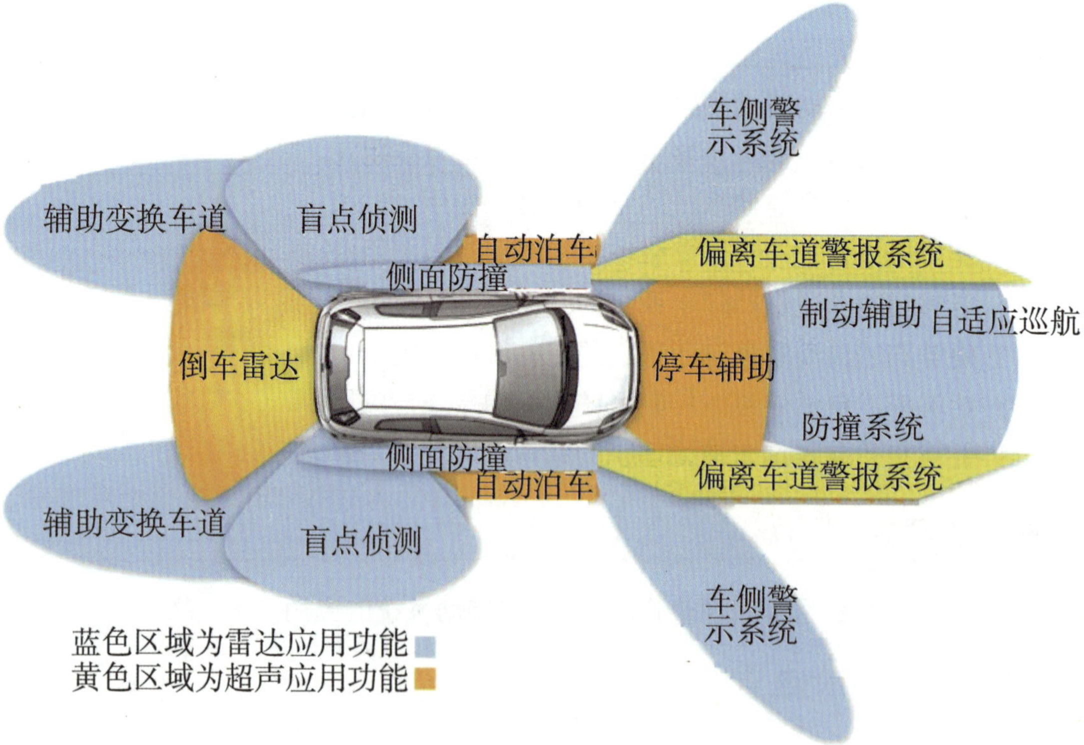

图 6-1-1　ADAS 的功能示意图

ADAS 作为自动驾驶乃至无人驾驶汽车的过渡形态，其系统的构成根据功能分成感知、控制、执行三个主要模块。汽车厂商在实际技术研发测试中，感知模块最先发展成熟，应用于汽车中发挥感知预警功能，对驾驶人未察觉的交通危险隐患、道路情况进行警告，或辅助驾驶人的驾驶行为、改善其驾驶感受；随后控制模块与执行模块得以持续发展，在感知预警的基础上实现部分汽车驾驶的主动控制，直至完全“无人驾驶”。

2. 先进驾驶辅助系统的类型

先进驾驶辅助系统（ADAS）按照环境感知系统的不同可以分为自主式和网联式两种类型。

1）自主式先进驾驶辅助系统

自主式先进驾驶辅助系统基于车载传感器完成环境感知，依靠车载中央控制系统进行分析决策，技术比较成熟，多数已经装备量产车型。

自主式先进驾驶辅助系统按照功能又可以分为自主预警类、自主控制类和视野改善类三种类型。

（1）自主预警类。自主预警是指自动监测车辆可能发生的碰撞危险并提醒，从而防止发生危险或减轻事故伤害。自主预警类 ADAS 主要系统、功能及应用车型见表 6-1-1。

自主预警类 ADAS 表 6-1-1

系统名称	功能介绍	应用车型
前向碰撞预警系统	识别潜在的危险情况，并通过提醒帮助驾驶人避免或减缓碰撞事故	日产楼兰，纳智捷大 7SUV
车道偏离预警系统	可能偏离车道时给予驾驶人提示，减少因车道偏离而发生的事故	现代全新胜达，陆风 X7
盲区监测系统	检测盲区内行驶车辆或行人	沃尔沃 XC60，奥迪 Q5
驾驶疲劳预警系统	推断驾驶人的疲劳状态，进行报警提示或采取相应措施	哈弗 H9，大众途观

（2）自主控制类。自主控制是指自动监测车辆可能发生的碰撞危险并提

醒,必要时系统会主动介入,从而防止发生危险或减轻事故伤害。自主控制类ADAS主要系统、功能及应用车型见表6-1-2。

自主控制类ADAS 表6-1-2

系统名称	功能介绍	应用车型
车道保持辅助系统	修正即将越过车道标线的车辆,使车辆保持在车道线内	奥迪Q3,JEEP自由光
自动紧急制动系统	当车辆与前车处于危险距离时,主动产生制动效果让车辆减速或紧急停车,减少因距离过短而发生的事故	丰田汉兰达,日产逍客
自适应巡航控制系统	使车辆始终与前车保持安全距离	福特锐界,丰田汉兰达
自动泊车辅助系统	自动泊车入位	福特翼虎,日产奇骏

(3)视野改善类。视野改善是指提高在视野较差环境下的行车安全性。视野改善类ADAS主要系统、功能及应用车型见表6-1-3。

视野改善类ADAS 表6-1-3

系统名称	功能介绍	应用车型
自适应前照明系统	自动调节前照明系统的工作模式	丰田RAV4,沃尔沃XC60
夜视辅助系统	晚上使用热成像,呈现行人或动物	纳智捷优6,纳智捷大7SUV
平视显示系统	将汽车驾驶辅助信息、导航信息、ADAS信息等以投影方式显示在前方,方便阅读	宝马7,大众辉昂
全景泊车系统	360°全景提示	哈弗H8,吉利豪情SUV

智能网联汽车ADAS配置的驾驶辅助功能与自动驾驶的等级有关,见表6-1-4。

2)网联式先进驾驶辅助系统

网联式先进驾驶辅助系统基于V2X通信技术完成环境感知,依靠云端大数据进行分析决策,例如汽车自动引导系统等,但仍处于试验阶段。

智能网联汽车 ADAS 配置 表 6-1-4

分级	L1 级	L2 级	L3 级	L4 级	L5 级
名称	驾驶辅助	部分自动驾驶	有条件自动驾驶	高度自动驾驶	完全自动驾驶
主要功能	前向碰撞预警 车道偏离预警 盲区监测预警 驾驶疲劳预警 车道保持辅助 自动紧急制动 自适应巡航控制 自动泊车辅助 自适应前照明 夜视辅助 平视辅助	拥堵辅助驾驶 车道内自动驾驶 换道辅助 全自动泊车	高速公路自动驾驶 城郊公路自动驾驶 协同式列队行驶 交叉路口通行辅助	市区自动驾驶 车路协同控制 远程泊车	无人驾驶
特征	单一功能	组合功能	特定条件 部分任务	特定条件 全部任务	全部条件 全部任务
感知系统配置	超声波传感器 毫米波雷达 视觉传感器 少线激光雷达 4G 网络	超声波传感器 毫米波雷达 视觉传感器 少线激光雷达 4G 网络	超声波传感器 毫米波雷达 视觉传感器 多线激光雷达 V2X 4G 网络	超声波传感器 毫米波雷达 视觉传感器 多线激光雷达 V2X 5G 网络	超声波传感器 毫米波雷达 视觉传感器 多线激光雷达 V2X 5G 网络 高精度地图

网联式先进驾驶辅助系统功能主要有交通拥堵提醒、闯红灯警示、弯道车速警示、停车标志间隙辅助、减速区警示、限速交通标志警示、现场天气信息警示、违反停车标志警示、违规穿过铁路警示、过大型车辆警示等。警示不仅告知车辆和驾驶人注意安全，而且可以通过 V2V、V2I 警示附近的车辆，从而协助防止相撞，例如有车辆在十字路口的死角闯红灯或违反停车标志时会发出警示。

采用不同类型 ADAS 的自主式智能汽车、网联式智能汽车和智能网联汽车特点对比见表 6-1-5。

不同类型 ADAS 的特点对比 表 6-1-5

系统类型	特点	备注
自主式智能汽车	采用车载传感器独立于其他车辆自动驾驶； 不能充分模仿人类感官； 对大众市场不实用； 在城市交通网络中缺乏对周围环境全面、足够的识别	已实际应用
网联式智能汽车	与附近车辆及路侧设施通信，非自主式自动驾驶； 基于 DSRC（专用短程通信技术）的 V2I 技术需要大量的基础设施投入； DSRC 不能针对行人、自行车灯实时工作； V2V 需要高度的行销渗透，以可靠地传递市场价值	未完全成熟
智能网联汽车	技术融合自主式和网联式智能汽车优势的方案； 能够协助对人类感官的足够模仿； 能够降低对各种昂贵传感器的依赖，并降低对整个 V2I 投资的需求； 能够提供必要的功能冗余水平，以确保该项技术能够 100% 地实时运行	发展目标

目前汽车上实际的应用主要以自主式先进驾驶辅助系统为主，网联式先进驾驶辅助系统还未完全成熟。自主式、网联式两种技术融合是智能网联汽车 ADAS 的发展目标，如图 6-1-2 所示。

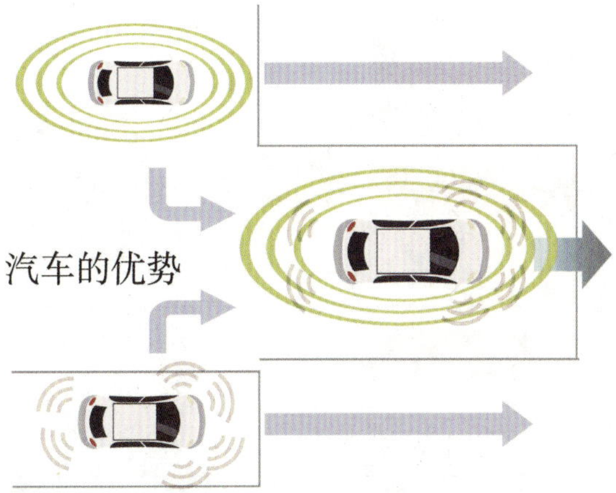

图 6-1-2　自主式和网联式 ADAS 技术融合

二　前向碰撞预警系统的结构原理与应用

1. 前向碰撞预警系统的定义

前向碰撞预警系统(Forward Collision Warning,FCW)也称前方碰撞预警系统,通过雷达或视觉传感器时刻监测前方车辆,判断本车与前车之间的距离、方位及相对速度,当存在潜在碰撞危险时对驾驶人进行警告。FCW 系统预警的方式有声音、视觉或触觉等。FCW 系统一般本身不会采取措施去避免碰撞或控制车辆,但也有一些前向碰撞预警系统会提供不同程度的制动功能。

图 6-1-3 所示是前向碰撞预警系统(FCW)应用场景。

图 6-1-3　前向碰撞预警系统(FCW)应用场景

2. 前向碰撞预警系统的结构组成与工作原理

1)前向碰撞预警系统的结构组成

前向碰撞预警系统(FCW)由信息采集、电子控制和人机交互三个单元组成,如图 6-1-4 所示。

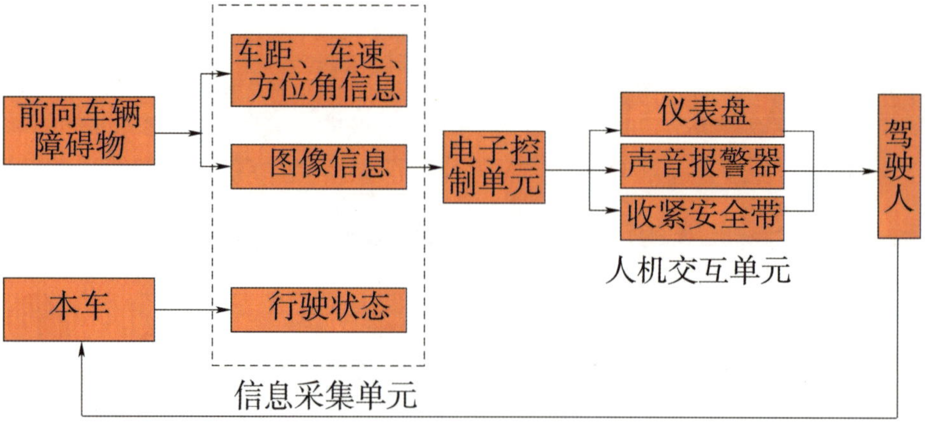

图 6-1-4　前向碰撞预警系统(FCW)的结构组成

(1)信息采集单元。信息采集单元主要利用毫米波雷达采集前向车辆或障碍物的车距、车速和方位角信息,利用视觉传感器采集前向车辆或障碍物的图像信息,利用自身车速和加速度传感器采集本车的速度、加速度等信息。

(2)电子控制单元。电子控制单元主要对前向车辆或障碍物的图像信息和车距、车速等信息进行信息融合,确定障碍物的类型和距离,结合本车行驶状态信息,采用一定的决策算法,评估是否存在潜在的碰撞风险,若存在,则向人机交互单元发出预警指令。

(3)人机交互单元。人机交互单元主要接收由电子控制单元传来的指令,根据预警程度或级别的定义,进行相应预警信息的发布,如在仪表板或抬头显示区域显示预警信息或闪烁预警图标、发出报警声音和收紧安全带等,提醒驾驶人采取措施进行规避。驾驶人接受预警信息后对本车采取制动行为,若碰撞风险消失,则碰撞报警取消。

2)前向碰撞预警系统的工作原理

前向碰撞预警系统通过分析传感器获取的前方道路信息对前方车辆进行识别和跟踪,如果有车辆被识别出来,则对前方车距进行测量。同时利用车速估计,根据安全车距预警模型判断追尾可能,一旦存在追尾危险,便根据预警规则及时给予驾驶人主动预警。

前向碰撞预警系统的工作原理如图 6-1-5 所示,通过分析传感器获取的前方道路信息对前方车辆进行识别和跟踪,如果有车辆被识别出来,则对前方车距进行测量。同时利用车速估计,根据安全车距预警模型判断追尾可能,一旦存在追尾危险,便根据预警规则及时给予驾驶人主动预警。

具体来说,前向碰撞预警系统工作过程主要分为三个部分,即前方车辆识别、前方车距检测、建立安全车距预警模型。

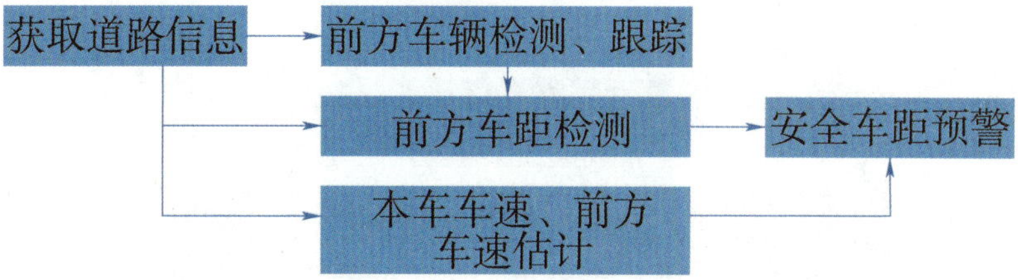

图 6-1-5 前向碰撞预警系统的工作原理

(1)前方车辆识别。

前方车辆识别是前向碰撞预警系统必不可少的一个步骤,也是预警实施的前提条件,可以采用单目相机、立体相机、毫米波雷达以及多传感器融合等方式实现。目前,基于单目视觉灰度图像进行车辆识别的研究最为广泛,如著名的ADAS公司 Mileview 用单目视觉方案来解决。通常行车过程中前方的障碍物为车辆,以此一般依靠车辆特征信息,如车辆形状、车高与车宽的比例等作为检测前向车辆边缘的约束条件,对图像进行边缘增强处理后获得一些包含车辆信息的水平和垂直边缘,从而对车辆进行检测。

使用单目摄像头检测简单、实时性强,但单目视觉方案容易受到光照、阴影等外界环境因素的影响,使其可靠性下降。立体视觉是近年来兴起的另一路径,直接模拟了人类视觉处理景物的方式,通过从多个视点观察同一景物,以获取在不同视角下的感知图像,但是现有的立体视觉技术还不太成熟,有待进一步开发。此外,为了突破单一传感器的局限性,采用多传感器信息融合技术也是当前研究的主流,常见的有视觉传感器与激光雷达的融合,以及视觉传感器与毫米波雷达的融合。目前,多传感器的安装导致车辆总体成本升高,电子控制单元的计算更为复杂,存在一定的时间误差等问题。车辆识别流程如图 6-1-6 所示。

(2)前方车距检测。

前方障碍物距离检测主要可以采用超声波传感器、毫米波雷达、激光雷达、视觉传感器等实现车距的实时检测,是前向碰撞预警系统的重要组成部分,该部分功能与前方障碍物识别同时进行,实现数据共享。距离检测传感器在行车的过程中不断获取目标障碍物的距离信息,并传输给电子控制单元进行处理。在上述传感器中,超声波测距原理简单、成本最低,但其测距精准性受室外温度影响大,衰减快,因此目前只适合短距离测距,主要用在倒车雷达上;激光雷达价格高昂,受雨雪、尘土等环境因素影响较大。因此在实际应用中,常用的距离检测传感器是毫米波雷达和视觉传感器。

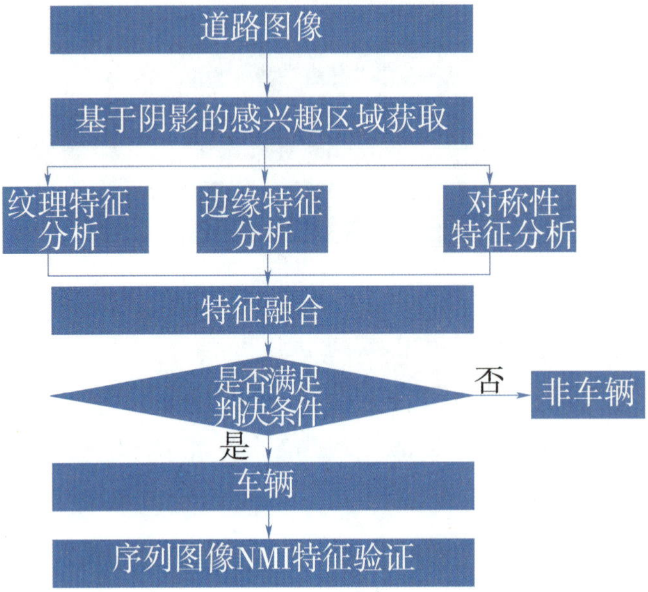

图 6-1-6　车辆识别流程

由于高频率的毫米波雷达探测距离较远,因此通常在行车过程中,先检测到障碍物距离信息,再根据障碍物距离信息变化对前方障碍物进行识别,最终确定是否进行碰撞预警。

采用视觉传感器进行障碍物距离测量的方法较为复杂,图片数据量较大,需要采用以太网等数据传输方案,目前常用的视觉传感器有单目相机和双目相机两种。鉴于视觉技术采集的信息量丰富,以及目前图像处理技术的巨大进步和计算能力已经能够保证图像处理实时性要求,价格低廉的视觉传感器方案也成为一种合适的选择。视觉传感器的障碍物距离测量过程如图 6-1-7 所示,对于前方车辆的跟踪和测距都是动态进行的,如果前方车辆突然变道超车,FCW 系统必须马上将跟踪车辆切换到新的目标上。

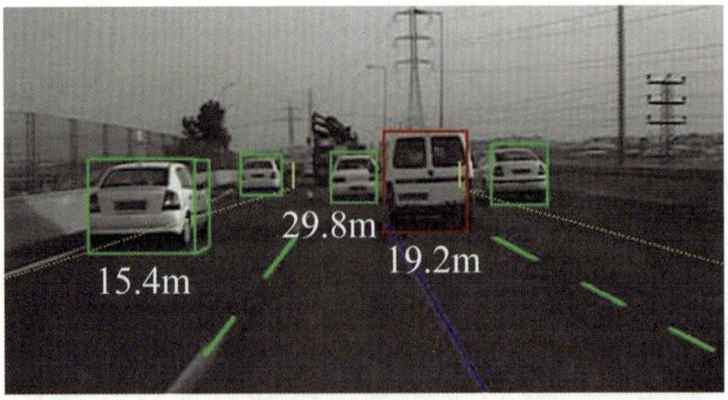

图 6-1-7　视觉传感器的障碍物距离测量过程

(3)安全车距预警。

安全车距是指后方车辆为了避免与前方车辆发生意外碰撞而在行驶中与前车所保持的必要间隔距离。保持安全车距是防止追尾事故最直接、最有效、最广泛和最根本的方法。我国的交通法规规定:机动车在高速公路上行驶,车速超过100km/h时,安全车距为100m以上;车速低于100km/h时,最小安全车距不得少于50m。

图6-1-8所示是自车与前车的相对位置示意图。图中X_1为自车行驶的距离;X_2为前车行驶的距离;D_0为安全车距;D为实际车间距。

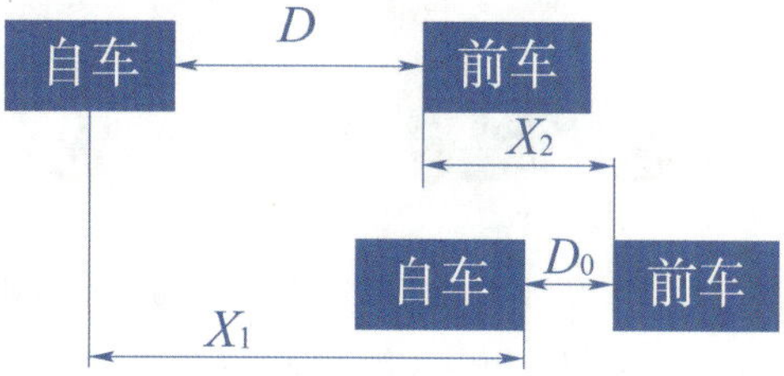

图6-1-8 自车与前车的相对位置示意图

安全车距通常以车辆当前车速为基础进行确定,一般应大于或等于本车能够在碰撞之前制动且不发生碰撞的距离。

3. 前向碰撞预警系统的应用

前向碰撞预警系统能够在车距过小时主动发出报警信息,能够较好地避免由于跟车距离过小而发生的车辆追尾。在目前应用中,搭载有前向碰撞预警系统的车型较多,应用广泛,并通常与辅助制动系统共同工作,以免在预警不及时或预警未被驾驶人采纳的情况下发生追尾碰撞,提高行车的安全性和舒适性。以下举例介绍几种车型前向碰撞预警系统的应用情况。

1)本田汽车碰撞缓解制动系统

对于汽车防撞系统的研究,最早起源于日本,并且在1999年,本田、丰田和日产三大整合业便开始开发自己的前向碰撞预警系统。其中,最早在车上装配该系统的是美版本田雅阁,当初称为碰撞缓解制动系统(CMBS),并一直在本田产品中沿用至今。

本田的碰撞缓解制动系统是一种预测碰撞、主动预防的安全技术系统。

碰撞缓解制动系统可以实现对前方障碍物的检测,工作时主要通过雷达检测出障碍物的位置及速度,通过单目相机判断此障碍物的大小和形状,当与前方障碍物可能发生碰撞危险时,系统通过警示音和仪表板显示提醒驾驶人采取规避措施;当与前方障碍物更加接近时,系统实施轻微制动,以体感形式再次提醒驾驶人对车辆进行操作;当车辆进一步接近时,系统会实施强力制动,以辅助驾驶人规避碰撞及减轻伤害,具体工作过程如图6-1-9所示。

图 6-1-9　本田汽车碰撞缓解制动系统工作过程

2) 上汽通用汽车前向碰撞预警系统

如图 6-1-10 所示，上汽通用汽车前向碰撞预警系统可以通过按键（或车载电脑设置）打开或关闭预警系统。在按键打开（启用）状态下，当车辆速度高于 8km/h，系统开始运行，当过快接近前方车辆时，风窗玻璃会有闪烁红色警告符号并伴随急促警告音；当跟车太近时（图 6-1-11），系统会亮起琥珀色视觉警告。

图 6-1-10　通用前向碰撞预警系统按键

图 6-1-11　前向碰撞预警系统工作

3) 吉利汽车城市预碰撞安全系统

在国产品牌车型中，前向防撞预警系统也开始逐渐应用。吉利汽车将其称为"城市预碰撞安全系统"，已经在帝豪 GL、帝豪 GS、博越、博瑞的部分车型配置中搭载。该系统主要通过前保险杠下方的中程毫米波雷达扫描前方路面。当前方车辆突然制动或减速而驾驶人并未及时做出反应的情况下，系统会主动提醒驾驶人制动或自动进行制动，以避免碰撞发生。同时，在制动过程中系统会监测制动力与前车距离的关系，在制动不足的情况下进行辅助制动，最大限度地避免碰撞发生。

起动车辆后，打开车载导航系统，点击【设置】，选择【车辆】模块，进入【主动安全】设置页面，选择打开/关闭城市预碰撞安全系统。建议保持开启，车辆每次起动后会默认为开启状态。其中包括 3 种状态：开启、关闭、故障。城市预碰撞安全系统根据碰撞可能性,依次采取视觉预警、制动准备、视觉和听觉报警及制动脉冲报警提醒驾驶人可能的碰撞危险,需及时采取制动,保证安全的驾驶距离。

图 6-1-12 所示是吉利汽车城市预碰撞安全系统的警示信息。

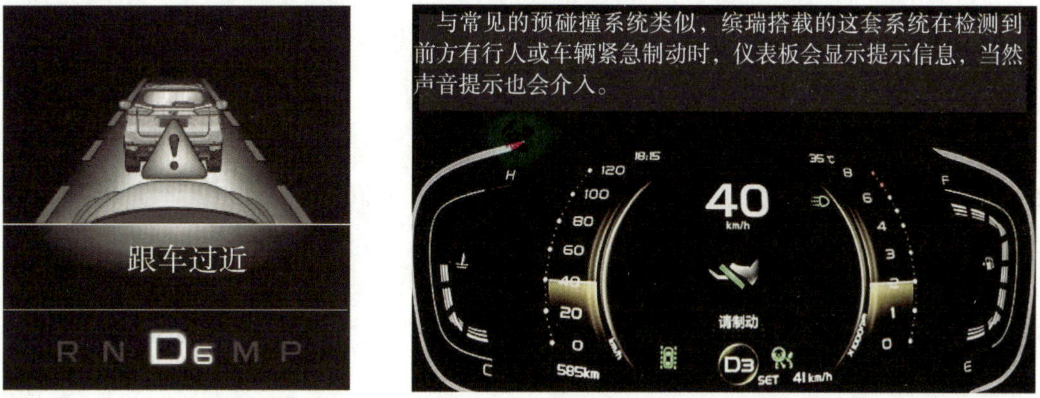

图 6-1-12　吉利汽车城市预碰撞安全系统的警示信息

三　车道偏离预警系统的结构原理与应用

1. 车道偏离预警系统的定义

车道偏离预警系统(Lane departure warning system,LDWS),属于汽车驾驶安全辅助系统,是 ADAS 系统的重要组成部分。LDWS 根据前方道路环境和本车位置关系,判断车辆偏离车道的行为并及时提醒驾驶人,从而防止由于驾驶人疏忽造成的车道偏离事故的发生,如图 6-1-13 所示。

图 6-1-13　车道偏离预警系统

LDWS 通过传感器获取前方道路信息,结合车辆自身的行驶状态以及预警时间等相关参数,判断汽车是否有偏离当前所处车道的趋势。如果车辆即将发生偏离,并且在驾驶人没有开转向灯的情况下,则通过视觉、听觉或触觉的方式向驾驶人发出警报。

2. 车道偏离预警系统的结构组成与工作原理

1) 车道偏离预警系统的组成

车道偏离预警系统主要由信息采集单元、电子控制单元和人机交互单元等组成，如图 6-1-14 所示。在该系统中，所有的信息均以数字信号的形式进行传递，通过汽车总线技术实现。

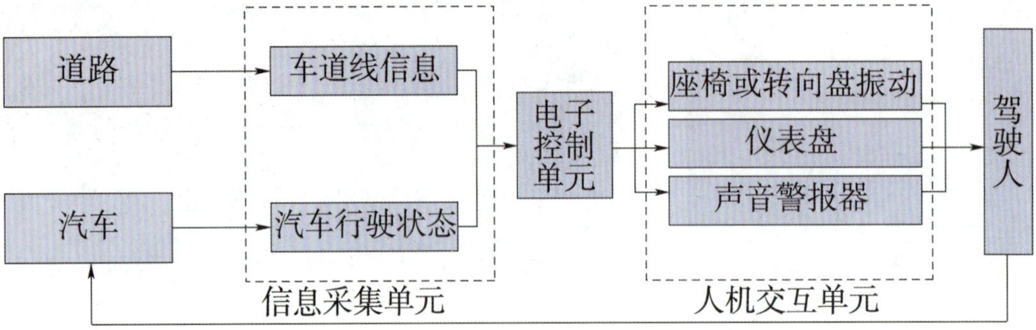

图 6-1-14　车道偏离预警系统的组成

(1) 信息采集单元。信息采集单元主要用于实现车道线的信息和汽车自身行驶状态信息的采集。针对不同的道路条件和传感器类型，可采用不同的车道线检测方式，包括有高精度地图定位、传感器定位、视觉传感器定位等，其中采用视觉传感器定位的方式应用较为广泛。汽车自身行驶状态采集的信息主要包括车速、加速度、转向角等数据。在完成所有信息数据的采集后，信息采集单元需对数据进行模/数转换，并传输给电子控制单元。

(2) 电子控制单元。电子控制单元是整个系统的核心部分，需要对所有的数据进行集中处理。在处理车道线信息时，由于传感器存在测量误差，因此需要对其进行误差修正，最后综合判断汽车是否存在非正常偏离车道的现象，如果发生非正常偏离，就发出报警信息。

(3) 人机交互单元。人机交互单元通过仪表显示界面、语音提示、座椅或转向盘振动等一种或多种方式向驾驶人提示系统当前的状态，当存在车道偏移时，提醒驾驶人及时修正行驶方向，并可以根据偏移量的大小实现不同程度的预警效果。

2) 车道偏离预警系统的工作原理

车道偏移预警系统可以在行车的全程自动或手动开启，以监控汽车行驶的轨迹。当系统正常工作时，信息采集单元采集车道线位置、车速、汽车转向角等信息，电子控制单元将所有的数据进行分析处理，从而获得汽车在当前车道中的位置参数，并判定汽车是否发生非正常的车道偏离。当系统检测到在未开启转向灯的情况下,汽车距离当前车道线过近并且有可能偏入邻近车道时,人机交互系统就会通过转向盘振动、仪表板警示图标、语音提示等方式发出警告,提醒驾驶人注意纠正这种无意识的车道偏离,及时回到当前行驶车道上,从而尽可能地减少车道偏离事故的发生。为了能够给驾驶人提供更多的反应时间和操控时间,车道偏离预警系统需要在偏离车道线之前发出提示。如果驾驶人打开转向灯,正常进行变道行驶,则车道偏离预警系统不会做出提示。

基于视觉传感器定位的车道偏离预警系统工作原理如图 6-1-15 所示。该系统通常使用车载 CCD(Charge Coupled Device,电荷耦合器件图像传感器)相机对道路图像进行拍摄,并将获得的图像信息输入给电子控制单元,辨识并处理图像信息。根据识别到的车道标识线,判断汽车在这时刻是否已经偏离正常的车道,若存在车道偏离现象,则发出预警信息提醒驾驶人纠正偏离车道的汽车。

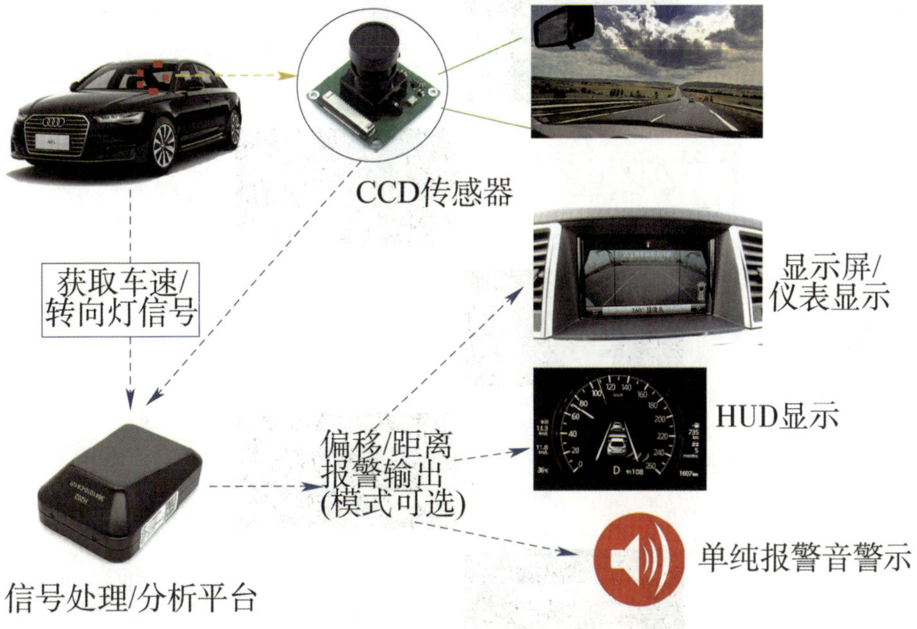

图 6-1-15 基于视觉传感器定位的车道偏离预警系统工作原理

3. 车道偏离预警系统的应用

车道偏离预警系统最初仅装配在较为高端的汽车中,但是随着技术的发展,开始逐渐在所有车型上普及。但不同车型的开启方式不同,有些可在行车全程自动开启,有些需要手动开启,有些则需要在车速达到一定条件后才能自动开启。

车道偏离预警作为一项能够有效地规避驾驶事故的先进驾驶辅助技术,已经受到了汽车厂商的重视。随着传感器技术和智能控制技术的发展,车道偏离预警系统将会在汽车上得到普遍的推广。

1）丰田汽车 LDA 车道偏离预警系统

日系车型中车道偏离预警系统装车率较高。丰田汽车推出的 Toyota Safety Sense（丰田智行安全系统，规避碰撞辅助套装）中便包含车道偏离警示系统，在卡罗拉、凯美瑞等部分车型中均有装配。该系统主要使用位于驾驶室顶部的视觉传感器对车道线的信息进行提取，当出现车道偏离现象时，发出声音警报。丰田第八代凯美瑞及其他车型也装备车道偏离预警系统（丰田称 LDA 系统），包括三项辅助功能，分别为车道偏离警示功能、转向控制功能、车辆摇摆警告功能。驾驶人可以利用转向盘按键进行设置，如图 6-1-16 所示。

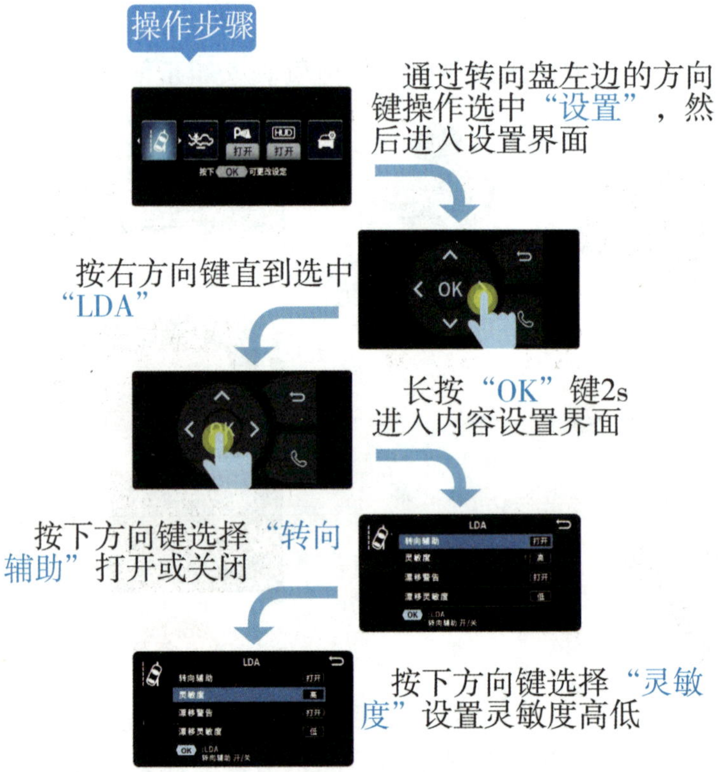

图 6-1-16　丰田汽车 LDA 系统设置

2）福特汽车 LKA 车道保持辅助系统

福特汽车的蒙迪欧等新款车型中也有配备车道偏离预警系统，称“车道保持辅助系统”（Lane Keeping Alert，LKA），该系统在每次启动后便会自动开启，驾驶人也可以选择手动关闭或再次开启。当驾驶人在未开启转向灯的情况下，系统判定驾驶人对于即将越过车道标线的情况没有采取任何修正的转向时，会在仪表板中发出提醒。操作按钮及显示如图 6-1-17 所示。

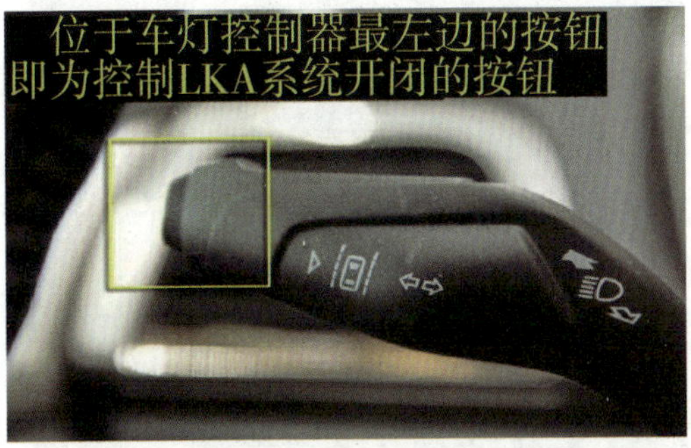

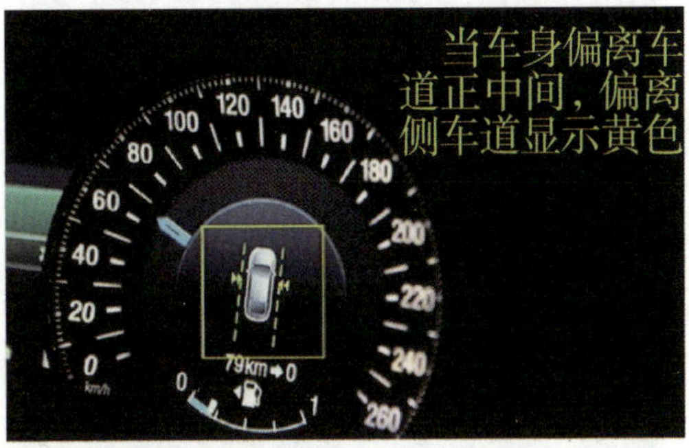

图 6-1-17 福特汽车 LKA 系统设置

3）吉利汽车 LDW 主动偏航警示系统

国产自主品牌车型中也开始配备有车道偏离预警系统。吉利汽车在博越的部分车型配置中已经有 LDW 主动偏航警示系统。系统在行车途中默认开启，也可以在中控屏幕中点击进行开启或关闭操作，并可以设置三种报警距离。视觉传感器安装在风窗玻璃后方，并实时监测前方车道线，当汽车出现非主动偏航时，及时警示驾驶人，避免危险发生，如图 6-1-18 所示。

图 6-1-18 吉利汽车主动偏航警示系统应用场景

四 盲区监测系统的结构原理与应用

1. 盲区监测系统的定义

盲区监测（Blind Spot Detection，BSD，也称 Blind Spot Monitoring system，BSM）系统，或称汽车并线辅助（Lane Change Assist system，LCA）系统，通过超声波、摄像头、雷达等车载传感器检测视野盲区内有无来车，在左右两个后视镜内或其他方式提醒驾驶人后方安全范围内有无来车，从而消除视线盲区，提高行车的安全性，如图 6-1-19 所示。

图 6-1-19　盲区监测系统

汽车的视野盲区主要有前(车头)盲区、两侧盲区(包括 A 柱盲区、B 柱盲区和 C 柱盲区)、后(车尾)盲区和后视镜盲区。最容易引发交通事故的是 A 柱盲区和后视镜盲区,如图 6-1-20 所示。

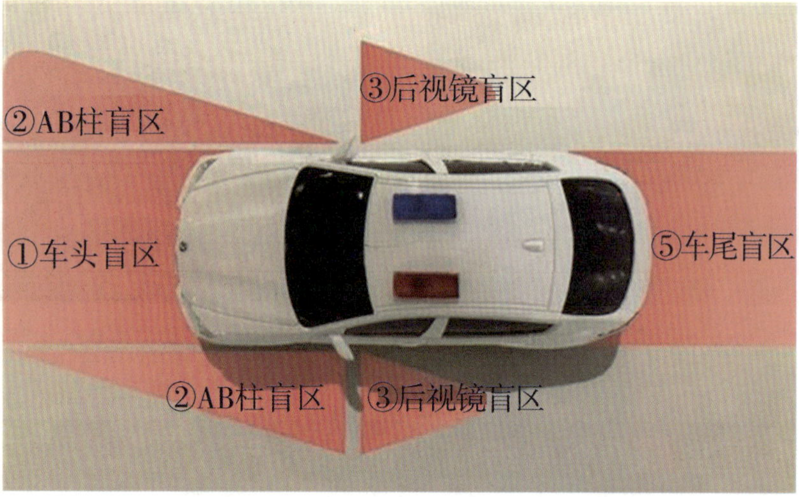

图 6-1-20　汽车盲区示意图

目前很多车型都有盲区监测的功能配置。汽车盲区检测除检测车辆以外,还包括对城市道路上汽车盲区内行人、骑行车者的检测,以及对高速公路弯道的检测与识别等。

盲区监测系统应具备以下功能:

(1)当有车辆或行人进入驾驶人视野盲区时,盲区监测系统应给予驾驶人提醒。

（2）盲区监测系统应在驾驶人进行换道操作时对其进行辅助，监测其他车道上快速接近的后方来车，当驾驶人因对驾驶环境误判而可能做出危险的驾驶行为时，盲区监测系统应发出警报。

（3）理想状态下，在任何路况、天气和交通环境下，盲区监测系统都能正常工作。

2. 盲区监测系统的组成和工作原理

1）盲区监测系统的组成

如图6-1-21所示，盲区监测系统一般由信息采集单元、电子控制单元和预警显示单元等组成。

图6-1-21　盲区监测系统的组成

（1）信息采集单元。信息采集单元利用车载传感器检测汽车盲区里是否有行人或其他行驶车辆，并把采集到的有用信息传输给电子控制单元，传感器有超声波传感器、摄像头或探测雷达等。后视镜盲区的信息采集单元一般采用毫米波雷达，A柱盲区的信息采集单元一般采用摄像头。

（2）电子控制单元。电子控制单元对采集到的信息进行分析判断，向预警显示单元发送信息。

（3）预警显示单元。预警显示单元接收电子控制单元的信息，如果有危险，则发出预警显示，此时不可变道。

2）盲区检测系统的工作原理

盲区监测系统通过安装在车辆尾部或侧方的视觉传感器、雷达检测后方来车或行人。当汽车速度大于一定值时（例如10km/h），盲区监测系统自动启动，如果监测范围内有车辆或行人，就会被信息采集单元监测到，计算出目标的距离、速度等信息，并将采集到的信息传递给电子控制单元；电子控制单元根据收到的信息判断进入监测范围内的车辆或行人是否对本车造成威胁，如果存在安全隐患，则通过预警显示单元提醒驾驶人，并根据危险程度、驾驶人的反应提供不同的预警方式。预警显示单元首先会通过安装在两侧后视镜中的LED显示灯告知驾驶人，如果此时驾驶人没有注意到系统提醒，开启转向灯准备变道，预警显示单元会通过LED发送一个闪光信号并发出蜂鸣声来警告驾驶人，避免交通事故的发生。图6-1-22所示为盲区监测系统报警形式。

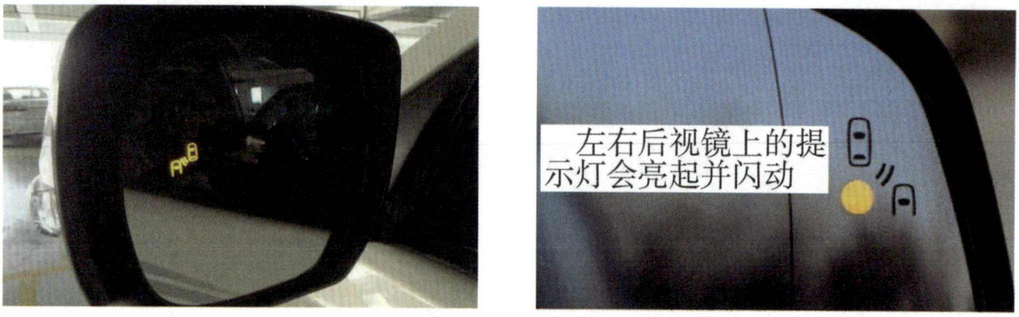

图 6-1-22　盲区监测系统报警形式

3. 盲区监测系统的应用

盲区监测系统能避免行车安全隐患,提高车辆行驶安全性,许多汽车厂商都推出各自的盲区监测系统,最初这些系统只用于高端车型,如宝马 7 系、奥迪 A8、奔驰 S 级等。随着盲区监测系统的不断发展,其成本逐渐降低,在中低端车型中也逐渐普及,如奥迪 A4、沃尔 S40、东风标致 508/408,都配有盲区监测系统。

不同汽车厂商的盲区监测系统各具特色,命名方式也不尽相同,但其差异主要是所用的环境感知传感器不同、预警显示单元的反应不同。

1)沃尔沃 BLIS 盲点监测系统

沃尔沃从 2005 年起就率先在 XC70、V70 和 S60 等车型上安装了盲区监测系统,称为盲点信息系统(BLIS),此后沃尔沃的全系车型都相继采用这套系统(图 6-1-23)。

图 6-1-23　沃尔沃盲点监测系统

沃尔沃的盲点信息系统的环境感知传感器采用的是安装在外后视镜根部的摄像头,对距离 3m 宽、9.5m 长的一个扇形盲区进行 25 帧/秒的图像监控。如果有速度大于 10km/h,且与车辆本身速度差为 20 ~ 70km/h 的移动物体(车辆或行人)进入该盲区,系统对比每帧图像,当系统认为目标进一步接近时,A 柱上的警示灯就会亮起,防止出现事故。

沃尔沃的盲点信息系统也存在缺陷，由于基于可见光成像系统采集图像，当能见度极差，如大雾或暴风雪天气下，系统便无法工作，不过此时盲点信息系统也会对驾驶人有相应提示。同时，如果确认安全或通过集市这样非常拥挤的路段，也可以手动关闭盲点信息系统。

2）奥迪侧向辅助系统

奥迪汽车的盲区监测系统称侧向辅助系统（Audi Side Assist），采用24GHz毫米波雷达，安装在后保险杠的左右两侧，从外观上不易察觉。

图6-1-24所示为奥迪汽车的侧向辅助系统功能示意图。

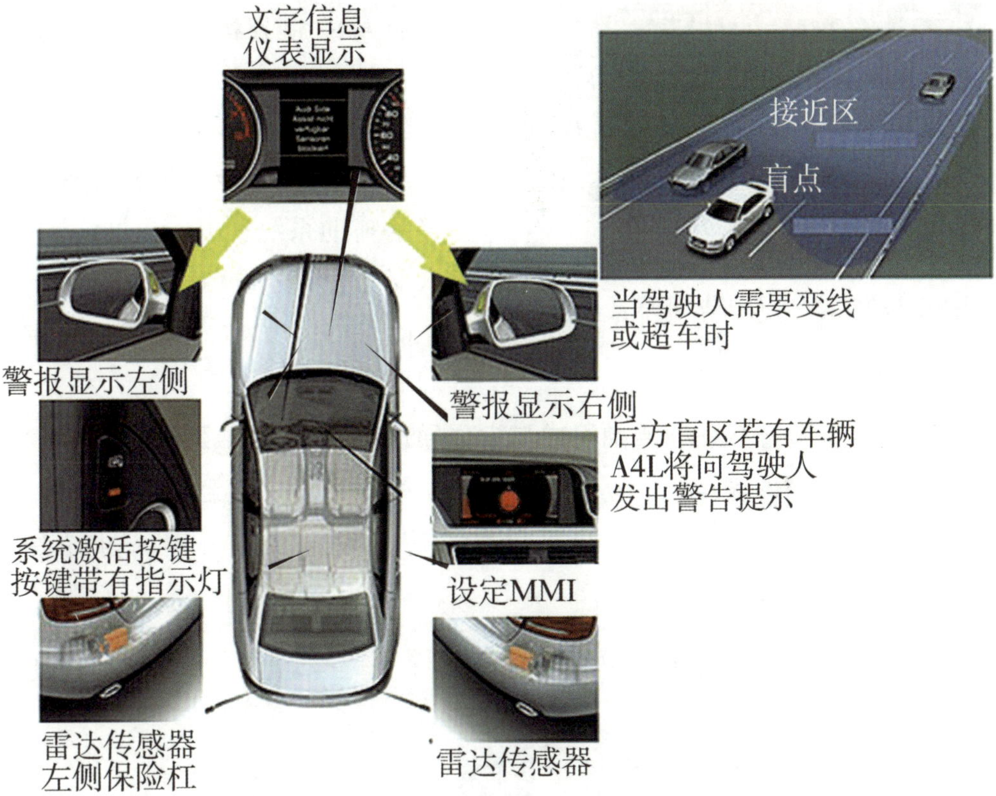

图6-1-24　奥迪汽车的侧向辅助系统功能示意图

奥迪的第一代侧向辅助系统所用雷达探测范围在50m以内，而新一代系统的雷达探测范围已扩展到70～100m，系统有更充裕的时间告知驾驶人周围的车辆信息。该系统在时速大于30km/h的情况下自动启动，既适用于高速公路和主干道，也适用于城市工况，可以监视车后区域，也可以在并线时提醒驾驶人注意旁边车道可能潜在的危险。如果后方有车快速驶来，位于外后视镜框架上的LED显示器会被点亮；如果驾驶人已经打开转向灯开始并线，而此时旁边车道正好有车快速接近，位于外后视镜框架上的LED显示器会以强光闪烁警告驾驶人。

五　驾驶疲劳预警系统的结构原理与应用

1. 驾驶疲劳预警系统的定义与组成

驾驶疲劳预警系统(Driver Fatigue Monitor System,DFMS),是指驾驶人精神状态下滑或进入浅层睡眠时,系统会依据驾驶人精神状态指数分别给出语音提示、振动提醒、电脉冲警示等,警告驾驶人已经进入疲劳状态,需要休息。驾驶疲劳预警系统的作用就是监视并提醒驾驶人自身的疲劳状态,减少疲劳驾驶的潜在危害。

图 6-1-25　驾驶疲劳预警系统的应用场景

驾驶疲劳预警系统又称防疲劳预警系统(BAWS)、疲劳识别系统、注意力警示辅助系统(Attention Assist)、驾驶人安全警告系统(DAC)等。

图 6-1-25 所示为驾驶疲劳预警系统的应用场景。

2. 驾驶疲劳预警系统的结构组成与工作原理

1)驾驶疲劳预警系统的结构组成

驾驶疲劳预警系统一般由信息采集单元,电子控制单元(ECU)和预警显示单元等组成,如图 6-1-26 所示。

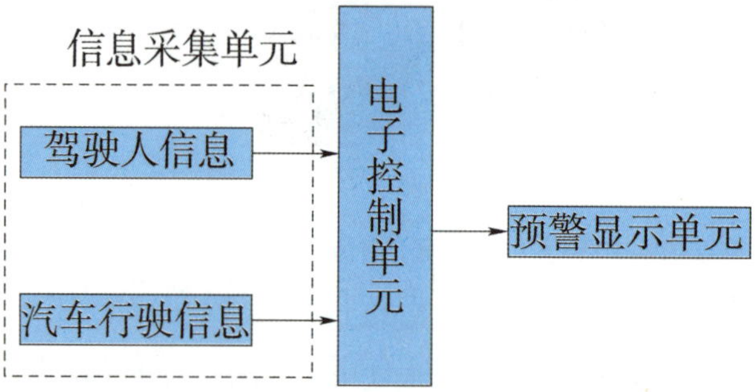

图 6-1-26　驾驶疲劳预警系统的结构组成

(1)信息采集单元。信息采集单元主要利用传感器采集驾驶人信息和汽车行驶信息,驾驶人信息包括驾驶人的面部特征、眼部信号、头部运动性等;汽车行驶信息包括转向盘转角、行驶速度、行驶轨迹等,这些信息的采集取决于系统的设计。

(2)电子控制单元(ECU)。ECU 接收信息采集单元传送的信号,进行运算分析,判断驾驶疲劳状态;如果经计算分析发现驾驶人处于一定的疲劳状态,则向预警显示单元发出信号。

(3)预警显示单元。预警显示单元根据ECU传递的信息,通过语音提示、振动提醒、电脉冲警示等方式对驾驶疲劳进行预警。

2)驾驶疲劳预警系统工作原理

驾驶疲劳预警系统的检测方法主要有驾驶人自身特征(包括生理信号和生理反应特征)的检测方法、汽车行驶状态的检测方法和多特征信息融合的检测方法等。

(1)驾驶人生理信号的检测方法。

驾驶人在疲劳状态下,一些生理指标如脑电、心电、肌电、脉搏、呼吸等会偏离正常状态,因此,可以通过生理传感器检测驾驶人的这些生理指标来判断驾驶人是否处于疲劳状态。

驾驶人生理信号的检测方法客观性强,准确性高,但与检测仪器有较大关系,而且都是接触式检测,会干扰驾驶人的正常操作,影响行车安全。而且,由于不同人的生理信号特征有所不同,并与心理活动关联较大,在实际用于驾驶疲劳检测时有很大的局限性。

(2)驾驶人生理反应特征的检测方法。

驾驶人生理反应特征的检测方法一般采用非接触式检测途径,利用机器视觉技术检测驾驶人面部的生理反应特征,如眼睛特征、视线方向、嘴部状态、头部位置等来判断驾驶疲劳状态。

驾驶人生理反应特征的检测方法的优点是表征疲劳的特征直观、明显,可实现非接触测量;缺点是检测识别判断方法比较复杂,疲劳特征提取困难,且检测结果受光线变化和个体生理状况的变化影响较大。

(3)汽车行驶状态的检测方法。

汽车行驶状态的疲劳检测方法,不是从驾驶人本人出发去研究,而是从驾驶人对汽车的操控情况去间接判断驾驶人是否疲劳。该种检测方法主要利用CCD摄像头和车载传感器检测汽车行驶状态,间接推测驾驶人的疲劳状态。

汽车行驶状态的检测方法优点是非接触检测,信号容易提取,不会对驾驶人造成干扰,以汽车的现有装置为基础,只需增加少量的硬件,具有很高的实用价值。其缺点是受到汽车的型号、道路的具体情况,以及驾驶人的驾驶习惯、驾驶经验和驾驶条件等限制,目前此方法测量的准确性不高。

(4)多特征信息融合的检测方法。

依据信息融合技术,将驾驶人生理特征、驾驶行为和汽车行驶状态相结合是理想的检测方法,大大降低了采用单一方法造成的误警或漏警现象。信息融合技术的应用,使疲劳检测技术得到更进一步的发展和提高,能客观、实时、快捷、准确地判断出驾驶人的疲劳状态,避免疲劳驾驶所引起的交通事故,是疲劳检测技术的发展方向。如图6-1-27所示,结合驾驶人面部表情、转向盘操作等特征,判断驾驶人是否疲劳驾驶。

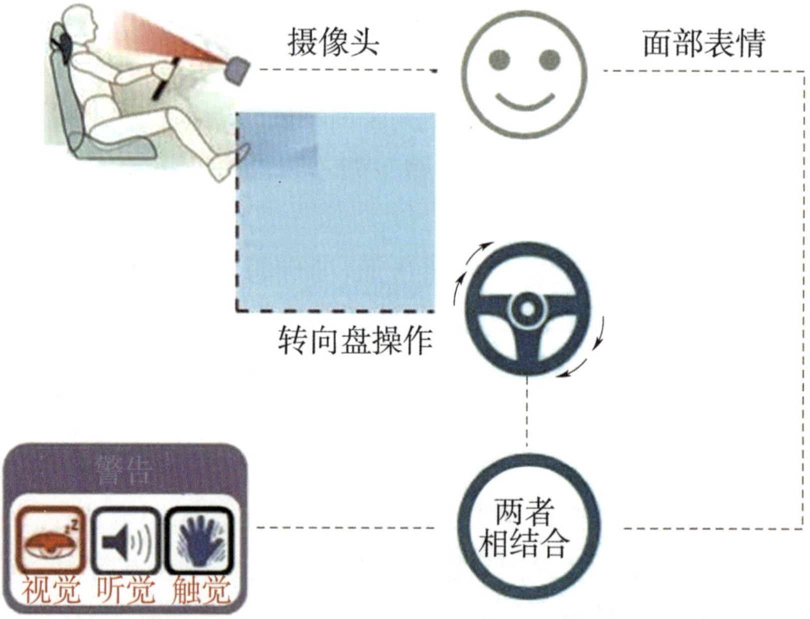

图6-1-27 驾驶疲劳预警系统工作示意图

3. 驾驶疲劳预警系统的应用

目前应用的汽车驾驶疲劳预警系统,有美国的Attention Technologies公司推出的DD850,瑞典的Smart Eye公司推出的Anti Sleep系统已经商用,奔驰、沃尔沃的高端车系以及日本丰田公司在日本销售的13代皇冠也标配了瞌睡报警系统。

比亚迪公司开发的防疲劳驾驶预警系统,称为智能疲劳式驾驶预警系统(BAWS),如图6-1-28所示,是基于驾驶人生理图像反应,利用驾驶人的面部特征、眼部信号、头部运动性等推断驾驶人的疲劳状态,并进行提示报警和采取相应措施的装置。同时具备对环境的强抗干扰能力,对驾驶行车安全给予主动智能的安全保障。

比亚迪G6搭载了一套"智能疲劳式驾驶预警系统"(BAWS),该系统通过感应装置,可实现"全天候实时监测;人工智能识别;多媒体语音报警;疲劳等级自动调整”四大功能,为行车安全提供了有力保障。

图 6-1-28　比亚迪智能疲劳式驾驶预警系统

比亚迪疲劳式驾驶预警系统主要由摄像头和 ECU 两大模块组成,如图 6-1-29 所示。

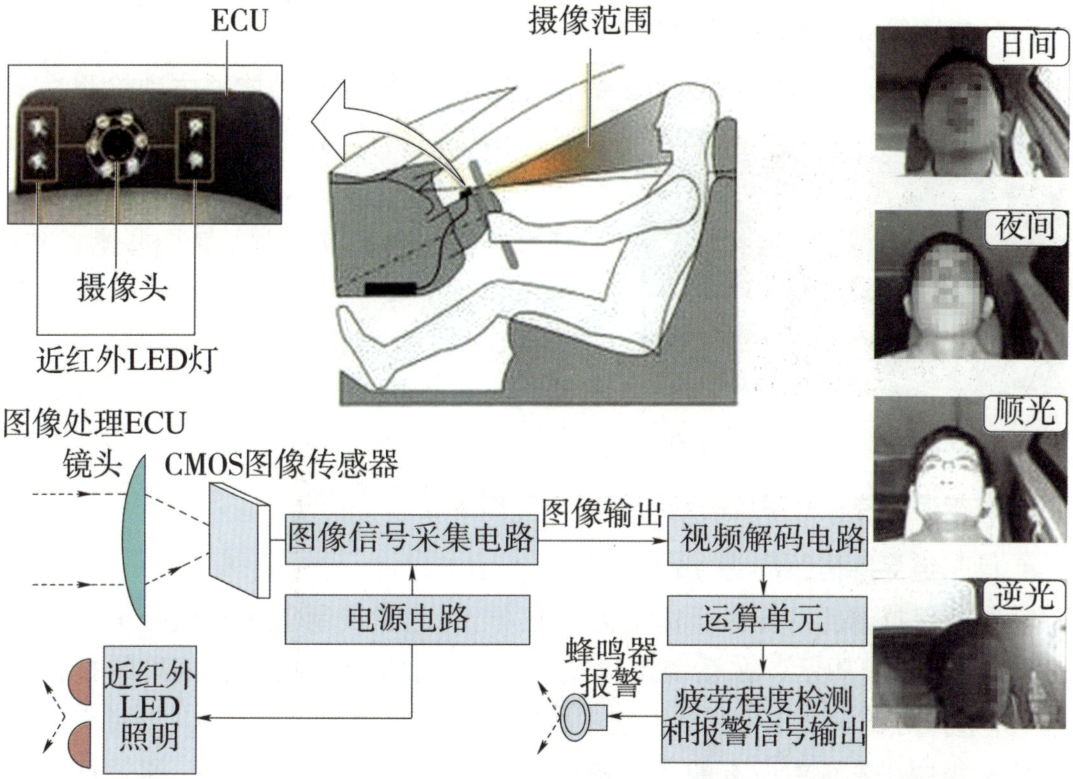

图 6-1-29　比亚迪 BAWS 系统结构组成和工作原理

(1)摄像头模块。摄像头模块主要由镜头、CMOS 图像传感器、近红外 LED 灯、图像信号采集电路及电源电路组成。CMOS 图像传感器将通过镜头的光信号转换为电信号,实时拍摄驾驶人的头、肩部姿态,并通过连接线将信号输送至

ECU 进行处理。近红外 LED 灯在必要时点亮，进行补光，使得系统无论在白天、夜晚都能正常工作。

(2) ECU 模块。ECU 模块主要由视频解码电路、运算单元、疲劳程度检测与报警信号输出单元、蜂鸣器组成。视频解码电路接收由摄像头模块发出的视频图像信号，解码后送入运算单元进行处理，如果经计算发现驾驶人处于一定的疲劳程度，则由报警单元驱动蜂鸣器进行报警。

随着汽车市场的发展，社会对生命关怀程度的加深，政府对交通安全的重视，技术的进一步成熟，硬件成本的逐渐降低，驾驶疲劳检测产品越来越被企业和个人接受与应用，必将具备极佳的市场应用前景。

六　车道保持辅助系统的结构原理与应用

1. 车道保持辅助系统的定义

车道保持辅助(Lane Keeping Assist, LKA)系统，是一种能够主动检测汽车行驶时的横向偏移，并对转向和制动系统进行协调控制的系统。LKA 系统是在车道偏离预警系统 LDWS 的基础上发展起来，能够实现主动对车道偏离现象进行纠正，使汽车保持在预定的车道上行驶，从而减轻驾驶人负担，减少交通事故的发生，如图 6-1-30 所示。

图 6-1-30　车道保持辅助系统

2. 车道保持辅助系统的结构组成与工作原理

1) 车道保持辅助系统的结构组成

车道保持辅助系统主要由信息采集单元、电子控制单元和执行单元等组成，如图 6-1-31 所示。在系统工作期间，驾驶人将会接收车道偏离的报警信息，并选择对转向系统和制动系统中的一项或多项动作进行控制，也可交由系统完全控制。系统中所有的信息均以数字信号的形式进行传递，通过汽车总线技术实现。

(1) 信息采集单元。信息采集单元在车道保持辅助系统中的功能与车道偏离预警系统的功能相似，主要通过传感器采集车道信息和汽车自身行驶信息，并发送给电子控制单元。

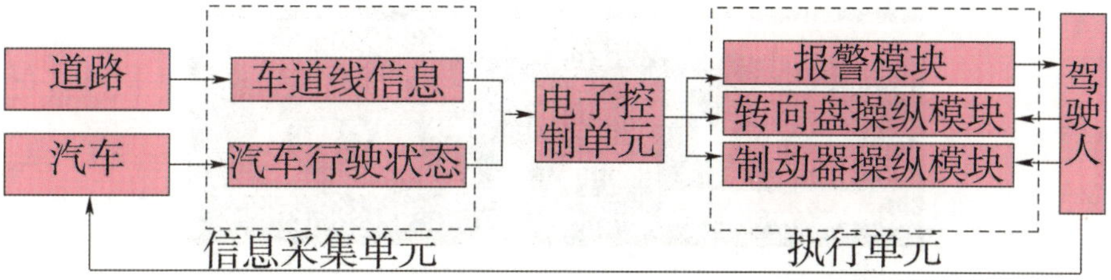

图 6-1-31 车道保持辅助系统的结构组成

(2)电子控制单元。电子控制单元主要通过特定的程序对信息进行处理,并判断是否做出车道偏离修正的相应操作。该单元性能直接影响车道偏离修正的及时性,因此在选择中央处理器和设计控制算法时,要着重考虑运算能力和运算速度。

(3)执行单元。执行单元主要分为三个部分,即报警模块、转向盘操纵模块和制动器操纵模块。其中报警模块与车道偏离预警系统类似,通过转向盘或座椅振动、仪表板显示、声音警报中的一种或多种形式实现。转向盘操纵模块和制动器操纵模块是车道保持辅助系统中特有的,其主要实现横向运动和纵向运动的协同控制,并保证汽车在 LKA 系统工作期间具有一定的行驶稳定性。

2)车道保持辅助系统的工作原理

图 6-1-32 车道保持辅助系统开关

车道保持辅助系统可以在行车的全程或速度达到某一调值后开启,并可以手动关闭系统开关(图 6-1-32),实时保持汽车的行驶轨迹。当系统正常工作时,信息采集单元通过车载传感器采集车速信号、转向盘转角信号以及汽车速度信息,电子控制单元对信息进行处理,比较车道线和汽车的行驶方向,判断汽车是否偏离行驶车道。当汽车行驶可能偏离车道线时,发出报警信息;当汽车距离偏离侧车道线小于一定阈值或已经有车轮偏离出车道线,电子控制单元计算出辅助操舵力和减速度,根据偏离的程度控制转向盘和制动器的操纵模块,施加操舵力和制动力,使汽车稳定地回到正常车道;若驾驶人打开转向灯,正常进行变线行驶,则系统不会做出任何提示。

车道保持辅助系统的工作过程如图 6-1-33 所示。在系统起作用时(开启系统开关),系统检测到车辆已经偏离了行驶轨道,发出报警信息,并主动进行车道偏离纠正,直到汽车重新处于正确的行驶线路上,车道保持辅助系统完成了一个完整的工作周期。

图 6-1-33　车道保持辅助系统的工作过程

3. 车道保持辅助系统的应用

车道保持辅助系统目前已经在较多高端车型中配置，不仅提高了行车的安全性，防止驾驶过程注意力不集中造成的车道偏离，也使驾驶人养成了变道主动开启转向灯的习惯，否则 IKA 系统将会发出报警或产生较大的转向阻力矩。

1) 本田汽车 LKAS 系统

目前日系车型中 LKA 系统的配置率较高，如日产、丰田、本田等品牌。本田汽车对 LKAS 系统也有较为深入的研究，目前已经在新雅阁、思域、CR-V 等车型中运用，如图 6-1-34 所示。

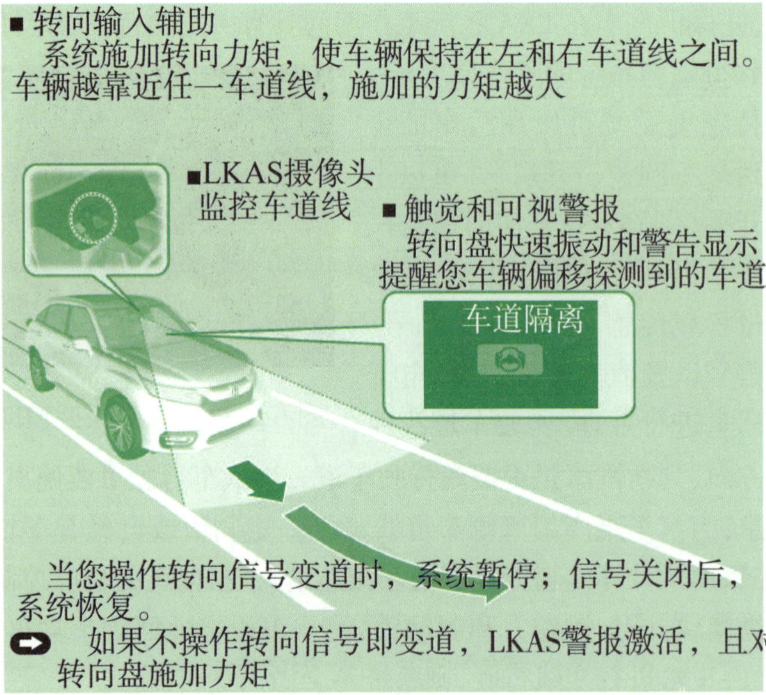

图 6-1-34　本田汽车 LKAS 系统

本田的 LKA 系统主要通过单眼摄像机，识别车道两侧的行车线，并辅助施加转向盘转向操作，使车辆始终保持在车道中间行驶，大幅缓解高速行驶时的驾驶疲劳。

2)奥迪汽车主动式车道保持系统

奥迪配备的奥迪主动式车道保持系统(Audi active lane assist)是奥迪车道保持系统(Audi lane assist)的升级版(图6-1-35)。系统通过安装在车内后视镜前的摄像头识别地上的车道标线,来判断车辆是否保持在当前车道内行驶。当车速超过65km/h时,系统自动启动,从采集的图像中分辨出车道标记以及在两条车道标记线中间的行车道。如果车辆在没有开启转向灯的情况下偏向某一侧车道标记线(驾驶人可能是因为走神而导致车辆偏离了正常行驶方向),系统将通过对电子机械式转向系统进行微小而有效的干预,帮助汽车驶回“正道”。

图6-1-35　奥迪汽车主动式LKA系统

七　自动紧急制动系统的结构原理与应用

1. 自动紧急制动系统的定义

自动紧急制动系统(Autonomous Emergency Braking,AEB),属于预碰撞安全系统,是指在非自适应巡航的情况下正常行驶,如车辆遇到突发危险情况或与前车及行人距离小于安全距离时主动进行制动(但具备这种功能的车辆并不一定能够将车辆完全停止)避免或减少追尾等碰撞事故的发生,从而提高行车安全性的一种技术,如图6-1-36所示。

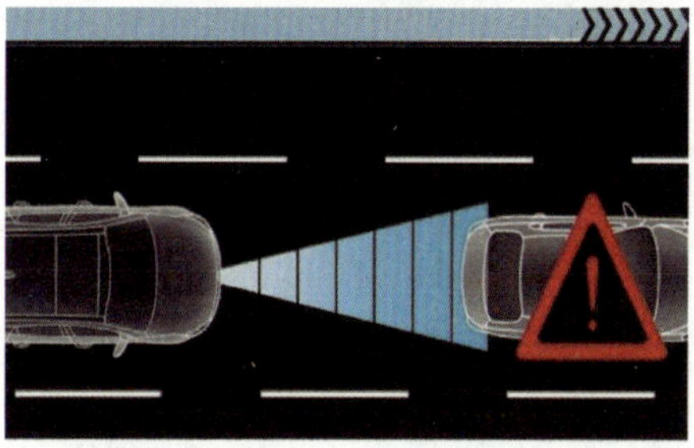

图6-1-36　自动紧急制动系统

目前,全球主流的汽车厂商都有自己的预碰撞安全系统,不过各个厂商的叫法各不相同,功能的实现效果及技术细节也有所不同,例如大众Front Assist预碰撞安全系统、斯巴鲁Eye Sight安全系统、丰田的预碰撞安全系统Pre-Collision System、本田的CMBS(Collision Mitigation Brake System)以及奔驰的pre-safe系统、沃尔沃CWAB系统等,但工作原理是相同的。

2. 自动紧急制动系统的结构组成与工作原理

1)自动紧急制动系统的结构组成

自动紧急制动系统主要由行车环境信息采集单元,电子控制单元和执行单元等组成，如图 6-1-37 所示。

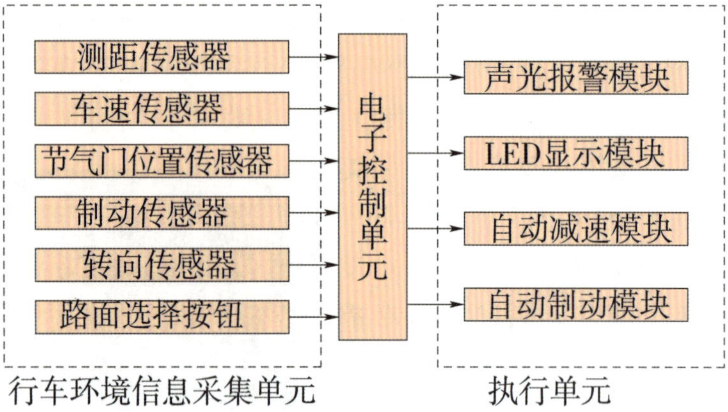

图 6-1-37 自动紧急制动系统的结构组成

(1)行车环境信息采集单元。行车环境信息采集单元由测距传感器、车速传感器、节气门位置传感器、制动传感器、转向传感器、路面选择按钮等组成，对行车环境进行实时检测，得到相关行车信息。测距传感器用来检测本车与前方目标的相对距离以及相对速度。目前常见的测距技术有超声波测距、毫米波雷达测距、激光测距、红外线测距和视频传感器测距等；车速传感器用来检测本车的速度；节气门位置传感器用来检测驾驶人在收到系统提醒报警后是否及时松开加速踏板，对本车实行减速措施；制动传感器用来检测驾驶人是否踩下制动踏板，对本车实行制动措施；转向传感器用来检测车辆目前是否正处于弯道路面行驶或处于超车状态，系统凭此来判断是否需要进行报警抑制；路面选择按钮是为了方便驾驶人对路面状况信息进行选择，从而方便系统对报警距离的计算。需要采集的信息因系统不同而不同。所有采集到的信息都将被送往电子控制单元。

(2)电子控制单元。电子控制单元接收行车环境信息采集单元的检测信号后，综合收集到的数据信息，依照一定的算法程序对车辆行驶状况进行分析计算，判断车辆所适用的预警状态模型，同时对执行单元发出控制指令。

(3)执行单元。执行单元可以由多个模块组成，如声光报警模块、LED 显示模块、自动减速模块和自动制动模块等，根据系统不同而不同。它用来接收电子控制单元发出的指令，并执行相应的动作，达到预期的预警效果，实现相应的车辆制动功能。当系统检测到存在危险状况时，首先进行声光报警，提醒驾驶人；当系统发出提醒报警之后，如果驾驶人没有松开加速踏板，则系统会发出自动减速控制指令；在减速之后系统检测到危险仍然存在时，说明目前车辆行驶处于极度危险的状况，需要对车辆实施自动强制制动。

2) 自动紧急制动系统的工作原理

图 6-1-38 所示为自动紧急制动系统的工作过程示意图。

图 6-1-38　自动紧急制动系统的工作过程

AEB 采用测距传感器测出与前车或障碍物的距离，然后利用电子控制单元将测出的距离与报警距离、安全距离等进行比较，小于报警距离时就进行报警提示，而小于安全距离时，即使在驾驶人没来得及踩制动踏板的情况下，AEB 也会启动，使汽车自动制动。

AEB 从传感器探测到前方车辆（目标车）开始，持续监测与前车之间的距离以及前车的车速，同时从总线获取本车的车速信息，通过简单的运算，结合对普通驾驶人反应能力的研究，判断当前形势并做出合适的应对措施。

3. 自动紧急制动系统的应用

随着汽车安全技术涉及的范围越来越广、越来越细，汽车正朝着更加智能化、自动化和信息化的机动一体化方向发展。汽车自动制动系统应和其他控制系统相结合，采用智能型传感器、快速响应的执行器、高性能电控单元、先进的控制策略、无线通信等技术，以提高汽车的主动安全性，使车辆从被动防撞减少伤害向主动避撞减少事故的方向发展。

1) 斯巴鲁 Eye Sight 系统

斯巴鲁 Eye Sight 系统主要通过前风窗玻璃的两个立体摄像头，模拟人类的立体视觉，来判断车辆前方的路口，探测范围为 79m，可以识别汽车、行人、摩托车，如图 6-1-39 所示。

斯巴鲁 Eye Sihgt 系统在前后车速不同的情况下采取不一样的措施。当车速差小于 30km/h 时，系统能识别车辆、行人的路径，如检测到危险时，驾驶人没有及时制动，系统可以自动协助制动，甚至完全把车制动停止，避免发生碰撞。

而在一些越野路段，也可以将系统关闭。而在车速差为 30km/h 以上时，系统不是以制动停止的方式而是适当减速，以最大限度地降低碰撞速度。

图 6-1-39 斯巴鲁 Eye Sight 系统

2）沃尔沃 CWAB 系统

沃尔沃 CWAB 系统以摄像头、雷达同时探测，雷达负责探测车辆前方 150m 内的范围，摄影头则负责前方 55m 内的车辆动态，如图 6-1-40 所示。当与前车距离过近或路中间有行人时，会通过类似于制动灯的警示灯亮起，提醒驾驶人注意。如果发出警示后碰撞的风险仍然在增加，制动支持功能会被激活。制动片能缩短响应时间，预充液压增强制动压力，确保驾驶人在没用力踩制动踏板的情况下也能实现有效制动。如果驾驶人没有实施制动而系统预见碰撞即将发生，制动器将被激活，自动采取制动措施。

图 6-1-40 沃尔沃 CWAB 系统

除了 CWAB 系统外，沃尔沃还研发了城市安全系统与之相配合，该系统在时速 30km/h 以下时启动，自动探测前方 10m 内是否有静止或移动中的车辆。如果前车突然制动，而系统发出的警告后驾驶人未采取任何行动，车辆就会自动制动。如果两车的相对速度差低于 15km/h，该系统启动后可以使车辆自动制动停止，避免碰撞的发生。当两车的相对速度差为 15～30km/h 时，该系统可在碰撞发生前将速度降至最低，最大限度地减少本车与前车乘员及车辆因碰撞而产生的损伤。

八 自适应巡航控制系统的结构原理与应用

1. 自适应巡航控制系统的定义

汽车自适应巡航控制（ACC）系统是在汽车行驶过程中，安装在汽车前部的车距传感器持续扫描汽车前方道路，同时轮速传感器采集车速信号。当前汽车（以下简称主车）与前方车辆之间的距离小于或大于安全车距时，ACC 控制单元通过与制动系统、发动机控制系统协调动作，改变制动力矩和发动机输出功率，对汽车行驶速度进行控制，以使主车与前方车辆始终保持安全车距行驶，避免追尾事故发生，同时提高通行效率。如果主车前方没有车辆，则主车按设定的车速巡航行驶。

图 6-1-41 所示是自适应巡航控制系统的应用场景。

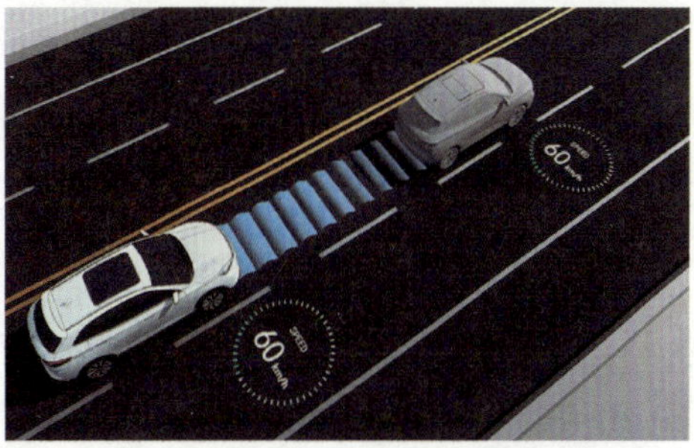

图 6-1-41　自适应巡航控制系统应用场景

对于电动汽车则通过改变制动力矩和驱动电机的输出功率，控制电动汽车的行驶速度。

ACC 系统在控制汽车制动时，通常会将制动减速度限制在不影响舒适的程度，当需要更大的减速度时，ACC 系统会发出预警信号通知驾驶人主动采取制动操作。当主车与前方车辆之间的距离增加到安全车距时，ACC 系统控制汽车按照设定的车速行驶。

2. 自适应巡航控制系统的结构组成与工作原理

1）自适应巡航控制系统的结构组成

ACC 系统（以电动汽车为例）由信息感知单元、电子控制单元（ECU）、执行单元和人机交互界面等组成，如图 6-1-42 所示。

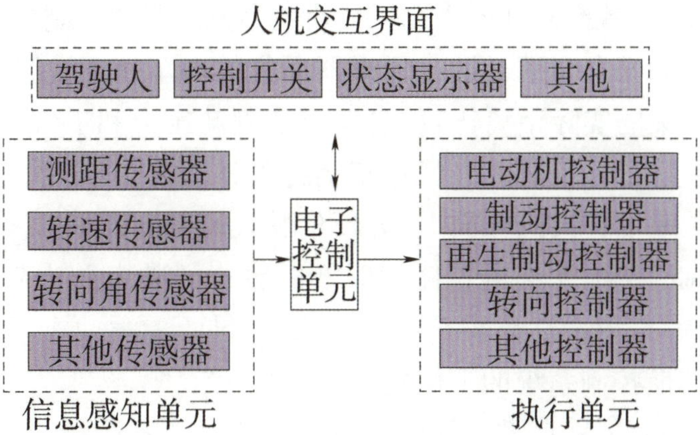

图 6-1-42　电动汽车 ACC 系统的结构组成

电动汽车相对于燃油汽车，其 ACC 系统的信息采集单元没有节气门位置传感器，执行单元没有节气门控制器和挡位控制器，相应增加电动机控制器和再生制动控制器。信息感知单元将传感器测量的距离、速度和加速度等信号输入到电子控制单元;电子控制单元对主车行驶环境及运动状态进行分析、计算、决策,输出转矩和制动压力信号;执行单元用于完成电子控制单元的指令,通过电动机控制器和制动控制器来调节主车的行驶速度;人机交互界面为驾驶人对系统的运行进行观察和干预控制提供操作界面。

2)自适应巡航控制系统的工作原理

ACC 系统的工作原理如图 6-1-43 所示,电动汽车 ACC 系统与燃油汽车工作原理基本一样,唯一区别是燃油汽车控制的是节气门开度,调节发动机输出转矩;电动汽车控制的是电动机转矩,调节电动机的输出转矩,而且增加了再生制动控制。

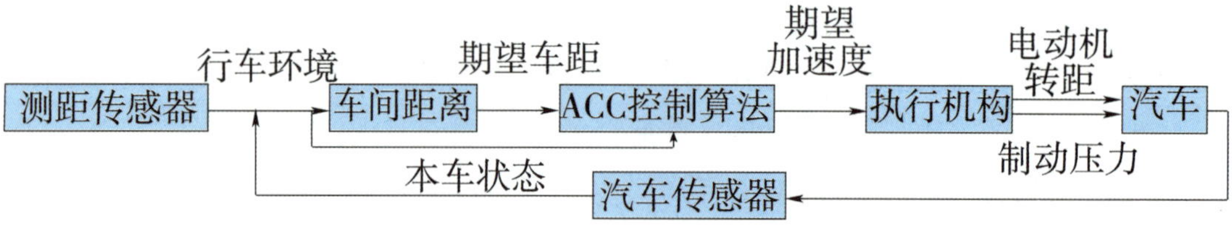

图 6-1-43　ACC 系统的工作原理

驾驶人启动 ACC 系统后,汽车在行驶过程中,安装在汽车前部的测距传感器持续扫描汽车前方道路,同时,转速传感器采集车速信号。如果主车前方没有车辆或与前方目标车辆距离很远且速度很快时,控制模式选择模块就会激活巡航控制模式,ACC 系统将根据驾驶人设定的车速和转速传感器采集的本车速度自动调节加速踏板等,使主车达到设定的车速并巡航行驶;如果目标车辆存在且离主车较近或速度很慢,控制模式选择模块就会激活跟随控制模式,ACC 系统将根据驾驶人设定的安全车距和转速传感器采集的本车速度计算出期望车距,并与测距传感器采集的实际距离比较,自动调节制动压力和节气门开度等使汽车以一个安全车距稳定地跟随前方目标车辆行驶。同时,ACC 系统会把汽车目前的一些状态参数显示在人机界面上,方便驾驶人的判断。ACC 系统也装有紧急报警系统,在 ACC 系统无法避免碰撞时及时警告驾驶人并由驾驶人处理紧急状况。

3)自适应巡航控制系统的工作模式

图 6-1-44 所示为 ACC 系统的操作开关功能。

汽车自适应巡航控制(ACC)系统的工作模式主要有定速巡航、减速控制、跟随控制、加速控制、停车控制和启动控制等。

(1)定速巡航。定速巡航是汽车 ACC 系统最基本的功能。当主车前方无目标车辆行驶时,主车将处于普通的巡航行驶状态,ACC 系统按照设定的行驶车速对汽车进行定速巡航控制。

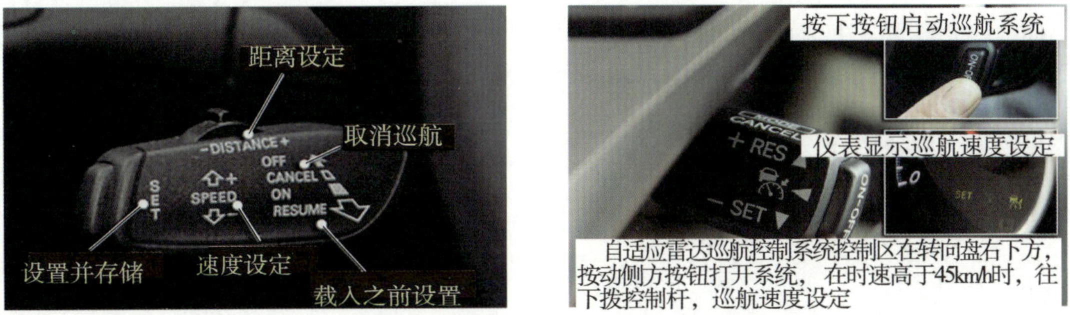

图 6-1-44 ACC 系统几种的操作开关功能

(2)减速控制。当主车前方有目标车辆,且目标车辆的行驶速度小于主车的行驶速度时,ACC 系统将控制主车进行减速,确保主车与前方目标车辆之间的距离为所设定的安全车距。

(3)跟随控制。当 ACC 系统将主车速度减至设定的车速值之后采用跟随控制,与前方目标车辆以相同的速度行驶。

(4)加速控制。当前方的目标车辆加速行驶或发生移线,或当主车移线行驶使得前方又无行驶车辆时,ACC 系统将对主车进行加速控制,使主车恢复到设定的车速。在恢复设定的车速后,ACC 系统又转入对主车的巡航控制。

(5)停车控制。若目标车辆减速停车,主车也减速停车。

(6)起动控制。若主车处于停车等待状态,当目标车辆突然起动,主车也将起动,与目标车辆行驶状态保持一致。当驾驶人参与汽车驾驶后,ACC 系统自动退出对汽车的控制。

图 6-1-45 所示为 ACC 系统几种典型的工作模式示意图。

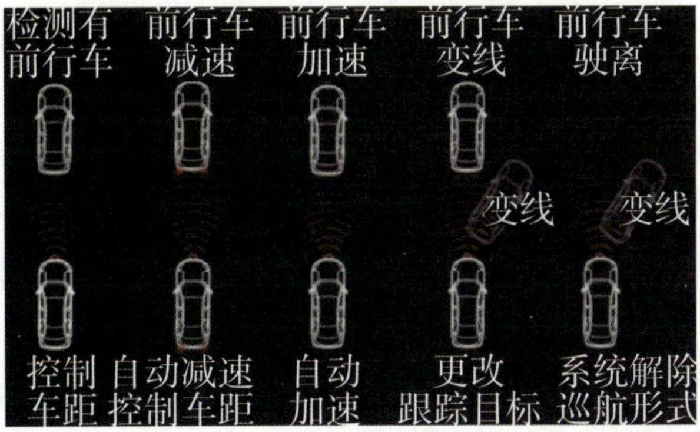

图 6-1-45 ACC 系统几种典型的工作模式示意图

3. 自适应巡航控制系统的应用

ACC 系统使汽车辅助驾驶的品质达到了新的高度，驾驶人的大量任务可由 ACC 系统自动完成，在很大程度上减轻了驾驶人的负担。目前 ACC 系统主要应用在中高级车型上，但随着 ACC 系统的不断发展与完善，一些中低档汽车也开始装配 ACC 系统。

1)沃尔沃汽车 ACC 系统

沃尔沃汽车 ACC 系统如图 6-1-46 所示，通过前风窗玻璃的摄像头以及隐藏在前格栅内的雷达来检测前方路况，在速度超过 30km/h，按下转向盘上的启动键，就可以激活 ACC 系统。当前面有车辆时，自动跟着前方车辆行驶，但不会超过设定的速度；如果前方没有车辆，按设定的速度行驶。

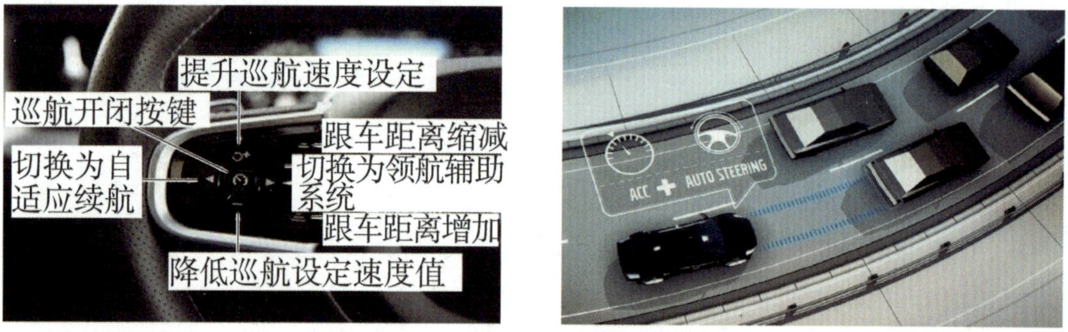

图 6-1-46　沃尔沃汽车 ACC 系统

沃尔沃汽车 ACC 系统具有以下功能：

(1)系统在 0～200km/h 的范围内都可以实现自动跟车。

(2)对前车的识别能力强。当前车转弯或已经超过前车时，能快速捕捉到新的前方车辆，继续自动跟车。

(3)如果有车辆插队驶入两车之间，ACC 系统会调节车速以保持之前设定的两车之间的安全车距。

(4)具有辅助超车功能。如果感觉前车较慢，当驾驶人开启转向功能进入另外一条车道，准备超车时，汽车会瞬时加速以尽快超过前车。

2)长安汽车 ACC 系统

长安汽车的 CS75 车型也装配了 ACC 系统。驾驶人只需要开启功能之后进行简单的设定，就可以在高速路上行驶车辆，甚至在堵车的时候“解放”双脚，如图 6-1-47 所示。长安 CS75 的全速自适应巡航还可以通过语音进行速度限定，该车型能够根据前面车辆的速度进行自我速度的调节，始终控制与前车的安全车距，便捷而高效。

图 6-1-47　长安汽车 ACC 系统

智能网联汽车 ACC 系统将同其他的汽车电子系统相互融合，形成智能汽车电子控制系统，在卫星导航系统的指引下，利用环境感知技术和网络通信技术，实现自动驾驶功能。

九　自动泊车辅助系统的结构原理与应用

1. 自动泊车辅助系统的定义

自动泊车辅助系统(Auto Parking Assist，APA 或 PA)，是利用车载传感器探测有效泊车空间，并辅助控制车辆完成泊车操作的一种汽车先进驾驶辅助系统，如图 6-1-48 所示。

图 6-1-48　自动泊车辅助系统

相比于传统的倒车电子辅助功能，比如倒车雷达、倒车影像显示等，自动泊车辅助系统智能化程度更高，减轻了驾驶人的操作负担，有效降低了泊车的事故率。

2. 自动泊车辅助系统的结构组成与工作原理

1)自动泊车辅助系统的结构组成

自动泊车辅助系统主要由感知单元、中央控制器、转向执行机构和人机交互系统组成，如图 6-1-49 所示。

(1)感知单元。通过车位检测传感器、避障保护传感器、转速传感器、陀螺仪、挡位传感器等实现对环境信息和汽车自身运动状态的感知，并把感知信息输送给泊车系统的中央控制器。

(2)中央控制器。中央控制器主要分析处理感知单元获取的环境信息以及汽车泊车运动控制。在泊车过程中，泊车系统控制器实时接收并处理汽车避障传感器输出的信息，当汽车与周围物体相对距离小于设定安全值时，泊车系统控制器将采取合理的汽车运动控制。

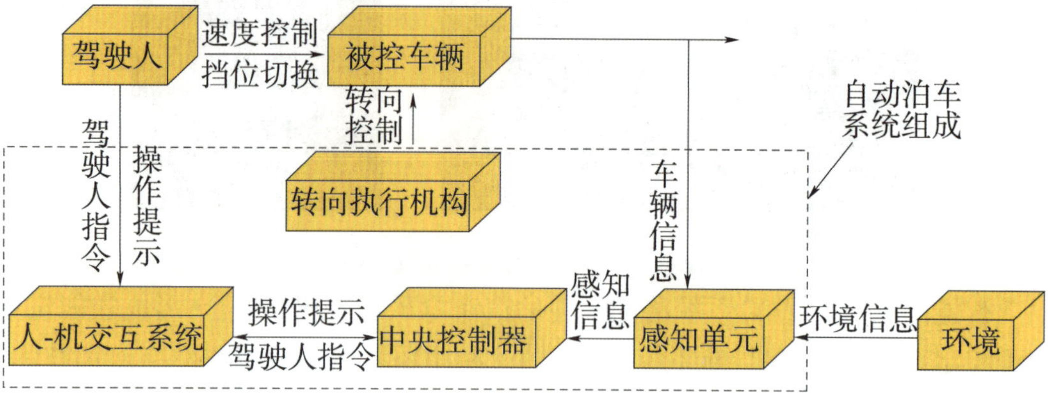

图 6-1-49　自动泊车辅助系统的结构组成

(3)转向执行机构。转向执行机构由转向系统、转向驱动电动机、转向电动机控制器、转向柱转角传感器等组成，转向执行机构接收中央控制器发出的转向指令后执行转向操作。

(4)人机交互系统。在泊车过程中，人机交互系统显示一些重要信息给驾驶人。

2)自动泊车辅助系统的工作原理

自动泊车辅助系统的工作原理是通过车载传感器扫描汽车周围环境，通过对环境区域的分析和建模，搜索有效泊车位，当确定目标车位后，系统提示驾驶人停车并自动启动自动泊车程序，根据所获取的车位大小、位置信息，由程序计算泊车路径，然后自动操纵汽车泊车入位。

自动泊车辅助系统的运行过程如图 6-1-50 所示。

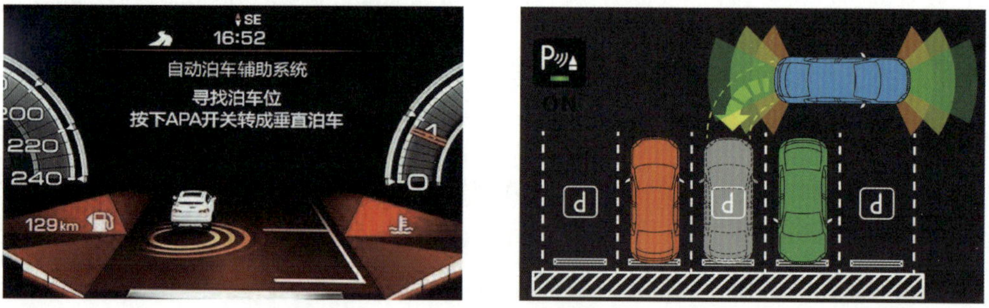

图 6-1-50　自动泊车辅助系统的运行过程

自动泊车辅助系统遵循以下五个基本步骤：

(1)驾驶人将汽车驶到停车位的前面，停在前面一辆车的旁边，启动自动泊车系统。

(2)自动泊车系统向路边转动车轮，以大约45°方向将车向后切入停车位。

(3)当汽车进入车位后，自动泊车系统会拨直前轮，然后继续倒车。

(4)当通过后视镜确保与后面车辆保持一定距离后。自动泊车系统会向路边打车轮，这时驾驶人需要将汽车移入前进挡，自动泊车则会将汽车前端回转到停车位中。

(5)驾驶人需要在停车位前后移动汽车，直到汽车停在适当的位置。

自动泊车辅助系统详细过程举例如下。

汽车移动到前车旁边时，自动泊车辅助系统会给驾驶人一个信号，提示应该停车的时间。接着驾驶人换倒挡并稍稍松开制动踏板，开始倒车。此时自动泊车辅助系统将接管转向盘，控制动力转向系统转动车轮，将汽车完全倒入停车位。当汽车向后倒到合适位置时，系统会给驾驶人发出信号，提示停车并换为前进挡。然后系统控制汽车向前移动，并将车轮调整到位。最后，系统再提示驾驶人车辆已停好。

3. 自动泊车辅助系统的应用

1)奥迪汽车自动泊车辅助系统

奥迪全自动泊车技术通过智能手机上的应用程序“一键自动停车”来完成。当驾驶人将车辆驶到停车场的入口附近时，驾驶人下车拿出手机，然后只要简单地点一下屏幕，就可以转身离去，随后车辆开始自行起动，进入停车场寻找停车位，如图6-1-51所示。

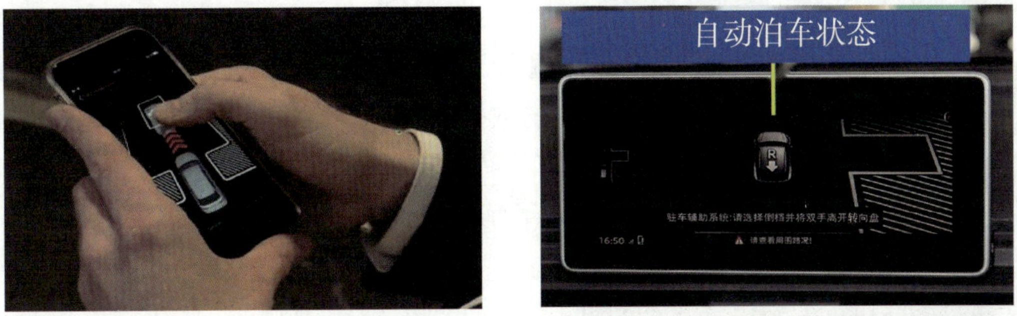

图6-1-51　奥迪全自动泊车技术

虽然奥迪汽车已经实现了全自动泊车，但是并不完全是依靠车辆自身的力量。在停车场中布满了激光扫描设备来帮助车辆定位，也就是说只有在与奥迪公司合作安装了激光扫描设备的停车场，这项技术才能得以真正的使用。

2)沃尔沃汽车自动泊车辅助系统

沃尔沃公司开发的全自动泊车系统是与无人驾驶技术、网络技术与无线通信技术的进一步结合。在基础设施建设方面,沃尔沃全自动泊车系统并不算复杂,只需要在停车场出入口以及停车场内部设置传感器,用于引导车辆进出停车场以及寻找车位。沃尔沃公司的这项技术,可以让驾驶人不在车内,便可实现车辆的自动泊车和锁闭,并且它还能让车辆自己从泊车位来到驾驶人的身边。这些操作都可以用手机端的自动停车 App,驾驶人只需轻点按钮,车辆便会自动寻找车位,当车辆完成泊车后,也会在手机上接收到泊车完毕的信息。同样,如果想让车辆自己来到驾驶人身边,也只需在手机上进行简单的操作,如图 6-1-52 所示。

图 6-1-52　沃尔沃全自动泊车技术

沃尔沃的这项技术还可以在自动泊车的过程中实时监测车辆周围的各种障碍物,以便随时调整行车路线。

图 6-1-53　宝马全自动泊车技术

3)宝马汽车自动泊车辅助系统

宝马的远程代客泊车技术是在 360°防碰撞系统的基础上,借助其激光扫描仪获得的数据,实现车辆自动泊车。驾驶人只需将车辆驶到停车场入口处,即可通过智能手表启动远程代客泊车系统,如图 6-1-53 所示。

在车辆进行自动泊车的过程中,系统可以自动识别周围物体,避开意外出现的障碍物,比如行人、其他车辆以及未完全停入车位的车辆。

相比沃尔沃的全自动泊车技术,由于宝马车型借助了 360°防碰撞系统的激光扫描仪,而减少了对于 GPS 卫星定位系统的依赖,使该系统的使用范围不会局限于无遮蔽的露天停车场。即便是地下停车场或立体停车场,搭载这项技术的宝马车型都可以畅通无阻。除了配备激光扫描仪之外,这款试验用车还配备了处理系统与运算系统,这意味着车辆可以独立完成楼内定位、监测周围环境、并进行独立的自动导航。这样,停车场便不需要配备自动驾驶所需要的复杂的基础设施。

自动泊车辅助系统都不是全自动的,驾驶人必须踩制动踏板控制车速,时刻盯紧汽车的倒车雷达显示屏和左右后视镜。自动泊车辅助系统必将向全自动泊车系统发展,全自动泊车是实现无人驾驶汽车的关键技术之一。

全自动泊车技术是实现汽车无人驾驶的重要环节,目前还处于试验阶段,真正达到全自动泊车的应用,还有很多技术需要解决完善。

智能网联汽车在实际应用中,还需要应用到其他驾驶辅助控制系统,包括自适应前照明、夜视辅助系统、平视显示系统等。这些系统在传统的车辆上已经成熟应用,本书限于篇幅,就不再介绍,具体内容可以参考相关的技术资料。

任务总结

提示:

请预先复习“相关知识”的内容。

一 思考与研讨

(1)讨论先进驾驶辅助系统 ADAS 在智能网联汽车中的重要性。

记录:________________

(2)利用互联网查询智能网联汽车驾驶辅助系统功能应用相关资讯,包括结构组成、工作原理和应用。

打开计算机或移动终端的浏览器、App,利用“百度”等搜索功能,分别搜索“前向碰撞预警系统”等关键词,查询、学习相关资讯,总结这些驾驶辅助系统的结构原理和应用。

①前向碰撞预警系统:________________

②车道偏离预警系统:________________

③盲区监测系统:________________

④驾驶疲劳预警系统：________________

⑤车道保持辅助预警系统：________________

⑥自动紧急制动系统：________________

⑦自适应巡航控制系统：________________

⑧自动泊车辅助控制系统：________________

⑨其他驾驶辅助控制系统(自适应前照明、夜视辅助系统、平视显示系统等)：________________

二 练习与测试

1. 判断题

(1)先进驾驶辅助系统(ADAS)是利用环境感知技术采集汽车、驾驶人和周围环境的动态数据并进行分析处理，通过提醒驾驶人获执行器介入汽车操作，以实现驾驶安全性和舒适性的一系列技术的总称。 (   )

(2)自主式、网联式两者技术融合是智能网联汽车先进驾驶辅助系统的发展目标。 (   )

(3)在驾驶人打开转向灯的情况下，如果车辆即将发生偏离，车道偏离预警系统则通过视觉、听觉或触觉的方式向驾驶人发出警报。 (   )

(4)最容易引发交通事故的是A柱盲区和后视镜盲区。 (   )

(5)车道保持辅助系统是由车道偏离预警系统发展而来的。 (   )

2. 单项选择题

(1)先进驾驶辅助系统(ADAS)按照环境感知系统的不同可以分为(   )。

A. 自主式　　B. 网联式　　C. A和B都是　　D. A和B都不是

(2)自主式先进驾驶辅助系统按照功能又可以分为(   )。

A. 自主预警类　　B. 自主控制类

C. 视野改善类　　D. 以上都正确

(3)自动紧急制动系统主要由(   )组成。

A. 行车环境信息采集单元　　B. 电子控制单元

C. 执行单元　　D. 以上都是

(4)驾驶疲劳预警系统采集驾驶人是否疲劳的信息，包括驾驶人的(   )。

A. 面部特征　　B. 眼部信号　　C. 头部运动性　　D. 以上都是

(5)智能网联汽车采用的 ADAS 遵循的发展路线是(　　)。

A. 辅助—干预—自动　　B. 感知预警—主动控制—无人驾驶

C. 预警—部分干预—全部控制　　D. 人工控制—人工辅助—机器控制

3. 多项选择题

(1)以下属于自主控制式先进驾驶辅助系统的是(　　)。

A. 前向碰撞预警系统

B. 车道保持辅助系统

C. 自动紧急制动系统

D. 自适应巡航控制系统

E. 夜视辅助系统

(2)前向碰撞预警系统(FCW)由(　　)三个单元组成。

A. 信息采集　　B. 电子控制　　C. 制动控制

D. 人机交互　　E. 激光雷达

(3)驾驶疲劳预警系统的检测方法主要有(　　)等。

A. 驾驶人自身特征　　B. 汽车行驶状态　　C. 多特征信息融合

D. 驾驶时长　　E. 驾驶区域

(4)汽车自适应巡航控制(ACC)系统的工作模式主要有(　　)等。

A. 定速巡航　　B. 减速控制　　C. 跟随控制

D. 加速控制　　E. 停车控制和起动控制

(5)自动泊车辅助系统主要由(　　)组成。

A. 感知单元　　B. 中央控制器　　C. 转向执行机构

D. 人机交互系统　　E. 卫星定位系统

任务 2　智能网联汽车路径规划与决策控制

提出任务

我们用手机 App 的地图导航时,地图会进行路径规划,比如是否走高速,是否避开限行区域,也会让你进行选择(决策),智能网联汽车的自动驾驶系统是如何进行路径规划并做出决策的呢?

任务要求

知识要求

1. 能够描述汽车自动驾驶功能构架与模块组成;
2. 能够描述智能网联汽车环境感知与路径规划的方法;
3. 能够描述智能网联汽车自动驾驶行为决策与车辆控制的内容。

能力要求

能够利用互联网等资源查询自动驾驶路径规划与决策技术的发展和应用。

相关知识

一 汽车自动驾驶功能构架与模块组成

根据智能网联汽车自动驾驶的功能要求,实现自动驾驶功能的核心技术可以分为环境感知、路径规划、行为决策和执行控制三个关键模块。图 6-2-1 所示为自动驾驶功能核心技术架构与模块划分示意图。

环境感知模块通过各种传感器感知信息的融合,使自动驾驶系统能够充分了解和认识环境,并根据车辆的行驶目标(目的地)做出路径规划,使车辆沿车道或者高精度地图规划的轨迹行驶。

行为决策模块根据路径规划,对车辆将要采取的驾驶行为作出决策,确定车辆应该保持车道、换道、跟车、超车或者到达目的地后泊车。

执行控制模块根据行为决策模块确定的行为模式,控制车辆的动力系统(如燃油车的发动机、变速器,电动车的动力电池、驱动电机),以及制动、转向、车身电气等系统,完成具体的执行动作。

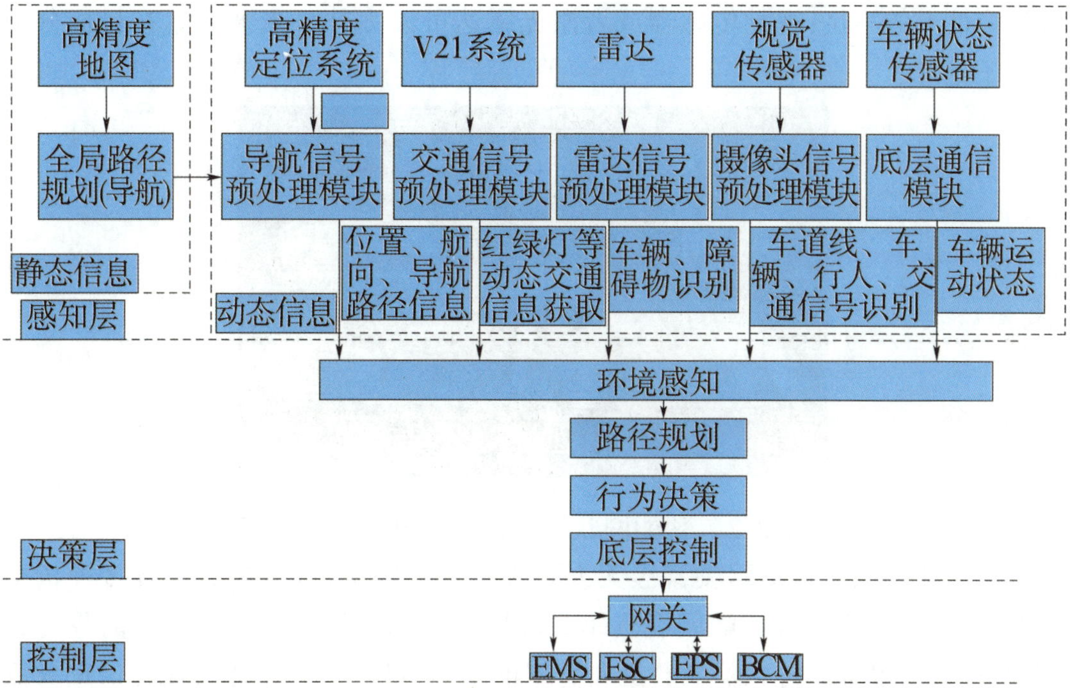

图 6-2-1 自动驾驶功能核心技术架构与模块划分示意图

二 智能网联汽车环境感知与路径规划

1. 汽车自动驾驶环境感知技术

智能网联汽车环境感知是通过摄像头、激光雷达、毫米波雷达、超声波雷达、陀螺仪、加速度计等传感器感知周围环境信息和车辆状态信息。

1) 多传感器融合的环境感知技术

如图 6-2-2 所示，智能网联汽车需要感知的环境信息，主要包括道路信息、周边车辆与行人信息。道路信息包括道路的宽度、坡度、交通标志灯；周边车辆信息包括车辆大小，行驶速度、加速度、方向等；周边行人信息包括行人的数量、位置及行走方向等。

从智能网联汽车上各类传感器的原理、特点和应用可以看出，各类传感器在环境感知方面有着各自的优缺点。例如，毫米波雷达具有耐候性，可以全天候工作，但分辨率不够高，无法区分人与物；摄像头具有较高的分辨率，可以感知颜色，但受强光影响较大；激光雷达可以提供具有三维信息的特性，对环境的可重构性很强，但受天气影响较大；毫米波雷达可以弥补激光雷达、视觉传感器在环境适应性上的不足；视觉传感器或者激光雷达可以弥补毫米波雷达在目标分类上的不足等。

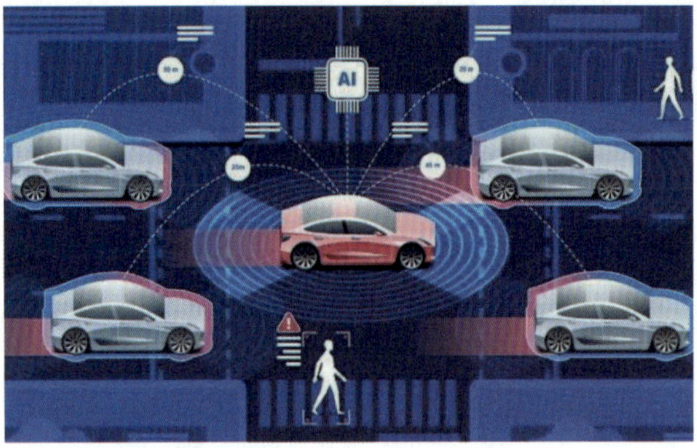

图 6-2-2　智能网联汽车需要感知的环境信息

为了能够满足自动驾驶甚至无人驾驶系统实际应用的需求，需要多种传感器相互融合，才能实现智能网联汽车对环境的准确理解。汽车自动化的程度越高，集成在车辆上的传感器的数量和类型也越多，只有这样才能够保证信息获取充分，且有冗余保障的车辆安全自动行驶。多传感器融合可以显著提高系统的冗余度和容错性，从而保证决策的速度和正确性，这是自动驾驶系统向智能驾驶方向发展，最终实现无人驾驶的必然趋势。

图 6-2-3 所示是以两个传感器为例，多传感器融合过程的示意图。

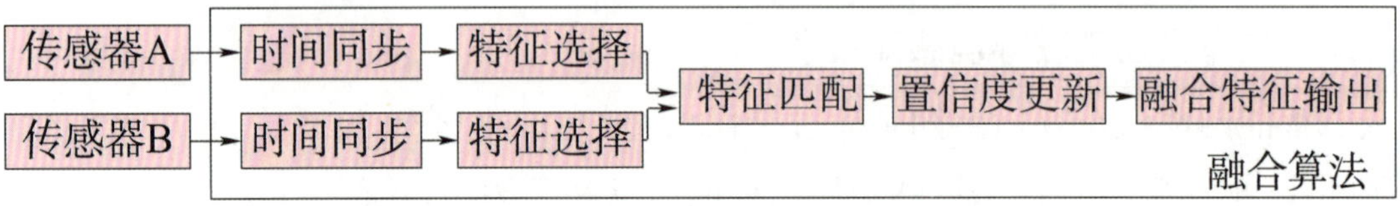

图 6-2-3　多传感器融合的过程示意图

从融合等级的角度，多传感器融合分为原始数据级融合、特征数据级融合和目标数据级融合。

单一传感器中，越靠近原始数据，干扰信号和真实信号并存的可能性越大，即越早启动融合，真实信息的保留和干扰信息的去除效果越好，但同时也为数据同步、处理算法计算量带来相应的挑战。实际应用中，应结合感知需求、芯片计算能力选择合适的融合架构和方法，构建由各类传感器信息组成的数字环境，实现智能网联汽车对环境的感知和理解。

2）智能网联汽车环境感知数据库

对环境的完整感知和正确理解是智能网联汽车所有功能实现的基础，因此许多汽车制造厂商及科研机构致力于无人驾驶的数据采集和分析。无人驾驶数据集的主要作用,是对汽车上安装的各种传感器采集的外部场景数据进行分析,并呈现无人驾驶车辆的实际情况。

由德国卡尔斯鲁厄理工学院和丰田美国技术研究院联合创办的 KITTI 数据集,是目前国际上最大的汽车自动驾驶场景下的算法评测数据集。

KITTI 数据集是视觉图像与三维雷达数据的融合,可实现在车辆真实应用环境下立体图像、光流、视觉距离测量、三维目标检测、三维跟踪等计算机视觉技术的性能评测。

完整的环境感知数据集包括立体数据、光流数据、视觉里程计数据、目标跟踪数据、道路解析数据等。如图 6-2-4 所示,KITTI 数据集包含从城市、郊区、乡村和高速公路等场景采集的真实图像数据,整个数据集由立体图像和光流图、在测评里程内的视觉测距序列和三维标记对象图像组成。

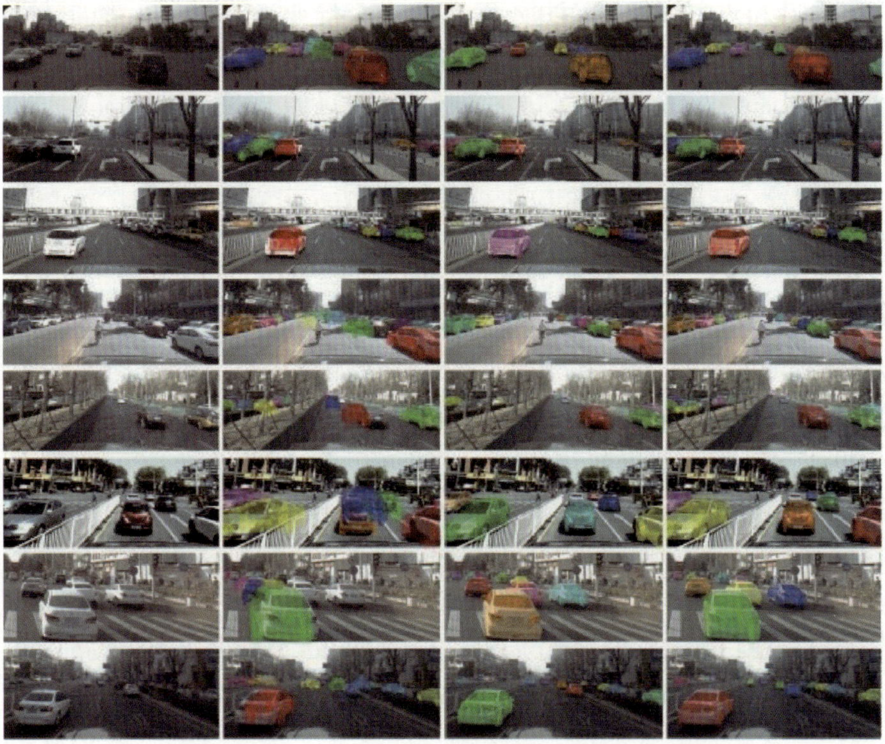

图 6-2-4　KITTI 数据集场景采集的数据

2. 汽车自动驾驶路径规划

路径规划是解决智能网联汽车如何到达行驶目标问题的上层模块,它依赖于为汽车自动(无人)驾驶定制的高精度地图,与普通导航系统单纯提供指引的

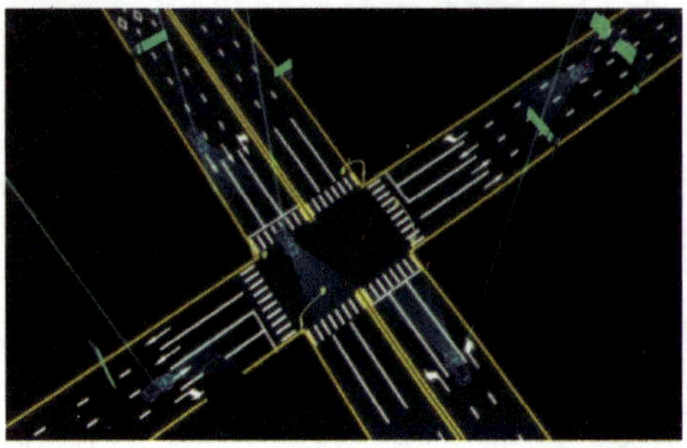

图6-2-5　高精度地图中车辆可行驶的轨迹

性质不同，智能网联汽车的路径规划模块需要提供能够引导车辆正确驶向目的地的轨迹。这些轨迹至少要达到“车道级”导航的水平，而且轨迹上影响车辆行驶的周边环境也需要被准确描述和考虑，如图6-2-5所示。

1）全局路径规划与局部路径规划

由于地理位置信息涉及国家安全问题，在电子地图应用中会对真实坐标实行“加偏”处理，高精度定位自然也受到一定程度的法规限制，因此高精度地图、高精度定位和导航系统仅能够提供全局“车道级”的路径规划。从应用角度来说，在自动驾驶中，“车道级”的规划通过相关信息融合已经能够满足需求，单纯依赖高精度定位解决“分米级”甚至“厘米级”定位，性能提升和成本增加方面并不匹配。在全局亚米级(即1m以下精度)定位基础上，进一步借助车道线的检测，实现汽车局部车道内路径规划也尤为重要，自动驾驶不仅需要避障和感知道路交通信息，还需要遵守交通规则。

路径规划模块需要根据局部环境感知、可用的全局“车道级”路径、相关交通规则，提供能够引导车辆驶向目的地(或目的点)的路径。

(1)智能网联汽车的全局路径规划方法可以视为一种离线规划方法，根据获取的环境信息为车辆规划一条道路，规划路径的准确性取决于获取外部环境信息的准确性。全局路径规划方法通常会找到最优路径，但需要预先知道整个环境的准确信息和行驶目标。

(2)智能网联汽车的局部路径规划方法是一种在线规划方法，主要考虑车辆当前的局部环境信息，使车辆大局部环境中能够安全行驶。局部路径规划依靠安装在车身上的传感装置来获取局部信息，感知评判环境的实时变化，做出相应的路径规划决策。与全局路径规划方法相比，局部路径规划方法具有实时性。

2)路径规划存在的问题

目前，智能网联汽车的路径规划存在以下问题：

(1)复杂性。在复杂环境中，尤其是动态时变环境中，车辆的路径规划非常复杂，需要大量的计算。

(2)随机性。在复杂环境的变化中，往往存在许多随机和不确定因素。

(3)多约束性。车辆行驶存在几何约束和物理约束。几何约束取决于车辆的形状，而物理约束则取决于车辆的速度和加速度。

(4)多目标。车辆运动过程中对路径性能有许多要求,如最短路径、最佳时间、最佳安全性能和最低能耗,这些指标之间往往存在冲突,需要系统权衡决策。

路径规划技术是车辆自动控制技术的重要组成部分,根据环境信息的已知程度,全局路径规划是在对全局环境已知时,根据算法搜索出最优或接近最优的路径。而局部路径规划则是在对环境局部未知或完全未知时,通过传感器为自动驾驶系统提供有用的信息确定障碍物和目标点的位置,并规划起始点到目标点的最优化路径。智能网联汽车的路径规划能力是车辆智能化水平的重要体现。

三 智能网联汽车自动驾驶行为决策与车辆控制

1.汽车自动驾驶行为决策

决策控制系统的任务是根据感知到的交通环境,结合汽车的路由意图和当前位置,对车辆进行最合理的行为决策和动作控制。

根据智能网联汽车的环境感知和路径规划,智能网联汽车控制系统已经获取了数字化的环境模型,包含了车辆行驶的全局轨迹、轨迹上对车辆运动有限制的障碍物的动态信息,行为决策模块应用上述信息,对车辆在当前环境中局部路径的规划、驾驶模式的选择进行决策。智能网联汽车的行为决策是基于环境感知和导航子系统的信息输出,这包括选择哪条车道,是否换车道,是否跟车,是否绕道,是否停车等。车辆控制是指控制转向、行驶和制动,执行规划决策模块发出的要求速度和要求转向角,也包括转向灯、喇叭、车门窗、仪表等车身电气的控制信号。

智能网联汽车行为决策层汇集了所有重要的车辆周围信息,不仅包括汽车本身的当前位置、速度、方向和所在车道,还包括一定距离内与感知相关的所有重要障碍物体信息和预测轨迹。决策层在所获得信息的基础上来确定车辆的驾驶策略,主要包括预测模块、行为规划和动作规划等。

1)预测模块

预测模块的功能是预测和跟踪环境中交通参与者的行为。传感模块输出的目标信息包括位置、速度、方向等物理特性和目标分类(如车辆、行人、自行车)。这些感知计算的输出对象属性偏向于客观物理属性。利用这些输出的特性,结合客观物理规律,可以在很短的时间内对目标进行瞬时预测。预测模块需要将对象与周围环境结合起来,积累历史数据知识,对感知对象进行跟踪。

如图6-2-6中,预测模块可以基于当前时刻t及过往时间内目标的运动状态,预测未来时间($t+1$、$t+2$、$t+3$、$t+4\cdots$)内不同目标可能的运动轨迹。预测过程中,首先根据检测到的环境目标信息,区分目标类型,获取目标当前运动状态;然后,根据不同类型的目标匹配不同的运动模型,结合目标当前运动状态对目标未来轨迹做出预测。

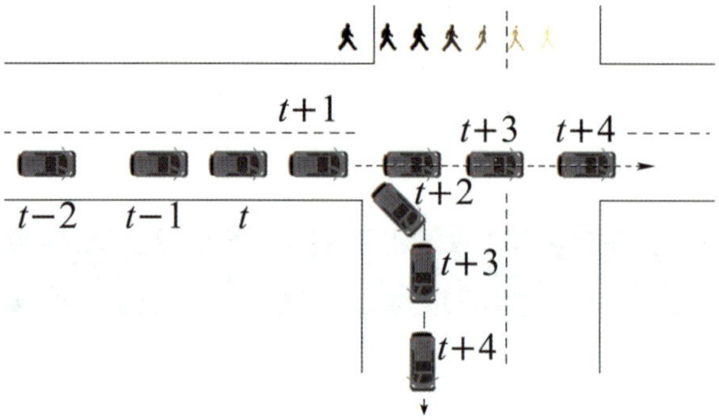

图6-2-6　车辆和行人的轨迹预测

2)行为规划

行为规划是根据路径规划目标,结合环境感知模块对驾驶环境的描述,以及预测模块对驾驶环境变化趋势的预测,对车辆需要采取的行为做出规划。

一种实现行为规划的方法是使用具有大量动作短语的有限状态机。这种方法需要将驾驶行为进行抽象,表述为可以描述各种驾驶过程的有限的驾驶行为,将这些驾驶行为作为驾驶状态,设计有限状态机。有限状态机从行为状态开始,根据不同的驾驶场景跳转到不同的行为状态,并将行为中涉及的车辆动作发送给动作规划层。

3)动作规划

动作规划的功能是根据路径规划给出的轨迹、行为规划确定的驾驶模式,按照特定的动作去跟随轨迹。这些具体的动作规划发送给执行机构实现车辆的运动控制。

2.汽车自动驾驶的执行控制

车辆动力学是自动驾驶车辆控制的基础。车辆纵向、侧向、横摆等基本的运动状态,体现了车辆运动过程中典型的轮胎侧偏特性,可以对绝大多数应用场景下车辆运动状态进行比较准确的描述。

汽车自动驾驶要实现对车辆的运动和车身电气进行自动控制,需要相应的线控系统来满足。例如车身电气系统用于实现对车辆内外部灯光、车门以及人机交互界面等内外部交互的控制;底盘线控系统用于实现对车辆运动的控制。

底盘线控系统包括转向、制动、驱动控制，其中制动部分包括行车制动、驻车制动与辅助制动，驱动系统包括发动机/电动机/混合动力控制、传动系统控制等。

汽车经过100多年的发展，驱动系统、转向系统、制动系统以及车身电气各组成部分的自动控制技术已经成熟，基本上能满足自动驾驶执行控制的需求。

任务总结

提示：

请预先复习“相关知识”的内容。

一 思考与研讨

(1)讨论智能网联汽车自动驾驶的路径规划、决策与普通的导航系统有什么区别。

记录：________________

(2)利用互联网查询智能网联汽车路径规划与决策技术的发展及应用情况。

记录：________________

二 练习与测试

1. 判断题

(1)传感器需要相互融合，才能使智能网联汽车更加准确地理解环境，进而做出准确的决策。 ( )

(2)路径规划是解决智能网联汽车如何到达行驶目标问题的上层模块。 ( )

(3)自动驾驶只需要避障和感知道路交通信息，不需要遵守交通规则。 ( )

(4)智能网联汽车的路径规划能力是车辆智能化水平的重要体现。 ( )

(5)车辆动力学是自动驾驶车辆控制的基础。 ( )

2. 单项选择题

(1)智能网联汽车的路径规划依赖于为自动驾驶定制的( )。

A. 卫星定位系统　　B. 无线通信系统
C. 高精度地图　　D. 电子导航地图

(2)智能网联汽车路径规划方法可分为(　　)三种。

A. 全局路径规划方法　　B. 局部路径规划方法
C. 混合路径规划方法　　D. 以上都正确

(3)控制车辆的动力系统以及制动、转向、车身电气等系统完成具体的执行动作的是(　　)。

A. 行为决策模块　　B. 执行控制模块
C. 环境感知模块　　D. 以上都是

(4)可以弥补激光雷达、视觉传感器在环境适应性上的不足的是(　　)。

A. 红外传感器　　B. 加速度传感器
C. 毫米波雷达　　D. 陀螺仪

(5)从融合等级上,智能网联汽车多传感器融合分为(　　)。

A. 原始数据级融合　　B. 特征数据级融合
C. 目标数据级融合　　D. 以上都是

3. 多项选择题

(1)根据智能网联汽车自动驾驶的功能要求,实现自动驾驶功能的核心技术可以分为(　　)等关键模块。

A. 环境感知　　B. 路径规划　　C. 行为决策
D. 执行控制　　E. 信息反馈

(2)智能网联汽车需要的完整环境感知数据集包括(　　)等。

A. 立体数据　　B. 光流数据　　C. 视觉里程计数据
D. 目标跟踪数据　　E. 道路解析数据

(3)目前智能网联汽车的路径规划存在的问题包括(　　)。

A. 复杂性　　B. 随机性　　C. 多约束性
D. 多目标　　E. 不稳定性

(4)智能网联汽车自动驾驶系统确定车辆的驾驶策略,主要包括(　　)等。

A. 预测模块　　B. 行为规划　　C. 动作规划
D. 驾驶模式　　E. 行驶速度

(5)以下属于车辆运动过程中对路径性能要求的是(　　)。

A. 最短路径　　B. 最佳时间　　C. 最佳安全性能
D. 最低能耗　　E. 以上都错误

参 考 文 献

[1] 崔胜民. 智能网联汽车概论[M]. 北京:人民邮电出版社,2019.

[2] 李妙然,邹德伟. 智能网联汽车技术概论[M]. 北京:机械工业出版社,2020.

[3] 崔胜民. 智能网联汽车新技术[M]. 北京:化学工业出版社,2016.